CongLing KaiShi DuDong
SheJiaoXue

你认识谁比你是谁更重要。
圈子对了，事就成了

从零开始读懂
社交学

| 罗 盘 ◎编著 |

立信会计 出版社
LIXIN ACCOUNTING PUBLISHING HOUSE

图书在版编目（CIP）数据

从零开始读懂社交学 / 罗盘编著. —上海：立信会计出版社，2014.6
　　（去梯言）
　　ISBN 978-7-5429-4194-7
　　Ⅰ.①从… Ⅱ.①罗… Ⅲ.①人际关系学–通俗读物
Ⅳ.①C912.1-49
　　中国版本图书馆CIP数据核字（2014）第058220号

策划编辑　蔡伟莉
责任编辑　蔡伟莉　张　寻
封面设计　久品轩

从零开始读懂社交学

出版发行	立信会计出版社
地　　址	上海市中山西路2230号　　邮政编码　200235
电　　话	（021）64411389　　传　　真　（021）64411325
网　　址	www.lixinaph.com　　电子邮箱　lxaph@sh163.net
网上书店	www.shlx.net　　电　　话　（021）64411071
经　　销	各地新华书店
印　　刷	固安县保利达印务有限公司
开　　本	720毫米×1000毫米　　1/16
印　　张	18.25　　插　页：1
字　　数	250千字
版　　次	2014年6月第1版
印　　次	2016年11月第5次
书　　号	ISBN 978-7-5429-4194-7/C
定　　价	36.00元

如有印订差错，请与本社联系调换

前言

社交学，人生第一学科

人自从呱呱坠地之后，就从自然人逐步转变为社会人了。一个人要想生存和发展下去就必然要进行社会交往。它是人的本性即社会性的要求，是人的本质及其表现。因为一个人不可能孤立地生活在这个世界上。

英国小说家笛福的小说《鲁滨孙漂流记》里的主人公鲁滨孙，他漂流到一个荒岛上，当他孤苦一人的时候，他首先想到的是人，急切地要同人发生联系。于是，他呼喊着："啊！哪怕有一两个——哪怕只有一个人从这条船上逃出性命，跑到我这儿来呢！也好让我有一个伴侣，有一个同类的人说说话，交谈交谈啊。"后来他从野人那里救出了"星期五"，再后来又救出了"星期五"的父亲和一个西班牙人。他们组成一个小社会，开辟岛屿，创造了财富。

人与人之间进行社会交往不仅仅是为了满足物质需求，也是为了精神的需要。物质上的往来可以让我们更好地生存下去，而精神上的满足则是，我们与别人进行语言、思想、感情的交流，以求得互相了解，互相关心，互相支持，互相激励。只有这样，我们才会拥有一个幸福完整的人生。

不懂社交学，毕业后的日子只有阴霾！

也许你会说，社交学，这有啥学的，还不就是人与人之间交往呗！

对，说得没错！社交学就是教人如何进行社会交往，如何适应社会生存的科学。但就是这看似简单而又寻常的科学才会被我们忽略、轻视，导致很多人常常发出如此慨叹："知人知面难知心。""大多都是认识的人，很少有知心的人。""人心不古。"现在就检查一下自己目前的交友状况吧！

从某种程度上说，你的社交圈子将决定你是成功人士还是平凡的人。想想你的家人、亲戚和朋友们，他们是成功的人还是平凡的人。如果大部分人是成功的，那么你将来成为成功人士的希望就大。如果大多是普普通通的人，那么你成为成功人士的可能性就小。

那么，未来的你处于什么水平，属于哪个阶层，这些都取决于你的社交圈子。

美国第26任总统西奥多·罗斯福曾说过这样的话："成功的第一要素是懂得如何搞好人际关系。"美国哈佛大学商学院对成功者的调查结果是这样的：在事业有成的人士中，26%靠工作能力，5%靠家庭背景，而靠人际关系成功的则占69%。由此可知，人脉就是命脉，人脉决定财富，人脉决定成败！

走上社会，最应该深入掌握的是社交学！

刘玉是个名牌大学的毕业生，毕业以后，她应聘进了一家跨国公司做文员。刚进公司的时候，她每天都是神采飞扬，信心满满，决心大干一场。在她的床头上，她写下"天道酬勤"四个大字。

在公司里，埋头苦干了整整一年，年底公司人事调整。刘玉以为能够得到公司高层的认可，顺利升迁。但出乎她意料的是，公司的高管似乎并没有提拔她的意思，反而提拔了和她一起进入公司、同处一室的韩文芳。刘玉的心里非常郁闷，韩文芳的工作能力虽然不错，但跟自己比起来还不是自己的对手，怎么老总给她升职，而不是自己呢？

这让刘玉很是苦恼。她百思不得其解，最后去了一家企业人事咨询公司咨询。接待她的是一位和蔼的中年妇女。她先简单问了刘玉几个问题，然后又以暗访的形式去刘玉所在公司进行调查。调查的结果是，刘玉在公司没有好人缘。由于刘玉的专业太优秀了，这使得她过度自信，自信得都看不出自己在人缘上存在的缺陷了。

刘玉知道自己的不足之后，便立刻改变自己，试着多跟他人商议，学着关心同事，与大家友好相处。又经一年的努力，最终，她被提为经理助理了。升职了，她的才华也有了更为广阔的用武之地。

良好的人际关系将会使你在工作中、职业生涯发展中占据主动，左右逢源。如果你拥有一个强大的人际关系网络，那就会比竞争者具有更多的、先天的资源优势。无论如何，构建好你的人际关系是你在这个社会生存的资本。

要想在激烈的社会竞争中抓住成功机遇，必须做好三件事：一是要有一个广泛的交际圈；二是要对自己的交际圈充分了解并能够对人际信息进行有效地管理；三是要对所积累的人际资源进行合理地开发与利用。

《从零开始读懂社交学》一书正是考虑到这一点，用深入浅出的理论和精彩可读的故事告诉那些还在读书的、涉世之初的年轻人以及那些在社会上摸爬滚打而对社交学不屑一顾的人，如何与周围的人相处得更好，如何拓展人脉关系，如何让人脉为自己服务等等。

这是一本教你社交学知识的全书，将让你在社会交际中从容不迫、应付自如，让你轻松驾驭自己的工作和生活！

目 录

第1章　世界上最神奇的人际关系定律

互惠定律：得了别人的好处后，会感到有义务回报对方　/ 1

相似定律：我们会因为对方和我们相似而喜欢对方　/ 3

互补定律：当别人和我们形成互补，我们会喜欢对方　/ 5

相互吸引定律：我们通常喜欢那些也喜欢我们的人　/ 6

以貌取人定律：人们会对容貌美的人更有好感　/ 8

邻里定律：邻近的人会对我们形成某种感染　/ 10

乔治定律：只有不说的事，没有说不清的事　/ 11

交往适度定律：对别人过好，会对我们不利　/ 13

欲扬先抑定律：对人先抑后扬，最容易给人好感　/ 15

情感征服定律：情感有时比利益更能打动人心　/ 16

换位思考定律：设身处地理解别人能给人很大好感　/ 17

异性定律：两性在一起与同性在一起有很多不同　/ 19

攀比定律：普通人大多喜欢模仿和攀比别人　/ 20

第2章　改变一生的社交心理学效应

首因效应：第一印象永远没有第二次机会　/ 22

近因效应：近水楼台先得月，向阳花木易逢春　/ 24

晕轮效应：管中窥豹未必准，以偏概全要不得　/ 26

投射效应：以君子之心，度君子之腹　/ 27

刺猬法则：和谐空间创造和谐关系 /29
阿伦森效应：好话留到后面说，好戏留到后面唱 /31
皮诺曹效应：人品胜于能力，做人决定做事 /33

第3章 看透人脉圈中的各种人

与9种怪脾气之人的交往方法 /36
应对不同交际风格的人 /39
善于与你不喜欢的人相处 /41
制伏心高气傲的人 /43
看透不学无术的人 /45
宽容对待贪小便宜的人 /46
小心应对心胸狭窄的人 /48
如何对待嫉妒心强的人 /49
积极帮助愤世嫉俗的人 /51
为唯我独尊的人保留颜面 /52

第4章 别让表情动作出卖了你

发自内心婴儿般的笑容 /54
微笑的魅力不可抗拒 /56
热情可以感染你周围的每一个人 /57
眼神的作用 /58
眉毛也会说话 /60
姿态举止的行为美 /62
相信吗，鼻子也有表情 /64
手势是无声的电话机 /65
握手时双方隐藏的秘密 /68

第5章 你的形象价值百万

成功的形象由你自己决定 / 71

好形象是成功的资本 / 73

打造完美形象,抓住成功机会 / 74

第一印象永远只有一次 / 75

给别人最好的视觉效应 / 77

魅力是社交的标签 / 78

让自己看起来像个成功者 / 80

形象制胜 / 82

好形象就会有更多的注意力 / 84

良好的专业形象能够提高个人价值 / 85

想要当副总就要有副总的形象 / 87

把你"最美"的部分放大 / 89

第6章 开场白:3分钟让人刮目相看

把握最初10秒钟 / 91

称呼得体 / 93

寒暄得当 / 95

选好话题 / 96

掌握说话的节奏 / 98

说好第一句话 / 100

开场白的6种形式 / 102

主动引发一场谈话 / 105

打开一个话题 / 106

你想说点什么 / 108

激起对方的谈话欲望 / 109

有效化解冷场 / 110

第7章 说幽默话,做幽默人

幽默感可以提高人的交际能力 /113
幽默感可以使生活更加和谐 /114
幽默是成功者的必备素质 /115
说话幽默要有力度 /116
说话幽默能解决难题 /117
说话幽默要敢于自嘲 /119
说话幽默要出其不意 /120
说话幽默就是要让棘手变轻松 /122
幽默的三大力量 /123
幽默的四大类型 /125
幽默的五大作用 /127

第8章 一切从赞美开始

人人希望获得别人的赞美 /132
顺情说好话,耿直讨人嫌 /133
背后说好话,远比当面恭维好 /134
赞美,支持男人的强心剂 /135
赞美,取悦女人的好方法 /136
赞美如煲汤,火候很重要 /137
赞美对方不易人知的优点 /140
赞美无须刻意修饰 /142
即使奉承也要坦诚得体 /144
赞美也要因时而异 /145
赞美也要因人而异 /147
不要给赞赏打折扣 /150

第9章　突破小圈子，升级人脉层

平时多烧香，急时有人帮　/ 152

友情投资，宜走长线　/ 153

礼轻有时情意重　/ 155

攀高结贵，不卑不亢　/ 156

多用暗示少出面　/ 159

借"贵人"之光，照亮前程　/ 160

旁敲侧击，达到目的　/ 161

让"名人"效应来添彩　/ 162

求助于名人也有技巧　/ 163

改变人生抓贵人　/ 166

学会寻找贵人相助　/ 167

找到"大树"好乘凉　/ 169

第10章　绘制你的朋友关系图

数数你身边的朋友　/ 172

交友分等级　/ 174

要知道哪些人不可交　/ 175

看清"朋友"的真面目　/ 177

须提防的5种"朋友"　/ 179

多留心眼，提防被朋友"杀熟"　/ 181

正确认识诤友的价值　/ 182

好朋友要互相安慰　/ 183

第11章　一个没有陌生人的世界

初次见面如何缩短距离　/ 185

获得好感的简单方法 / 186
让陌生人感觉到被认同 / 188
学会与陌生人搭讪 / 190
有效接近陌生人 / 192
让陌生人在你面前敞开心扉 / 193
让陌生人亲近、认同你 / 194
初次交谈的最佳说法 / 197
双赢：给陌生人一些好处 / 203
与陌生人坦诚相待 / 205

第12章 听懂暗语，读懂人心

从对方的谈话识透其真实心理 / 207
从谈论的话题洞悉对方真意 / 209
从话题人物分析人的文化品位 / 213
打招呼方式反映心理动机 / 214
招呼用语揭示人的性格 / 216
口头禅揭示了人的品性 / 217
吵架原因大曝光 / 219
酒后吐真言的林林总总 / 222
说错话往往是说真话 / 224
出口成"脏"的粗话心理剖析 / 225
辩论能判断出一个人才学高低 / 226
找借口隐藏的心理活动 / 228
洞察别人说"不"的窍门 / 229
揭开网络聊天的话外之音 / 230

第13章　每天懂点职场潜规则

不同性格不同对待　/232

嘴紧心宽，巧妙处理办公室关系　/237

碰到同事争功怎么办　/238

巧招化解同事嫉妒　/239

心无芥蒂，与大家打成一片　/241

识别同事心理特征，增强应变能力　/243

远离办公室是非　/244

守住你的秘密　/248

在办公室战场中化敌为友　/250

用尊重的口吻与"老资格"交谈　/252

为什么你在办公室被孤立了　/254

如何获得"队友"的合作　/256

和同事沟通的3种语言　/258

第14章　生意场先交际后签单

首先把客户变成自己的朋友　/262

人情做足才有"杀伤力"　/264

像朋友一样与客户谈生意　/266

有人脉才有钱赚　/269

老客户是一座金矿　/272

及时回访、跟踪客户　/274

扩大自己的熟人圈子　/277

第1章 世界上最神奇的人际关系定律

互惠定律：得了别人的好处后，会感到有义务回报对方

在第一次世界大战中，有一种德国特种兵的任务是深入敌后去抓俘虏回来审讯。

当时打的是堑壕战，大队人马要想穿过两军对垒前沿的无人区，是十分困难的。但是一个士兵悄悄爬过去，溜进敌人的战壕，相对来说就比较容易了。参战双方都有这方面的特种兵，经常派去抓一个敌军的士兵，带回来审讯。

有一个德军特种兵曾多次成功地完成这样的任务，这次他又出发了。他很熟练地穿过两军之间的地域，出乎意料地出现在敌军战壕中。

一个落单的士兵正在吃东西，毫无戒备，一下子就被缴了械。他手中还举着刚才正在吃的面包，这时，他本能地把一些面包递给对面突然而降的敌人。这也许是他一生做得最正确的一件事了。

面前的德国兵忽然被这个举动打动了，并导致了他奇特的行为——他没有俘虏这个敌军士兵回去，而是自己回去了，虽然他知道回去后上司会大发雷霆。

这个德国兵为什么这么容易就被一块面包打动呢？人的心理很微妙，一般有一种心理，就是得到别人的好处或好意后，就想要回报对方。虽然德国兵从对手那里得到的只是一块面包，或者他根本没有要那块面包，但是他感受到了对方对他的一种善意，即使这善意中包含着一种恳求。但这毕竟是一种善意，是很自然地表达出来的，在一瞬间打动了他。他在心里觉得，无论如何不能把一个对自己好的人当俘虏抓回去，甚至要了他的命。

这个德国兵不知不觉地受到了心理学上"互惠定律"的左右。这种得到对方的恩惠，就一定要报答的心理，就是互惠定律，这是人类社会中根深蒂固的一个行为准则。

一位心理学教授做过一个小小的实验，证明了这个定律。他在一群素不相识的人中随机抽样，给挑选出来的人寄去了圣诞卡片。虽然他也估计会有一些回音，但却没有想到大部分收到卡片的人，都给他回了一张。而其实他们都不认识他啊！

给他回赠卡片的人，根本就没有想到过打听一下这个陌生的教授到底是谁。他们收到卡片，就自动回赠了一张。也许他们想，可能自己忘了这个教授是谁了，或者这个教授有什么原因才给自己寄卡片。不管怎样，自己不能欠人家的情，要给人家回寄一张，总是没有错的。

这个实验虽小，却证明了互惠定律的作用。当从别人那里得到好处，我们总觉得应该回报对方。如果一个人帮了我们一次忙，我们也会帮他一次，或者给他送礼品，或请他吃饭。如果别人记住了我们的生日，并送我们礼品，我们对他也会这么做。

中国古代讲究礼尚往来，也是互惠定律的表现。这似乎是人类行为不成文的规则。

一个人向朋友请教一件事，两人聚会吃饭，那么账单就理所当然应由请教的这个人付，因为他是有求于人的一方。如果他不懂这个道理，反而让对方付，就很不得体。

在不是很熟悉的朋友之间,你求别人办事,如果没有及时地回报,下一次又求别人,就显得不太自然。因为别人会怀疑你是否有回报的意识,是否感激他对你的付出?及时地回报,可以表明自己是知恩图报的人,有利于相互的继续交往。

如果不礼尚往来,会给你带来一些麻烦。你一直欠着这个情,如果对方突然有一件事反过来求你,而你又觉得不太好办的话,就很难拒绝了。俗话说:"受人一饭,听人使唤。"可以说,为了保持一定的自由,你最好不要欠人情债。

当然,在关系很亲密的朋友之间,就不一定要马上回报,那样可能反而显得生疏。但也不等于不回报,只是时间可能拖得长一些,或找到机会再回报。

朋友间维护友谊遵循着互惠定律,爱情之间也是如此。其实世上没有绝对无私奉献的爱情,不像歌里和诗里表现的那样。爱情也是讲求互惠互利的,双方需要保持一个利益的平衡。如果平衡被严重打破,就可能导致关系破裂。

人与人之间的互动,就像坐跷跷板一样,要高低交替。一个永远不肯吃亏、不肯让步的人,即使真正得到好处,也是暂时的,他迟早要被别人讨厌和疏远。

相似定律:我们会因为对方和我们相似而喜欢对方

古时候钟子期和俞伯牙的友谊非常有名。钟子期有出神入化的琴技,而只有俞伯牙才能听出他琴技的高和妙,于是钟子期和俞伯牙成为最知己的朋友。后来钟子期在政治斗争中被杀,伯牙非常伤心,终生不再弹琴了,因为已经没有人能够听懂了,何况这还会勾起他对钟子期的怀念和伤感。

钟子期、俞伯牙之所以有超乎寻常的友情，就是因为他们有个相似的特点——对音乐的高超的鉴赏力。因为无人能取代钟子期，所以他在俞伯牙心中的地位是独一无二的。

有个成语叫"臭味相投"，还有个俗语叫"物以类聚，人以群分"，说的都是人们对和自己相似的人容易看着顺眼，容易成为朋友。相反，如果志趣不投，人和人就不容易成为朋友；即使本来是朋友，发现志趣各异，也会变成陌路。古时候"割席断交"的故事，就和钟子期、俞伯牙的故事正好相反。

管宁和华歆在年轻的时候，是一对非常要好的朋友，经常一起吃、一起住，一起读书。有一次，他俩一块儿在地里锄草，管宁碰到了一块黄金，但是他自言自语地说了句："我当是什么硬东西呢，原来是锭金子。"接着，就继续锄草。

华歆听说捡到金子了，忙跑过来，激动地拿在手里看，显出贪婪之色。管宁责备华歆说："钱财应该是靠自己的辛勤劳动去获得，一个有道德的人不该贪图不义之财。"华歆不赞同他，也不好意思说什么。

又有一次，他们坐在一张席子上读书。忽然外面沸腾起来，一片鼓乐之声，夹杂着人们看热闹的声音。他们走到窗前一看，是一位达官显贵从这里经过，他的队伍衣着华丽，威风凛凛。

管宁看完了，就回到原处继续读书。华歆却完全被这种张扬和豪华的排场吸引住了，书也不读了，跑到街上去看个仔细。

管宁看到华歆的行为很失望。等华歆回来后，管宁拿出刀来把他们共同坐的席子从中间割成两半，痛心地宣布："我们两人的志向和情趣太不一样了。从今以后，我们就像这被割开的草席一样，再也不是朋友了。"

所谓"道不同者不相为谋"，志向不同，就像两股道上跑的车，怎么也走不到一块去。所以就真是没有必要在一起了。

心理学家做过这样一个实验：他们要求一些年轻人回忆他们结交的一位最亲密的朋友，并请列举这位朋友与他们自己有哪些相似之处与不同之处。

大多数人列举的是他的朋友与他的相似之处，如"我们性格内向、诚实，都喜欢欣赏古典音乐"，又如"我们都很开朗、好交际、还常常在一起搞体育活动"等。

在日常生活中我们也经常可以看到，对人生观、宗教信仰和社会时事看法比较一致的人，更容易谈得来，感情融洽。相似性包括很多方面，如态度、信念、兴趣、爱好和价值观等。同年龄、同性别、同学历和相同经历的人容易相处；行为动机、立场观点、处世态度、追求目标一致的人更容易相互扶持。

互补定律：当别人和我们形成互补，我们会喜欢对方

在生活中我们可以发现，不仅特征相似的人会相互吸引，而且彼此之间差异较大的人，也能够建立较为亲密的关系。在需要、兴趣、气质、性格、能力、特长和思想观念等方面，如果存在差异，而双方的需要和满足途径又正好成为互补关系，就可以产生相互吸引的关系。这证明人不仅有认同的需要，也有从对方获得自己所缺乏的东西的需要。

那么互补和相似定律是否矛盾呢？它们并不矛盾，因为差异并不一定都能形成互补。互补性的前提是，交往双方都得到满足，如果不能满足这一要求，那么相反的特性就不能够产生互补，甚至还产生厌恶和排斥。比如高雅和庸俗、庄重和轻浮、真诚和虚伪等，这些就只能造成"道不同者不相为谋"。

或者说，形成相似的那些条件，往往是大的方面，比如人生观、做人处世原则、人生追求等。这些如果不同，就难以理解，不容易吸引。而形成互补的，往往是相对较小的方面，比较具体的特征。就像人们常说的："该相似的地方相似，该互补的地方互补。"

互补一般可分为两种情况：一种情况是：交往中的一方能满足另一方的某种需要，或者弥补某种短处，那么前者就会对后者产生吸引力。如能力

强、有某种特长、思维活跃的人，对能力差、无特长、思维迟缓的人来说，就具有吸引力；依赖性特别强的人愿意和独立的人在一起；脾气暴躁的人和脾气温和的人能够成为好朋友；支配型的人和服从型的人能够结为秦晋之好，试想，如果两个都是支配型的人结为夫妻，那家中还能有太平吗？另一种情况是：因为别人的某一特点满足了你的理想，而增加了你对他的喜欢程度。比如一个看重学历的人，自己又没有拿高学历的机会，会很看重高学历的朋友等。

任何人都具有一些缺点，而且性格不是那么容易改变。为了弥补自己的不足，我们往往在寻求生活伴侣和事业伙伴时，注意寻找能弥补自己缺点的人。

如小张是一个好与人争辩道理且十分任性的人，他找的是一个大大咧咧的老婆。小张之所以喜欢她，是因为她能够让小张从容地依照自己的步调行事，不和他较真，让他很安心。

在事业的合作上，寻找和自己互补的人是非常重要的。例如，比尔·盖茨原来自己经营微软公司，时间长了，逐渐发现自己在管理方面能力的某种欠缺。而且他自己真正的兴趣是在软件开发上，所以逐渐感到分身乏术，力不从心，工作兴趣也下降了。他逐渐认识到管理方面需要有专门的人才来为他打理，后来就找到了大学时的同学鲍尔默。而鲍尔默恰恰是个管理方面的天才，他热情万丈，善于影响别人，善于调动职工的积极性。对于比尔·盖茨来说繁琐乏味的管理工作，对于他来说则乐趣无穷。这就形成了很好的互补关系，强强联合，缔造了辉煌的成功。

相互吸引定律：我们通常喜欢那些也喜欢我们的人

人大概都有一些自恋，也就是喜欢自己。这个世界上，你最爱的人是谁？恐怕大部分人都会回答是自己。人们都把自己当成世界的中心，把自己

第1章 世界上最神奇的人际关系定律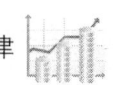

作为衡量一切的标准。

这种情况一点也不奇怪，符合人的自我中心的本性。比如，如果别人喜欢我们，就比较容易赢得我们的喜欢，而不管他客观上是怎样的人。当然，我们说的是大多数人的情况，而不是所有人。

看看你身边的人，你想过你喜欢的人通常具有哪些特征吗？你喜欢他们，是因为他们漂亮吗？还是因为他们聪明？或者是因为他们有社会地位？

心理学的研究表明，我们通常喜欢的人，是那些也喜欢我们的人。他们不一定很漂亮，或很聪明，或者很有社会地位，仅仅是因为他们很喜欢我们，我们也就很喜欢他们。这个规律叫做相互吸引定律。

那么，我们为什么会喜欢那些喜欢我们的人呢？因为喜欢我们的人使我们体验到了愉快的情绪，一想起他们，就会想起和他们交往时所拥有的快乐，使我们一看到他们，自然就有了好心情。

而且，那些喜欢我们的人使我们受尊重的需要得到了满足。因为他人对自己的喜欢，是对自己的肯定、赏识，表明自己对他人或者对社会是有价值的。

有一个人说过这样一句话："什么是好人？——对我好的就是好人。"其实这种观点是很有代表性的。人们大多是以这个标准来衡量周围的人的。

有些人很善于利用这个心理定律赢得别人的好感。那就是，为了得到别人的认可，就表现出喜欢对方的样子。比如推销员，他每天要面对许多从未谋面的人，他也许并不了解那些人，但是，他必须表现出对对方的喜欢，这是为了让对方也喜欢他、接受他，他的生意才好做。

这个规律在社交场中很具有实用价值。这是赢得别人好感的捷径。你可以经常表现出对别人的兴趣，这就表明出对对方有好感，就很容易赢得对方同样的情感回报。

为什么说这条定律是来源于人的自恋心理呢？因为当人们发现一个人喜欢自己，不管对方的客观情况是怎样，是否具有让自己喜欢的特点，都会无条件地比较喜欢对方。人们大概是想象，既然对方喜欢自己，那么一定是他在某些方面和自己相似，认可自己的为人和某些特点，那么自己有什么理由不同样喜欢对方呢？

在实际生活中，没有人是完全自信的，因此大多数人都特别需要别人对自己的肯定。

在生活中，有很多这样的情况，就是两个人的相互喜欢是由一个人对另一个人单方面喜欢开始的。比如一个女孩开始时对一个男孩并没有多少好感，但是这个男孩子表现出了对她特别喜欢的态度，使这个女孩久而久之，也对这个男孩动心了，最后接受了他的追求。

当然，这个规律也不是绝对的。有时我们喜欢某个并不喜欢我们的人，相反，我们不喜欢的人有时却很喜欢我们。我们只能说在其他一切方面都相同的情况下，人有一种很强的倾向，喜欢那些喜欢我们的人，即使他们的价值观、人生观都与我们不同。

以貌取人定律：人们会对容貌美的人更有好感

《三国演义》中讲了这样一件事。庞统相貌丑陋，但很有才能。他去拜见孙权，想要效力于东吴。孙权本来是个爱才的领袖，但是一看到庞统相貌丑陋，就不太喜欢他。又看他性格傲慢不羁，更加没有好感。最后，他竟把与诸葛亮齐名的旷世奇才庞统拒之门外，鲁肃苦劝也无济于事。

孙权以貌取人，显然是种偏见。连孙权这样的英雄人物尚且有此偏见，在生活中这样的例子就更不罕见了。

人们总爱说："人不可貌相，海水不可斗量。"以貌取人是不明智的做法。但是，这个道理认识到容易，真正做到却不容易。就是说，大多数人，无论理智上怎样认为，但是在对别人的判断上多少会受对方外貌的影响。

其实，相貌对人心理的影响是很突出的。就连父母对待自己的孩子，也是对漂亮的要更加喜欢一些，对长相丑的孩子，就不太喜欢，有的甚至有所嫌恶。

成人世界里也是如此。相貌漂亮的人，尤其是年轻的女子，会在人际交往、婚姻等事情上更容易博得他人的青睐，激起他人的热心，获得更多的帮助，在生活的各方面也更加顺利一些。而相貌丑的人则容易碰壁，心灰意冷，自卑心严重。

国外有过一项针对这个问题的研究。根据统计，得出这样的结论：长相好看的人比相貌平平的人挣钱更多，拥有的工作更让人羡慕，而相貌平平的人比相貌丑陋的人又会好一些。

虽然长相不是一切，但的确可以构成一项资本。比如，一个单位雇佣一个秘书，如果两个候选人其他条件相同，而一个更漂亮些，那么一定会有更大的优势，尤其是经理是男性的情况下。毕竟人们更喜欢天天看到漂亮的脸蛋，用通俗的话来说——"养眼"。这就是为什么电视、电影里的明星，大多长相俊美，很简单，因为可以让人赏心悦目。

实际上，如果我们理性一些就会认识到，以貌取人的确有很大的局限性。因为人的长相和心灵是两回事。即使是看相的，也注重"眼相"，也就是更注重一个人的内在神韵，现在也许可以叫"气质"。其实，气质美要比容貌美更高一筹。内在的美才更耐看，也更能成为判断一个人的依据。

实际上，以貌取人更容易发生在认识的初期，就是不太熟悉的时候。

有心理学家做过一个实验，将一群陌生人一连四天聚在一起，每次聚一个小时。

第一天，研究人员认为接受实验者对于美的评判有32%来自外貌，20%仍来自对内在的了解。

第二天，情况改变了，评判中的23%来自客观的印象，而33%来自评价者的主观意识。

第三天，这一比率为 26/34。

第四天，也就是最后一天，则是 23/48。

这个实验说明，人们对容貌的重视，会随着彼此的熟悉而减弱。这就是为什么我们对熟悉的喜欢的人，会觉得越来越顺眼。

邻里定律：邻近的人会对我们形成某种感染

我们都知道孟母三迁的故事。孟子的母亲带着幼年的孟子，一开始住在一所公墓附近。孟子看见人家哭哭啼啼地埋葬死人，觉得好玩，就跟着学。孟母心想："我的孩子住在这里不合适。"就立刻搬家，搬到了集市的附近。

孟子看见商人自吹自夸地卖东西赚钱，孟子又学着玩。这可不是母亲想让孟子学的。孟母说："我的孩子住在这里也不合适。"就又立刻搬家，搬到了学堂的附近。

在这里，孟子就开始跟学堂里的人学习礼节，并且也要求上学了。孟母欣慰地说："这才是适合我孩子居住的地方啊！"高兴地在那里定居下来。

孟母为了给孩子创造良好的成长环境，不嫌麻烦，带着孩子搬了3次家。这说明孟子的母亲很懂得心理学上的邻里定律。

生活中有一些人比较有主见，态度比较坚定，似乎不太容易受到周围其他人的影响。实际上严格地说，世界上没有一个人能够完全避免周围人的影响。心理学上的邻里定律告诉我们，邻近的人会对我们产生一定的影响，这是每个人都无法避免的。这个定律是经过心理学实验证明的。

1950年，美国有3位社会心理学家，针对麻省理工学院17栋已婚学生的住宅楼进行了一次调查。这是些二层楼房，每层有5个单元住房。住户住到哪一个单元，是纯属偶然的，因为哪个单元的老住户搬走了，新住户就搬进去。

第1章 世界上最神奇的人际关系定律

调查中，对每个住户都问这样的问题：在这个居住区中，和你经常打交道的最亲近的邻居是谁？

结果表明，居住距离越近的人，交往次数越多，关系越亲密。在同一层楼中，和隔壁的邻居交往的概率是41％，和隔一户的邻居交往的概率是22％，和隔3户的邻居交往的概率只有10％。

多隔几户，距离上没有增加多少，可是亲密程度却差多了。这似乎说明，人们和邻近的人打交道更多一些。

想想我们自己吧，我们的朋友大多不是同学、同乡，就是熟人介绍的。凭空认识一个陌生人，并成为好朋友，这种情况毕竟很少。

理解"邻里定律"的原因并不难。因为和邻近者交往，要比和距离远的人交往代价要小。一是了解对方比较容易，只花比较小的功夫，就能了解到对方的信息，也比较容易预测对方的行为。这样，在和对方交往时，也更有安全感。二是打起交道来方便得多，比如向近邻借东西，起码可以少走几步路。

这大概就是中国古话说的"远亲不如近邻"的原因所在。俗话还说，"三年不上门，当亲也不亲。"也说明距离近，经常来往，关系才更容易变得亲密。

现在时兴"圈子"一词，每个人都有自己的活动圈子。现在有一种流行的说法，就是多接近成功者，你能从他身上学到更多关于成功的道理，你也会更容易接近成功。这就是我们对邻里定律的主动运用了。

乔治定律：只有不说的事，没有说不清的事

乔治定律由美国管理学家小克劳德·乔治提出，指有效地进行适当的意见交流，对一个组织的气氛和生产能力会产生有益的和积极的影响。沟通创造和谐，沟通赢得人心，沟通能让我们事半功倍地获得成功。

乌托从商店买了一套衣服，很快他就失望了，衣服会褪色，把他的衬衣的领子染上了色。他拿着这件衣服来到商店，找到卖这件衣服的售货员，向他陈述事情的经过。他倒是希望能得到商店的理解，可没做到，售货员总是打断他的话。

"我们卖了几千套这样的衣服，"售货员声明说，"你是第一个找上门来抱怨衣服质量不好的人。"他的语气似乎在说："你在撒谎，你想诬赖我们，等我给你个厉害看看。"

吵得正凶的时候，第二个售货员走了进来，说："所有深色礼服开始穿时都会褪色，一点办法都没有。特别是这种价钱的衣服，这种衣服是染过的。"

"我差点气得跳起来，"乌托后来叙述这件事时强调说，"第一个售货员怀疑我是否诚实，第二个售货员说我买的是二等品，我气死了。"当时乌托准备对他说："你们把这件衣服收下，随便扔到什么地方，见鬼去吧！"正在这时这个部门的负责人来了。他很内行，他的做法改变了乌托的情绪，使一个被激怒的顾客变成了满意的顾客。他是怎么做的？

首先，他一句话也没讲，听乌托把话讲完。其次，当话讲完后，那两个售货员又开始陈述他们的观点时，他开始反驳他们，帮顾客说话。他不仅指出衣服的领子确实是因衣服褪色而弄脏的，而且还强调说商店不应当出售使顾客不满意的商品。后来他承认他不知道这套衣服为什么出毛病，并直接对顾客说："你想怎么处理？我一定遵照你说的办。"

9分钟前乌托还准备把这件可恶的衣服扔给他们，可现在乌托回答说："我想听听你的意见。我想知道，这套衣服以后还会再染脏领子吗？能否再想点什么办法？"经理于是建议他再穿一星期，"如果还不能使你满意，你把它拿来，我们想办法解决。请原谅，给你添了这些麻烦。"

乌托满意地离开了商店。7天后，衣服不再掉色了。他完全相信这家商店了。

人际关系有许多因素组成，但几乎无一例外，第一项是信任，第二项就是沟通。经验告诉我们，有时候没有信任可能也有沟通，然而没有表达清楚的沟通则不可能有信任。公司中的员工可以通过开诚布公的沟通和交流来解决问题，没有沟通就会出现机能障碍。

我们渴望被交往的对方理解，同样对方也希望我们能够体会他们的心理。要很好地解决这一问题，只需要一个有效的沟通途径。

从目的上讲，沟通是磋商共同的意思，即双方必须交换和适应相互的思维模式，直到每个人都能对所讨论的意见有一个共同的认识。说简单点，就是让他人懂得自己的本意，自己明白他人的意思。只有达成了共识才可以认为是有效的沟通。

最有效率的沟通方式，并不是喋喋不休式的唠叨，而是能够真正针对需要，一针见血地切中目标，完全了解人性当中最深层的微妙之处。

高超的沟通能力可以提高你的办事效率，增加你的成功砝码，而缺乏相应的沟通能力，注定你只能平平庸庸。

在事业中沟通能力太差，你就可能成为失败者，或者至少不能挖掘自己的潜能。学会熟练地沟通，你就已经踏上了成功之路。

"只有不说的事，没有说不清的事。"人与人之间的交往，是通过心灵的沟通来进行的。沟通无处不在。沟通，可以筑起心与心之间的桥梁，可以传情达意，建立相互之间的理解和信任，可以化解彼此之间的隔阂和误解，缩短心与心之间的距离。善于沟通，让人际关系更融洽，让我们的工作简单高效，让我们的生活绚烂多姿，让我们的人生丰富精彩。

交往适度定律：对别人过好，会对我们不利

我们讲过互惠定律，就是人们对别人给予的好处，总想要同等地回报。于是有的人以为，他如果对对方特别好，对方也会对他特别好。其实，互惠

定律如世间一切规律一样，就是适度最好，不要过犹不及。

你对别人过分的好，在人际交往中"过度投资"，可能引起三个不良后果。

第一个不良后果是，虽然人有自私的本性，不希望得到的少于付出的，但出于互惠定律，如果得到的大于付出的，也会让人心理失去平衡。因为这会使人感到无法回报或没有机会回报对方，而在心里感到愧疚，感到欠对方的情。这种心理负担会使受惠的一方只好选择疏远。

所以，在人际交往中，要有所保留。初入社交圈中的人容易犯一个错误，就是"好事一次做尽"，以为自己全心全意为对方做事，会使关系更融洽、密切。事实上并非如此。因为人如果一味接受别人的付出，心理会感到不平衡。所以不要把好事一次做尽，要留有余地，或者给对方回报的机会。

第二个不良后果是，对对方过好，会令对方对这种恩情感到麻木，时间长了，就不觉得你对他有多好。中国俗话说：一斗米养个恩人，一石米养个仇人，说的就是这个道理。就是说，你对别人适度的好，对方会感激你，也会回报你；如果你对对方过好，对方时间长了就麻木了，而你某一次达不到原来的标准，反而会引起对方的不满，反而得罪了他。用通俗的话说，就是把对方给惯坏了。

这在父母对孩子的教育中经常可以看到。俗话说，棍棒底下出孝子。如果你对子女过好，会让他习以为常，觉得理所当然，一旦将来让他独立解决困难，他就觉得你对他太不好了。还怎么指望他孝敬你呢？

夫妻之间也是如此。有时，妻子对丈夫太好，生活上照顾得无微不至，什么事都对他百依百顺，反而让对方轻视你的感情。因为人们对太容易得到的东西，就不懂得珍惜了。而对方对你付出的不珍惜，反过来可能引起你的怨恨，结果在感情上形成了恶性循环，很不利于夫妻感情的健康发展。所以，在爱情关系里面，一个人不要只求付出，不求回报，而应该适当地向对方提出索取的要求，以保持感情付出的平衡。

第1章 世界上最神奇的人际关系定律

第三个不良后果，就是容易让别人觉得你心太软，不怕你，对你无所忌惮。生活中并不是所有的人都是善良之辈，所以让自己有点威严，可以更好地保护自己，也可以让自己更有影响力。如果你总是对别人太好，让人觉得你善良、软弱，容易被利用。作为领导，尤其要懂得恩威并施的手段，既要有软的一面，也要有硬的一面。

欲扬先抑定律：对人先抑后扬，最容易给人好感

美国心理学家阿伦森·兰迪做过一个实验。他把被试者分为四组，施行不同的措施，结果也不同，分别如下：

对第一组被试行始终否定（−，−），被试者不满意。

对第二组被试者始终肯定（+，+），被试者表现为满意。

对第三组被试者先否定后肯定（−，+），被试者最满意。

对第四组被试者先肯定后否定（+，−），被试者表现为最不满意。

这种心理规律，在现实生活中很普遍。平时人们所说："磕一千个头后放一个屁，效果全无"，"有一百个好，最后一个不好可结成冤家"，就是这种规律的反映。

也许我们会想到前面讲的近因定律，但这个定律比近因定律还多了一层意思，就是：先否定，后肯定，有一个对比的效果，比单纯肯定更能给人好感；而先肯定，后否定，也因为有个对比的效果，要比单纯的否定效果更糟糕。

我们把这种先否定后肯定，先抑后扬给人最好的心理感觉的规律，叫作欲扬先抑定律。

某汽车销售公司的老李，每月都能卖出30辆以上的汽车，深得公司经理的赏识。可是这个月生意却不太顺利。由于种种原因，老李预计当月只能卖出10辆车。但是老李很懂心理学，他先是跟经理说："由于银根紧缩，市场

萧条，我估计这个月顶多卖出5辆车。"经理点了点头，对他的看法表示赞成。没想到一个月过后，老李竟然卖了12辆汽车，公司经理对他的业绩大大夸奖了一番。

如果老李一开始说本月可以卖15辆，或者事先不说自己的预计，结果只卖了12辆，公司经理的感觉可能就完全不同，他可能觉得老李做得太失败了，不但不会夸奖，反而可能批评他。老李就是采用欲扬先抑的方法，先降低别人的心理期待，再超出他的期待，就能给对方以好感了。

有一位著名的导演，也很懂得利用这个心理规律来激发下属——演员的积极性。这个导演向来以要求严格著称，因此一般的演员都比较怕他。但是这个导演也很善于发掘演员们的潜力。他总是在工作的开始阶段，冷着脸，让演员们看见就害怕，非常担心演不好，达不到他的要求。这迫使演员付出最大的努力，发挥出最好的水平。而当导演对演员感到满意时，就露出灿烂的赞许的笑容。这种难得一见的笑容对演员形成了极大的鼓舞，甚至有一位演员说，导演的笑容就是他演好的最大动力。

情感征服定律：情感有时比利益更能打动人心

赵先生与李先生同事多年，始终没有深交。李先生的工作表现平常，而赵先生则成绩突出，春风得意。

有一次，赵先生因为涉及一件重大变故，而受到董事长的冷落，从销售经理的位置降了下来。祸不单行的是，他的母亲在不久后突然去世了。双重打击使赵先生感到格外悲哀。

这时候，李先生很同情赵先生的境遇。在他母亲下葬那一天，李先生主动来帮忙，担任受礼的工作。当时正是寒冬腊月，北风大作，其他同事都躲进了屋里，只有李先生一直在外面帮助处理各种事情。

第1章 世界上最神奇的人际关系定律

这让赵先生很意外,也很感动。他发现真是患难见真交,觉得李先生这时候的形象突然高大起来。从此李先生与赵先生过从甚密,赵先生一改以往的态度,也常主动帮助李先生。

1年以后,赵先生在公司东山再起,因为做了突出的贡献,他重新当上了销售经理,不久后又迅速升任总经理。他忘不了李先生在他患难时的帮助,就提拔李先生为销售经理。

俗话说,人非草木,孰能无情。人心都是肉长的。无论一个人外表多么强硬,在内心深处都一定有情感的需要,就是希望从别人那里得到关怀、体贴和重视。有时候,人们即使在物质上得到了很大的利益,也代替不了情感上独特的需要。甚至有时候,人们把情感看得比物质利益更重。

世上许多人有幸灾乐祸的心理,看到别人过得比自己好,就不舒服,看到人家过得不如意了,他才高兴。相反,如果一个人忧他人所忧,乐他人所乐,对别人富有同情心,并在患难时伸出援助之手,就很容易征服对方的心。这也就是故事中李先生对赵先生所做的。

现在人们常说感情投资,因为在人际关系上,投资感情,往往拥有比投资金钱和利益所没有的独特的征服人心的效果。

中国古话说,得人心者得天下。许多领袖人物深谙此道,所以他们能够让许多人才为己所用。比如他们懂得通过情感的打动,将人才笼络在自己麾下。

有时候,情感似乎就是人的软肋,是"阿喀琉斯的脚后跟",是人最容易攻破的地方。

换位思考定律:设身处地理解别人能给人很大好感

所谓换位思考,就是要把自己设想成别人,以他们的角度考虑问题。很多时候甚至需要暂时抛开自己的切身利益,去满足别人的利益。其实,利益在很多时候是互相关联的，你能考虑别人的利益，别人也会考虑你的利益。

换位思考是有智慧的人所共同具备的素质。因为所谓智慧在很大程度上是源于理解力的。一个人只有具备习惯于换位思考的素质，具有过人的理解力才能去理解平时无法理解的东西，这样做，能让对方感觉自己被尊重了。这样，人家才愿意与你交流与沟通。

美国的开国元勋杰斐逊有一句名言："也许我不同意你的观点，但我一定举双手维护你说话的权利。"

换位思考到底是什么呢？其实就是"移情"，去"理解"别人的想法、感受，从对方的立场来看事情，以别人的心境来思考问题。当然这样并不是很容易做到的。

有时我们以为别人遇到了痛苦的事，我们就该安慰他，这样就会抚平别人的创伤。而实际情况却不一定那么简单。

倩倩的丈夫忽然心脏病发作去世，料理完丧事，她疲倦且悲伤地回到家后，就开始面对亲友日复一日的关心询问："他是怎么死的？""你怎么没有及时呼救？""之前你们夫妻吵过架吗？""天哪，怎么会发生这样的事！"还有"你要母兼父职，好好照顾小孩"的训诲。

这些人的出发点当然是关心，但对处于情绪低潮的她，却造成重大的伤害。后来她看到亲友，就害怕起来。"我最需要的，是沉默的体谅，但却没有人给我。"她说。

在生活中，我们有时很想帮助别人，但是帮助别人只有好心是不够的。我们还需要一定的生活阅历和体谅别人的能力，安慰也是需要技巧的。有时我们太急着给人我们的观念、判断和看法，却忘了输送真正的温暖；太急于知道自己想知道的，却忘了别人的伤口还没有好。

换位思考不但需要转换思维模式，还需要一点好奇心来探求他人的内心世界。

真正的换位思考必然是一个"移情"的过程，要从内心深处站到他人的立场上去，要像感受自己一样去感受他人。但不幸的是，许多人的换位思考却缺少了"移情"这一个根本要素。他们或是站在自己的位置上去"猜想"别人的想法及感受，或是站在"一般人"的立场上去想别人"应该"有什么想法和感受，或是想当然地假设一种别人所谓的感受。这样的换位思考，其实仍局限于自己设定的小圈子之中，绝对无法体验他人真正的感受和思想。

异性定律：两性在一起与同性在一起有很多不同

赵女士是某公司公关部经理。她人脉很广，出师必胜，为公司做了很大贡献。公司的原料奇缺，材料科的同志四处奔走，连连碰壁，而赵女士一出马，不久问题便迎刃而解。公司资金周转不灵，急需贷款，急得总经理像热锅上的蚂蚁。而赵女士周旋于银行之间，没多久，就获得上百万元的贷款。赵女士因此得到了领导的格外器重。

有人笑说："女将出马，一个顶俩。"而人们仔细观察就发现，赵女士成功的秘诀，有两方面的原因：一是，她具有清醒的头脑、敏捷的口才、丰富的知识和阅历，接物待人也比较灵活。二是，她的成功其实也和她端庄的容貌、娴雅的仪表有很大的关系。可以说，富有女性魅力的外表为她的成功加分不少。

心理学上有一个定律叫做异性定律，说的是人和人之间"同性相斥，异性相吸"的现象，以及这种现象对社会交往产生的微妙影响。

我们都知道，人们一般比较对异性更加感兴趣，特别是对外表漂亮、言谈得体的异性，最容易产生好感。

在日常生活中，我们可以看到男营业员接待女顾客，要比接待男顾客更热情些。一般人们对异性的评价，也总是不太客观地比同性高些。这些都是异性对我们的吸引力比较大的缘故。

那么赵女士成功的原因就不难理解了，当今的社会还是一个男性占很大优势的社会，外出办事常常要和男性打交道。有的事，由比较有魅力的女性出面，可能会更为顺利。这就是异性独特的吸引力导致的。

生物学家发现，异性之间的相互吸引，气味在其中扮演了重要角色。

在宇航员、野外考察人员或男性工种较单一的职业中，时间长了，其工作人员会产生一种莫名其妙的头晕、恶心和浑身不适感。这种状况用药物治疗往往无效，但在与异性接触后，就会很快得到缓解。原来，这种"病症"是性比例失调严重，异性气体极度匮乏的结果。所以，目前一些国家在派往南极的考察队员中，往往有意识地安排一些女性介入，是有其良苦用心的。

我们还听说过："男女搭配，干活不累。"在一个群体中，有男有女，和单独一种性别的群体，有一些微妙的差别。无论男性或女性，长时间从事某一单调工作时，会感到寂寞、疲劳来得快，而增添了异性后，马上会觉得很快活，时间也感觉过得很快，工作也感到轻松多了。

如果对异性定律进行合理的利用，可以让许多事情达到事半功倍的效果。

攀比定律：普通人大多喜欢模仿和攀比别人

法国剧作家莫里哀曾塑造了一个文学形象——茹尔丹先生。这个茹尔丹先生是个模仿迷。他得知别人家在举办家庭音乐欣赏会，"那么我家也应该有"，于是赶忙去请音乐教师到家里来。服饰穿戴，茹尔丹也处处向上等人看齐，却又模仿得很不得体。大白天，他要穿一件据说是上等人才有的睡衣；裁缝给他裁错了衣服，编瞎话哄他，他居然也信以为真了。结果，尽管衣服上的"花朵都是头朝下"的，但他只要听说是模仿而致，"那么行啦，就这样干"。

这个形象或许有点夸张，但他之所以成为文学上的经典形象，正是因为它来源于现实生活，非常有代表性。让我们看看周围的"茹尔丹先生"吧。

有的人看到邻居为女儿买了架钢琴,也想为自己的孩子买一架。听说表弟买了一辆新摩托车,觉得自己也应该买一辆。他们觉得:自己凭什么要比别人差呢?别人有的自己也应该有。

就连小孩子都学会了攀比。孩子想买个游戏机的时候,他会说:"妈妈,我想买个游戏机,我们班好多同学都买了。"或者,"我们班×××浑身上下都是名牌!"这么一说,父母也不忍心让孩子明显比别的孩子差,就忍痛给孩子买东西。

说到底,我们今天的许多消费,倒没有多少一定是出于物质上必需的,很大程度上倒是出于心理上的攀比。手机一定要那么高级的吗?其实许多功能你都很少用,问题是要买个新潮的、高级的,不能比同事的那个差。手上戴着个几千元的戒指,有什么实际用途呢,不过是为了给人看,显示自己的"身价"。

看到别人结婚的排场,自己也不甘落后,根本不考虑量入为出,即使勒紧裤腰带,甚至举债,也要办得大张旗鼓。

有的女孩子,在择偶方面眼光过高,看到同事或同学的老公"身家"多少多少,自己觉得也不能差了。看到几十万的,觉得还有几百万的,要是幸运,找个几千万的才最理想!就这样等下去,结果一晃就错过了适婚年龄。

完全避免攀比也许办不到,但攀比也应该适度。别人的生活是别人的,也许并不像我们想象的那样。当你真正过上了别人的生活,可能也会发现许多不尽如人意之处。所以不要盲目地去模仿、攀比别人,最重要的是了解自己,知道什么能给自己带来最大的幸福。

第2章　改变一生的社交心理学效应

首因效应：第一印象永远没有第二次机会

人与人的交往，第一印象非常重要，尤其是在初次见面的时候。信纳法·佐宁博士在《沟通》一书中这样写道："当你在社交场合遇到陌生人时，你应在最初几秒钟内把注意力集中到他的身上。很多人的际遇会因此而改变。"

英国伦敦大学一位系主任在谈到一位来自中国的讲师时说："从她一进门，我就感到她是我所渴望的人。她身上散发着某种精神，被她那庄重的外表衬托得越发迷人。因为只有一个有高度素养、可信、正直、勤奋的人才有这样的光芒。30分钟之后，我就让她第二天来系里报到。她没有让我失望，至今她是最优秀的讲师。"这个激烈角逐的位置就这样由于迷人的第一印象而落到了这位中国女博士的手中。

心理学家研究发现，人们的第一印象是非常短暂的，只有几秒到几十秒之间。也就是说，在如此短暂的时间内，人们就对你这个人盖棺定论了。

在心理学中第一印象被称为首因效应，无论它是正确的还是错误的，大部分人都依赖于第一印象的信息，而这个第一印象的形成对于日后的决定起

第2章 改变一生的社交心理学效应

着非常大的作用。它比第二次、第三次的印象和日后的了解更重要。第一印象的好与坏几乎可以决定人们是否能够继续交往。美国勃依斯公司总裁海罗德说："大部分人没有时间去了解你，所以他们对你的第一印象是非常重要的。如果你给人的第一印象好，你才有可能开始第二步，如果你留下一个不良的第一印象，很多情况下，我们会相信第一印象基本上准确无误。对于寻求商机的人，因为一个糟糕的第一印象，就失去潜在的合作机会，这种案例数不胜数。你必须花费更多的时间，才能够抹去糟糕的第一印象。"

第一印象包括谈吐、相貌、服饰、举止、神态，对于感知者来说都是新的信息，它对感官的刺激也比较强烈，有一种新鲜感。这好比在一张白纸上，第一笔抹上的色彩总是十分清晰、深刻一样。随着后来接触的增加，各种基本相同的信息的刺激，也往往盖不住初次印象的鲜明性。所以，第一印象的客观重要性还是显而易见的，并在以后交往中起了"心理定式"作用。

一个业务员的失败，是因为留给客户的第一印象不好。也就是说，在你还没开口之前，别人就把你给否定了。

不知大家是否有过这样的经历：在电话里你跟一位女士谈得很好，对方的声音很甜。这时你在心里就会有种种的猜想，比如，猜想她长得肯定跟她声音一样美，肯定漂亮；她的素质一定很不错；她的气质一定会很高雅等，就会有一种想和她见面的冲动，希望很快见到她。这是一种正常心理。

有的时候，一旦见了面，或者还没见面，远远地看见，就可能使你大失所望，没有了兴趣。为什么？具体也说不清楚，就是一种总体的感觉。这种感觉和原来的想象有很大的落差。就这么一瞬间，脑子里便会闪出一个非常感性的决定：不行，这人不行。

尽管我们理直气壮地告诉别人，不要仅凭一个人的外表妄下结论，但事实上是，全世界的人都在这么做，当然包括我们自己。

第一印象对于人们来说有着太大的作用，但常常被人们忽视。如果你不想失去任何成功的机会，如果你想在人际交往中如鱼得水，那么请别忘记第一印象的作用，并且要努力给别人留下良好的第一印象。

近因效应：近水楼台先得月，向阳花木易逢春

美国心理学家洛钦斯用编撰的两段文字作为实验材料研究了近因效应现象。他用两段文字，分别描述吉姆的内向性格和外向性格，并把被试者分为四个组，用四种顺序、四种方式向每组读这篇短文。

洛钦斯的实验结果说明了：信息呈现的顺序会对社会认知产生影响，先呈现的信息比后呈现的信息有更大的影响作用。但是，卢钦斯进一步的研究发现，如果在两段文字之间插入某些其他活动，如做数学题、听故事等，则大部分被试者会根据活动以后得到的信息对吉姆进行判断，也就是说，最近获得的信息对他们的社会知觉起到了更大的影响作用，这个现象叫做近因效应。

现实生活中，近因效应的心理现象相当普遍。多年不见的朋友，在自己的脑海中印象最深的，其实就是临别时的情景；一个朋友总是让你生气，可是谈起生气的原因，大概只能说上几条；在向大家介绍一个人时，前面讲了他的一些优点，接着就是缺点，人们往往对这个人的缺点印象更深刻，在一定程度上忽视了这个人的优点，这些都是近因效应的一种反映。

在人际交往中，大家都非常注重自己给别人的印象的好坏，尤其是注重第一印象。然而，近因效应对人际交往中印象的影响也是至关重要的。因为在交往过程中最后接收到的信息往往会更改或是覆盖之前既有的信息，进而影响对他人印象的形成。所以，一个人给他人以好的印象并不难，难的是维护自己在他人心目中已经形成的好的印象。这就需要自己不断地努力，不做有损自己既有的好形象的事，以使自己给他人的近因效应与既往保持一致，或是更好。

第2章 改变一生的社交心理学效应

小莉与小敏是小学同学,从那时起,两个人就是好朋友,彼此非常了解,现在两人还在一个单位上班。可是近一段时间小莉因家中闹矛盾,心情十分不快,有时与小敏说话,动不动就发火,小敏认为小莉不是一个值得交的朋友,于是与她断绝了友谊。其实这就是近因效应在起副作用。

有一天,小敏剪了一个新发型,她把一头蓄了几年的披肩长发剪成齐耳短发,剪完头发后,觉得一点都不像她理想中的模样,气得当时就跟理发师吵了一场,这不愉快的心情一直持续到第二天上班。

有一个客户来找小敏,小敏当时还有些生气,其实小敏平时对客户很有礼貌的,但不知怎么就看这个客户不顺眼,差点跟他发火。这一幕被小莉看到了,马上过去给客户解释,打圆场。等客户走后,小莉和同事们都齐声称赞她的短发清爽、简洁。小敏都惊呆了,在这片赞扬声中,对理发师的怨气小敏也一股脑儿全消了,同时,也知道自己误会了小莉,在小莉心情不好的时候没有给她安慰,还断绝了友情,自己实在是太不应该了。从此两个人又和好如初。

从这个故事我们看出朋友之间的负性近因效应,大多产生于交往中遇到与愿望相违背,愿望不遂,或感到自己受委屈、善意被误解时,其情绪多为激情状态。在激情状态下,人们对自己行为的控制能力,和对周围事物的理解能力,都会有一定程度的偏差,容易说出错话,做出错事,产生不良后果。因此,凡事须加忍让,防止激化。待心平气和时,彼此再理论,明辨是非。近因效应又给了我们改变形象、弥补过错、重新来过的机会。

我们可以利用近因效应改善我们在他人心目中的形象。心理学研究证明,当近因效应形成后,如果进行延缓回忆,并在延缓期间加入干扰性的作业以防止复述,这种已经形成的近因效应便会减弱甚至消失。这就告诉我们当个体发生了错误,给他人以坏的近因效应后,只要我们处理得当就有可能挽回损失。

晕轮效应：管中窥豹未必准，以偏概全要不得

20世纪20年代，美国著名心理学家爱德华·桑戴克根据自己的研究提出了晕轮效应。他认为，人们对人的认知和判断往往只从局部出发，扩散而得出整体印象，即以偏概全。一个人如果被标明是好的，他就会被一种积极肯定的光环笼罩，并被赋予一切都好的品质；如果一个人被标明是坏的，他就被一种消极否定的光环所笼罩，并被认为具有各种坏品质。这就好像刮风天气前夜月亮周围出现的圆环（月晕），虽然，这圆环不过是月亮光的扩大化而已。据此，桑戴克为这一心理现象起了一个恰如其分的名称：晕轮效应。

心理学家戴恩也做过一个类似的实验：他让被试者看一些照片，照片上的人有的很有魅力，有的无魅力，有的中等。然后让被试者在与魅力无关的特点方面评定这些人。结果表明，被试者对有魅力的人比对无魅力的人赋予更多理想的人格特征，如和蔼、沉着、好交际等。

在日常生活中，晕轮效应随处可见。比如，有些小青年穿着打扮花哨、怪异，上了年纪的人就会看不顺眼，就会觉得他们是没有出息的败家子；年轻人选择恋人，往往很看重外表，全然不考究人的内心，从而作出错误的选择；我们认识到一个人的好处，往往就会认为他的全部都可能是好的；认为一个人某一项决定是正确的，往往就坚信他今后也一定是正确的。

晕轮效应对人际交往有很大的影响。多数情况下，晕轮效应常使人出现以偏概全、爱屋及乌的错误想法，影响理性人际关系的确立。

心理学家认为，这种效应是由知觉者的情感引起的对他人的一种主观倾向。由于我们在知觉他人时有一种情感效应，我们对他人的评价就容易出现偏差，这一偏差表现为当某人或某物被我们赋予了一个肯定的、令我们喜欢的特征之后，那么这个人就可能被我们赋予许多其他好的特征。

第2章 改变一生的社交心理学效应

中国有句古话叫爱屋及乌,意思是如果爱一个人,连他家屋上的乌鸦都会喜爱。要知道,依我国自古流传的迷信习俗,乌鸦是不祥之鸟,它落到谁家的屋上,谁家就要遭遇不幸。那么,为什么还会有爱屋及乌的现象呢?

这其实也是晕轮效应的典型表现。无论在人际交往,还是认识事物时,人们常从对方所具有的某个特性而泛化到其他有关的一系列特性上,从局部信息形成一个完整的印象,即根据最少量的情况对别人或其他事物作出全面的结论。它实际上是个人主观推断泛化和扩张的结果。在晕轮定律状态下,一个人或事物的优点或缺点一旦变为光圈被扩大,其缺点或优点也就隐退到光的背后,被别人视而不见了。

反之,如果某人或某物存在某些不良的特征,那么我们就会被认为他的所有的一切都是坏的。后者被称为坏光环效应,也被形象地叫作扫帚星效应。正所谓"一好百好,一恶百恶"在生活中,晕轮效应与扫帚星效应经常发生,这些都是人类一种奇妙的内心反应。

从客观上讲,晕轮效应是一把双刃剑,在实际应用中,我们要辩证地对待这顶"光环"。在现实生活中,千万不能让"一俊遮百丑"蒙蔽了我们的双眼和理智。对自己、对他人或事物,不要感情用事,不要以偏概全,辩证地对待我们心中的"光环",避免晕轮定律的偏差,理性地走出精彩的人生!

要避免晕轮效应的不利影响,就要善于倾听和接受他人的意见,尽量避免感情用事,全面评价他人,理性和人交往。如果想利用晕轮效应的有利面,我们在与人交往时应采用先入为主的策略,全面展示自己的优点、掩饰缺点,以留给他人尽量完美的印象,扩大自己的"光环"。

投射效应:以君子之心,度君子之腹

宋代著名学者苏东坡和佛印和尚是好朋友。一天,苏东坡去拜访佛印,与佛印相对而坐，苏东坡对佛印开玩笑说："我看你是一堆狗屎。"而佛印则微笑着说："我看你是一尊金佛。"苏东坡觉得自己占了便宜，很是得意。回家以后，苏东坡得意地向妹妹提起这件事，苏小妹说："哥哥你错了。佛家说'佛心自现'，你看别人是什么，就表示你看自己是什么。"

也许你会一笑而过，但苏小妹的话确实是有道理的。

你可能要问苏小妹的话为何有道理。从心理学角度，她正好指出了人喜欢把自己的想法投射到他人身上的投射效应。俗语说的"以小人之心，度君子之腹"心结，讲的就是小人总喜欢用自己卑劣的心意去猜测品行高尚的人。

与之类似，曾有这样一个有趣的笑话：

一天晚上，在漆黑偏僻的公路上，一个年轻人的汽车抛了锚——汽车轮胎爆炸了。

年轻人下来翻遍了工具箱，也没有找到千斤顶。怎么办？这条路很少有车子经过。他远远望见一座亮灯的房子，决定去那户人家借千斤顶。可是他又有许多担心，在路上，他不停地想：

"要是没有人来开门怎么办？"

"要是没有千斤顶怎么办？"

"要是那家伙有千斤顶，却不肯借给我，该怎么办？"

……

顺着这种思路想下去，他越想越生气。当走到那间房子前，敲开门，主人一出来，他冲着人家劈头就是一句："你那千斤顶有什么稀罕的？"

主人一下子被弄得丈二和尚摸不着头脑，以为来的是个精神病人，就"砰"的一声把门关上了。

好笑中我们不难发现，这个年轻人，错就错在把自己的想法投射到了主人的身上。

在人际交往中，认识和评价别人的时候，我们常常免不了要受自身特点的影响，我们总会不由自主地以自己的想法去推测别人的想法，觉得既然我们这么想，别人肯定也这么想。例如，贪婪的人，总是认为别人也都嗜钱如命；自己经常说谎，就认为别人也总是在骗自己；自己自我感觉良好，就认为别人也都认为自己很出色……

1974年，心理学家希芬鲍尔曾做了这样一个实验：

他邀请一些大学生作为被试者，将他们分为两组。给其中一组学生放映喜剧电影，让他们心情愉快；而给另外一组学生放映恐怖电影，让他们产生害怕的情绪。然后，他又给这两组学生看相同的一组照片，让他们判断照片上人的面部表情。

结果，看了喜剧电影心情愉快的那组大学生判断照片上的人也是开心的表情，而看了恐怖电影心情紧张的那组大学生则判断照片上的人是紧张害怕的表情。

这个实验说明，被试的大部分学生将照片上人物的面部表情视为自己的情绪体验，即将自己的情绪投射到他人身上。

其实，投射效应的表现形式除了将自己的情况投射到别人身上外，还有另一种表现——感情投射。即对自己喜欢的人或事物越看越喜欢，越看优点越多；对自己不喜欢的人或事物越看越讨厌，越看缺点越多。这种情况多发生在恋爱期间，如在热恋时人们喜欢在周围人面前吹嘘自己的另一半如何完美无缺；一旦失恋，又把对对方的憎恨之情溢于言表，并言过其实。

所以，知道了投射效应在人际交往的过程中会使我们对其他人的知觉产生失真，我们这就要在与人交往的过程中保持理性，避免受这种效应的不良影响。

刺猬法则：和谐空间创造和谐关系

生物学家曾做了一个实验：

冬季的一天，把十几只刺猬放到户外空地。这些刺猬被冻得浑身发抖，为了取暖紧紧地靠在一起，而相互靠拢后，它们身上的长刺又把同伴刺疼，很快就分开了。寒冷又迫使大家再次围拢，疼痛又迫使大家再次分离。如此反复多次，它们终于找到了一个较佳的位置——保持一个忍受最轻微疼痛又能最大程度取暖御寒的距离。

其实，人与人之间亦是如此，良好交际需要保持适当的距离。

下面，我们先来做一个小小的选择题：

你要坐公交车出去玩，上车后你发现只有最后一排还有5个座位，走在你前面的两个人，一个选了正中间的座位，一个选了最右侧靠窗子的座位。剩下3个座位中，一个在前两个人之间，两个在中间人与最左侧的窗户之间。这时，你会坐在哪里呢？

想必，你多半会选择最左侧窗户的座位，而不是紧挨着两个人中的任何一位坐下。不要好奇，这是因为人与人之间，也像前面讲的刺猬那样，彼此需要一定的距离。

这种距离，有时是环绕在人体四周的一个抽象范围，用眼睛没法看清它的界限，但它确确实实存在，而且不容他人侵犯。

例如，无论在拥挤的车厢里，还是电梯内，你都会在意他人与自己的距离。当别人过于接近你时，你可以通过调整自己的位置来逃避这种接近的不快感；但是挤满了人无法改变时，你只好以对其他乘客漠不关心的态度来忍受心中的不快，所以看上去神态木然。

还有，法国前总统戴高乐在其10多年的总统岁月里，对新上任的办公厅主任总是这样说："我使用你两年，正如人们不能以参谋部的工作作为自己的职业，你也不能以办公厅主任作为自己的职业。"所以，他的秘书处、办公厅和私人参谋部等顾问和智囊机构，没有任何人的工作年限能达到两年以上。用戴高乐自己的解释就是：第一，由于受军队流动性做法的影响，他觉得调动很正常，固定才是不正常。第二，他不想让这些人成为自己"离不开的人"，唯有通过调动，才能够使相互之间保持一定的距离，以确保顾问与

第2章 改变一生的社交心理学效应

参谋的思维、决断具有新鲜感及充满朝气,并能杜绝顾问与参谋们利用总统与政府的名义来徇私舞弊。

关于这方面,一位心理学家曾做过这样一个实验:

在一个刚刚开门的阅览室,当里面只有一位读者时,心理学家进去拿了把椅子,坐在那位读者的旁边。实验进行了整整80次。结果证明,在一个只有两位读者的空旷的阅览室里,没有一个被试者能够忍受一个陌生人紧挨自己坐下。当他坐在那些读者身边后,被试者不知道这是在做实验,很多人选择默默地远离到别处坐下,甚至还有人干脆明确表示:"你想干什么?"

这个实验向我们证明了,任何一个人,都需要在自己的周围有一个自己把握的自我空间,如果这个自我空间被人触犯,就会感到不舒服、不安全,甚至恼怒起来。

所以,我们在现实生活中,我们在人际交往中,一定要把握适当的交往距离,就像前面互相取暖的刺猬那样,既互相关心,又有各自独立的空间。

阿伦森效应:好话留到后面说,好戏留到后面唱

阿伦森是一位著名的心理学家,他做了一项试验:实验是将实验人分4组对某一人给予不同的评价,借以观察某人对哪一组最具好感。第一组始终对之褒扬有加,第二组始终对之贬损否定,第三组先褒后贬,第四组先贬后褒。此实验对数十人进行过后,发现绝大部分人对第四组最具好感,而对第三组最为反感。

阿伦森据此得出结论:人们最喜欢那些对自己的喜欢、奖励、赞扬不断增加的人或物,最不喜欢那些关怀表扬不断减少人或物。这就是阿伦森效应。

为什么会出现阿伦森效应呢?是因为从倍加褒奖到小的赞赏乃至不再赞扬,这种递减会导致一定的挫折心理,但一次小的挫折一般人都能比较平静

地加以承受。然而,继之不被褒奖反被贬低,挫折感会陡然增大,这就不太能被一般人所接受了。递增的挫折感是很容易引起人的不悦及心理反感的。相反,先给予批评和否定,使其认识问题的严重性和自己的不妥,再给予足够的肯定和鼓励,会使对方从挫折中走出来,深怀感恩之心,看到希望,奋起努力。

所以,大多数人喜欢褒奖不断增加,批评不断减少。我们就要善用褒贬,先贬后褒。当然,阿伦森效应也可以给我们另外的提示,职场中,日常工作与生活中,要尽量避免由于自己的表现不当造成他人对自己印象向不良方向的逆转。同样,在形成对别人的印象判断过程中,也要避免受阿伦森效应的影响。

一天,老板王鑫盛情邀请他的商业伙伴黄灿到他企业附近的餐馆进餐。因为这家餐馆的火锅很有特色,所以他总是在这里请宾客就餐。大家就坐后,服务员在每人面前摆上一个小火锅,然后是精心配备的各种菜肴。当一个个火锅被点燃后,突然从这些火锅下的酒精盒里钻出了十几个蟑螂,蟑螂耐不住高温纷纷窜到桌上,大家惊呆了……服务员非常抱歉地说:晚上这些火锅都放在地上,刚才是一盘子端上来也没检查,蟑螂藏在里面,遇热就钻出来了。

王鑫见状,生气地说"把你们经理找来,不管什么原因,这是你们管理有问题,我们怎么在这里吃饭?"服务员赶快去找经理了,而王鑫的朋友觉得很是没有面子,气愤不已。经理来了赶忙道歉。

王鑫很严肃地对经理说:"第一,您这里不符合卫生标准,我可以向卫生检疫站投诉,您恐怕要关门整顿了;第二,你这里管理不规范,基本操作规程没有,这不是服务员的责任,您是要负责的;第三,我经常带朋友带到这里,以后恐怕他不会来了。你觉得怎么办?"那经理真是无言以对,战战兢兢。

于是王鑫话锋一转,开始了表扬:"如果您能马上给我们满意的改善,我们还是很信任贵店的。你看,你们配置的口味要不好,我的朋友绝不会总来;您的下属态度很好,行动也敏捷,所以你立即就来赔不是了。挺好的餐馆,下些工夫还是很有希望的,对吗?"那经理和服务员顿时放松了,连连点头,迅速调整。"给客人们换个桌,一会给老朋友送两个菜,今天我给您打个折扣,这是我的名片……"一系列优惠是那么的真诚和大气。

上述案例中的老板就不自觉地运用了阿伦森效应,采用了先贬后褒的说话方法,调动服务员的积极性,改变了不利益的局面,达到了良好的效果。

防治阿伦森效应,可从三方面入手:一是防患于未然。平时注意加强心理素质的培养,增强心理适应能力。二是在日常工作与生活中,应该尽力避免由于自己的表现不当所造成的他人对自己印象不良方向的逆转,多以一颗平常心来面对周围的褒贬,并避免受它的影响而形成错误的态度。具体可采用支持疗法,首先正视对消极因素的看法,其次利用内外资源从支持性心理疗法一步步向稳定性支持疗法转移。三是可酌情利用臆想法,从精神上取悦于自己,再以轻松姿态面对现实。

皮诺曹效应:人品胜于能力,做人决定做事

皮诺曹是家喻户晓的童话故事中的可爱小木偶,他是一个张扬个性,缺乏自我约束,对什么都好奇,又聪明,又很贪玩的令全世界儿童都喜欢的小男孩。

在魔法为匹诺曹注入了神奇的生命力之后,匹诺曹便一心渴望成为一个活生生的男孩。为了实现这个愿望,匹诺曹找到善良的蓝仙女。

蓝仙女答应了他的要求,但却有一个附加条件:匹诺曹必须学会诚实、勇敢、不自私自利。而且同时作为惩罚,每当匹诺曹说谎时,他的鼻子便会

不断地变长。然而，诚实并不是一件可以轻松拥有的美德，还没有认真意识到诚实的重要的匹诺曹，鼻子很快就越变越长，并且麻烦的事情也接踵而至。最终，经过无数艰辛的磨难和考验，匹诺曹总算了解到了诚实的含义。而作为仙子的奖赏，匹诺曹也实现了自己期待已久的梦想——变成一个真正的活生生的人。

所谓诚信，即诚实与守信，它是一种美德、一种品质，为我们中华民族世代所信奉。诚信是立身处世的准则，是人格的体现，是衡量个人品行优劣的道德标准之一。它对民族文化、民族精神的塑造起着不可缺少的作用。诚信不仅是一个人最基本的道德品质，更是我国经济建设的精神基础与思想保障。

在长期的社会实践中，中华民族形成了重承诺、守信义、以诚立业、以信取人的道德传统，形成比较稳定的社会结构、凝聚力强大的传统文化和延绵不绝的中华文明，"千金一诺"、"一言既出，驷马难追"之类的美谈佳话永留史册。一个人，如果做到了诚信，那么，他也就做到了一个人的基本准则。

几个小孩听了关于天使的故事，也想当天使，于是就求助上帝。上帝给他们一人一个烛台，叫他们保持烛台光亮，说只有这样才能成为天使。孩子们很高兴，都将烛台擦得很干净。

几天过去了，上帝没有来，几乎所有的孩子都不再擦烛台。

一天，上帝来了，他们的烛台上都蒙上了灰尘，只有一个孩子——一个笨小孩，天天擦烛台。结果，他成了天使。

为什么只有他成为天使？这一个小孩很诚实，当他被朋友嘲笑时，他仍没有放弃自己的梦想，仍执著地擦烛台，就这样，他成了上帝最青睐的人，成了一位可爱的小天使。这个故事告诉我们，诚实的人会拥有更多，诚信让我们走向成功。

撒谎可能给了你暂时的利益，但那却严重地损害了你的人格。别总以为你的谎言天衣无缝，鸡蛋再密也有缝，总有一天，你将会露出马脚，到那时，就是你信用的丧失，人格的毁灭。到了以后的日常生活中，你就别想渴求到别人的信任，即使到时你是真心的。在日常生活中，常常也是需要用"善意的谎言"去鼓励，安慰他人，这种谎言跟损害人格是不能相提并论的。

诚信是一轮回，这一轮的行为，或者构成下一轮的信用代价，或者构成下一轮的信用财富，这种轮回是以诚信引导诚信，构成循环。因而，我们需要用诚信来反搭建事业的基石，诚挚待人，这是成就事业的根本。诚信是本，无信不兴。在市场竞争环境日趋复杂的今天，诚实守信无疑是一个人生存与发展的重要法宝。

第3章　看透人脉圈中的各种人

与 9 种怪脾气之人的交往方法

在工作或生活中，只要你有求于人，想要对方按照你的意愿行事，就得在打交道的过程中先做好准备工作，了解对方的喜好，摸清对方的脾气，把握好交往的尺度。

比如，假如对方性格外向，透明度高，你就可以随便一些，开开玩笑，斗斗嘴，他会很自然地接受；如果对方性格内向、敏感，你就可以讲一讲适合的笑话，让他开朗一些，最重要的是表现真诚，可以挖掘对方比较在意、隐藏在内心深处的话题，让对方觉得你是在真正地关心他。

有的女孩性格外向，个性鲜明，男孩子气十足，你若跟她谈化妆、美容，她也许会毫无兴趣，如果谈足球、谈姚明，她可能会兴致勃勃。针对不同的性格和爱好的人，你应该学会说不同的话。同样说人胖，男性会一笑置之，而女性则可能把脸拉下来，自尊心受到伤害，这就是性别带来的差异。所以，同样的话对男人和女人的作用是不一样的。

同理，如果你对老实本分的工人农民摆出一副盛气凌人的"酸"架子，

满口之乎者也,引经据典的,以显示自己的博学,对方肯定会对你的这种做作表示反感,更无法获得对方的信任和好感。

因此,说话时,我们就要注意到这种差异,对不同性格的人采取不同的应对方法。当你根据对方的性格打出自己为其量身定制的"交往名片"时,很容易引起对方的共鸣,便于你与其进行深度交往,进而"读懂"他们。下面,我们具体来看该怎样与9种难相处的人交往。

1. 冷漠的人

这种人往往我行我素,对人冷若冰霜,尽管你客客气气地与他寒暄、打招呼,他也总是爱理不理,不会作出你所期待的反应。其实,冷漠的人一般来说兴趣和爱好比较少,也不太爱和别人沟通,但是,他们还是有自己追求和关心的事,只是别人不太了解而已,所以,在与这类人打交道时,不仅不能冷淡,反而应该花些工夫仔细观察,注意他的一举一动,从他的言行中,寻找出他真正关心的事来,一旦你触及他所关心的话题,对方很可能马上会一扫往常那种不冷不热的表情,而表现出相当大的热情。

2. 盛气凌人的人

有些人往往自视甚高,目中无人,表现出"盛气凌人""唯我独尊"的样子,与这种态度的人打交道,实在是一件令人难受的事情。不过也不是没有办法。这种人往往不会对自己亲近的人或有好感的人傲慢,因此,如果想到同他打交道,不妨让这些人作为引荐。

3. 沉默不语的人

和"闷葫芦"在一起,人们总会感到沉闷和压力,特别是对那些性格比较外向的人,更是觉得难受。在这种情况下,有些人为了活跃气氛,便故意找些话题来说,其实这是没有必要的,因为,对于沉默寡言的人来说,他们之所以这样可能是由于有某种心事而不愿多言,这时,你应该尊重对方,不要去破坏对方的心境。相反,你如果故意地没话找话,拼命地想方设法与对方交谈,只能引起对方的反感厌恶。

4. 自私自利的人

自私自利的人尽管心目中只有自己，特别注重个人的得失和利益，但是，他们也往往会因利而忘我地努力。我们对他们不必有太高的期望，也没必要希望他们能够像朋友那样以情为重。与这类人交往可以仅仅是一种"等价交换"关系，他出多少力气，你还他多少好处，互不赊欠。当然，在交往中，要注意这种人以利己为目的，而别有用心地算计你。

5. 争胜逞强的人

这种人狂妄自大，自我表现欲望非常强烈，总是力求证明自己比别人强，当遇到竞争对手时，总是想方设法地挤兑人，不择手段地打击人，力求在各方面占上风。人们对这种人，虽然内心深处瞧不起，但是为了顾全大局，为了不伤交往中的和气，往往事事处处迁就他、让着他。殊不知，有些争胜逞强的人并不理解别人的谦让，还以为自己真是了不起，由此而变本加厉地瞧不起别人，不尊重别人。对这样的人不能一味迁就，而有必要在适当的时候，以适当的方式打击一下他的傲气，使他知道人外有人。

6. 狂妄的人

如果这种人有真才实学，如果他狂得有理有据倒也可以理解。而在这狂妄的人中还有一种人存在，他们实际上并没有多少学问，往往是自我吹嘘，夸夸其谈，他们往往表现出一副不可一世的样子以维持其虚荣心。与这些人相处的方式实际上很简单，乍看起来他们似乎视野开阔，天南地北，无所不谈，爱摆出一副居高临下的样子，但只要你就某一问题深入地与之探讨，他便会露出马脚，一旦露了马脚，他的威风也就自然扫地。

7. 搬弄是非的人

不要以为把是非告诉你的人便是你的朋友，他们很可能是希望从中得到更多的谈话材料，从你的反应中再编造故事，所以，聪明的人不会与这种人推心置腹。令他远离你的办法，是对任何有关是是非非的传闻反应冷淡。如对方总是不厌其烦地把不利于你的是非告诉你，以致对你的情绪造成很大的负面影响，你应拒绝和他见面或不接他的电话，此类人不宜过多交往。

8. 性情急躁的人

被性情急躁的人冒犯，一定要保持头脑冷静，视不同情况而采取不同的办法。如果他是有心冒犯，要找出原因，耐心地解决问题，对他讲明白说清楚，同时也可以让第三者出面为你作证。如果他是无心冒犯，可以对他一笑了之。这一笑，往往可以使你摆脱尴尬的局面，避免与其发生争吵，而且也赢得大家对你的理解。

9. 城府深的人

他可能是一位攻于心计的人，这种人为了在与别人打交道时获得主动，或者出于某种目的而不愿让别人了解自己。这种人总希望更多地了解对方，从而在各种矛盾关系中周旋，使自己处于不败之地。他也可能是一位曾经遇到过挫折或受到伤害的人，过去的经历使他对社会、对人世有一种十分强烈的敌视态度，从而对自己采取更多的保护措施。还有一种情况，他可能对某些事情缺乏了解，拿不出有价值的意见，为了掩饰自己的无知，以一种未置可否的方式，含糊其辞的语气与人交往，由此给人一种城府很深的样子。

总而言之，"依据对方脾气，制定交往之度"的出发点是为了避免产生超限效应，是为了让你在人际交往中表现更为得体，从而使自己在交际中保护好自己，避免限于被动，为自己创造出一个良好的交际氛围。

应对不同交际风格的人

人在交际中，因为双方的互动关系，往往形成三种突出的风格，即屈从型、攻击型和超脱型三种，那么，如何针对这三种不同的风格与人相处呢。

1. 屈从型

屈从型的人，往往习惯于忍气吞声，很少去表达自己的需要或意见，很少积极主动地维护自己的权益。这种人往往成为那些"爱拣软柿子捏"的人欺负的对象。屈从型的人自己应该努力振作起来，在遇到不公时据理力争。只有这样才能和别人处于平等相处的地位。

假如你与屈从型的人相处，要注意不要给人一种居高临下的感觉，要制造机会给使他敢于表达自己的所思所想，要心平气和、耐心而真诚地去和他交往。

2. 攻击型

攻击型的人在交际中倾向于占主导地位，往往显得很强势，希望他人尊从自己的意见或决定，否则他会向违背他的意志的发出"攻击性"的语言甚至是行为。

有专家分析说，此类型人的往往出自家教严格的家庭。父母往往对他们期望很高且要求严格，一旦达不到父母的期望就会被责备。因此，长大后他们容易成为既谨小慎微又非常叛逆的人，他们往往像父母严格对待自己一样对待别人，以期达到某种心理平衡。也正因此，他们常与人搞不好关系。

其实攻击型的人，要先了解自己的特点以及自己性格的形成原因，努力地走出过去、完善自我，如此才可能搞好人际关系。

如果你面对的是攻击型的人，你可以对他表示理解，可用"打太极"的方式化解他的攻击的凌厉之势。但如果他攻击太过激烈，也应该给予适当的反击。

3. 超脱型

超脱型的人，不关心周围的世界，好像什么都与他无关，容易被别人理解为冷漠、不合群，结果导致被疏远。

超脱型的人要主动对人敞开心扉，增加参与精神，要敢于表达自己的意见，如此才能处理好人际关系。

面对超脱型的人，你可以尊重他的超脱，不与他太过于接触。如果他有意和你交谈，你可以与之就某一个他感兴趣的话题畅所欲言。

善于与你不喜欢的人相处

善于和不喜欢的人相处合作是一种技巧。人在交际中往往愿与自己喜欢或欣赏的人打交道，同样也就会远远地躲开那些自己不喜欢、不愿意打交道的人。然而，生活中没有那么多的随心所欲，由于各种各样的原因，我们常常要与自己不喜欢的人，甚至是与自己相敌对的人打交道，这就需要用到一些技巧。

与你不喜欢的人相处，要学会求大同，存小异。每个人处理问题的方式方法各有不同，我们要学会在不同之中，发现共同之处。比如，你若是一个性格平和的人，你给张三提意见，可能言辞不那么激烈，语气也比较委婉。如果你身边有一个刚直倔强的同事，他给张三提意见，可能单刀直入，语言尖锐，甚至可能转而批评你，说你给别人提意见拐弯抹角，是钝刀割肉。这时候，如果你只看到那个直率的同事展开批评的态度和方式跟你不一样，觉得他太鲁莽，太不讲情面，你可能就会感到跟他格格不入，合不来。如果你除了看到你们两人提意见时的方式不同以外，还看到他和你也一样，也是出于一片好心，真心帮助同事。这样，你可能就不会觉得他不讲情面，而觉得他有难得的古道热肠，同时，也不会计较他对你的批评。

跟你不喜欢的人相处，要注意多发现对方的优点，取长补短。世界上一切事物都不是尽善尽美的，每个人在思想上、性格上都存在缺点，我们对人不能求全责备，要寻找没有缺点的朋友，那他就会没有朋友。在与自己不喜欢的人相处时，我们更要注意多发现别人的长处和优点。比如，与急性子的人相比，要看到慢性子的人考虑问题时可能比较周全，特别干某种需要耐心的工作时，他就很恰当；要看到急性子的人干事往往不拖拉，很麻利。这样，相互比照优点大家不仅能够和睦相处，相互还会有所补益。

跟你不喜欢的人相处，胸怀应该宽一些，气量应该大一些，应该提倡宽容。当然，我们说待人要宽容，不是不讲原则。我们应该尊重别人的兴趣和爱好。对别人生活中的一些细枝末节，要能容得下。这样，两个人在一起才容易相处。

也许有人会说，江山易改，禀性难移，自己的脾气改不了。的确，人的性格是在先天的基础上，在社会实践活动中逐渐形成的，有一定的稳定性。要想改变一个人的性格，不是一件容易的事情。但是，世界上的任何事物，都不是一成不变的，人的性格也会有所变化的。我们常常看到，有的人本来很脆弱，在经历了一些重大变故或意外打击以后，生活把他磨炼得坚强起来了。如果我们努力提高自己的认识能力、思想水平和道德修养，我们是能够培养和锤炼出良好性格的。

有这样一个故事：一位老人坐在一个小镇郊外的马路边。有一位陌生人开车来到老人面前，陌生人下车问老人："请问先生，住在这个小镇上的人怎么样？我正打算搬来住呢。"老人看了一下陌生人，反问道："你要离开的那个地方的人怎么样？"陌生人回答："不好，都是些不三不四的人。我住在那里没快乐可言，因此我打算到这儿来住。"老人叹了口气，说："先生，恐怕你要失望了，因为这个镇上的人，也和你那儿的人差不多。"这位陌生人走了，继续去寻找他理想的居住地。

过了一会儿，另一位陌生人来到老人面前，询问同样的问题，老人也同样反问他。这位陌生人说："哦！住在那里的都是非常好的人。我在那里度过了一段美好的时光，但我正在寻找一个更有利于我的工作发展的小镇，我舍不得离开那个地方，但是我不得不寻找更好的发展前途。"老人面露笑容，说："你很幸运。居住在这里的人都是跟你原来住的地方一样好的人，你将会喜欢他们，他们也会喜欢你的。"

这个故事告诉我们，你想寻找敌人，你就会找到敌人；你想寻找朋友，你也会找到朋友。善于与自己不喜欢的人相处的人，和任何人在一起，都会相处融洽。

制伏心高气傲的人

在人际交往中，有些人以自己的地位、学识、财富等优于别人而盛气凌人，不可一世，或者极端地蔑视他人，或者攻击他人，有的甚至还会肆意地侮辱他人。

初次与高傲者打交道，首先，要有足够的思想准备。遭到冷遇不要灰心丧气。为此，就要经得起打击，善于以忍让、坚韧的精神，与之周旋。其次，要树立强烈的自信心和必胜信念，从心理上先战胜他，如果你一见傲者便心中打鼓，没了底气，那么，你已经在心理上打了败仗，是绝无取胜希望的。最后，要把目标定在交际的最后结果上，不要过分计较对方态度、语气、语言，一切都要以取得最终胜利为目的。

高傲者多看重自我形象，对自我评价较高，自我感觉良好。与他打交道不妨采取投其所好的方式，对其业绩、学识、才能等给予实事求是的赞美，使其荣誉感、自尊心得到满足。这样就可以从心理上缩短距离，同样能起到左右他们态度的作用。比如，有位生性高傲的技术总监，一般人很难接近他，他生硬而冷漠的面孔常使人望而却步。一位从外地分公司来的技术员要找他办事，这位技术员听说了总监的脾气，一见面就微笑着对他说："赵总，我一进门就有人告诉我说您是个认真严谨的人，而且您还特别关注我们分公司的技术问题。我一听，高兴极了。我正有有关技术方面的事情向您请教呢。"这几句开场白，把一向面无表情的技术总监捧得心花怒放，技术员要办的事在这位技术总监的指导下，很快办成了。

一些人自恃知识丰富，阅历广泛，因而目空一切，压根儿就瞧不起别人，表现出一股不可一世的傲气。对付这种人只要巧妙地设置一个难题，就可抑制其傲气。达是因为，不管其知识多么广博，阅历多么丰富，在这个大千世界，一个人的认知毕竟是有限的，对方一旦发现自己也存在知识缺陷，其傲气自然就会烟消云散了。

在一次国际会议期间，一位西方外交官非常傲慢地对我国一位代表提出一个问题："阁下在西方逗留了一段时间，不知是否对西方有了一点开明的认识。"

我国代表淡然一笑，回答道："我是在西方接受教育的，40年前在巴黎受过高等教育，我对西方的了解可能比你少不了多少。现在请问，你对东方了解有多少？"

对我国代表的提问，那位外交官茫然不知所措，满脸窘态，其傲气自然荡然无存了。

显然，我国代表所提出的问题，那位自以为知识丰富而满身傲气的外交官是无法回答的，因为他不了解东方的情况，因此不但没有显示自己丰富的知识，反而暴露了自己的无知，因此，还有什么傲气可言呢？

无疑，巧设难题抑制高傲者，所设置的难题一定要是对方无法回答的问题，因为只有这样，才能暴露对方的无知或者缺陷，从而挫其傲气。如果设置的问题对方能够回答，这样不但不会挫其傲气，相反还会助长其傲气而使自己处于更难堪的境地。此外，还要注意，设置难题一定要巧妙，不露痕迹。

毫无疑义，任何人都不可能是十全十美的，都难免有自己的弱点，而傲气者一般都未发现自己的弱点，一旦别人抓住其弱点予以攻击，也就瓦解了其傲气的资本。

尼克松任美国副总统期间，曾赴前苏联主持美国展览会。尼克松准备启程时，美国国会通过了一项关于被奴役国家的决议。前苏联领导人赫鲁晓夫对此极为不满，因此，当尼克松与他会晤，表现出一种从未有过的傲气，十分气愤而又极端蔑视地对尼克松说："我很不了解你们国会在这么一次重要的国事访问前夕，通过这种决议。这使我想起了俄国农民的一句谚语'不要在茅房吃饭'。你们这个决议臭得像刚拉下来的马粪，没有比这马粪更臭的东西了。"对这些傲慢无礼的言辞，尼克松毫不客气地回敬道："我想主席先生大概错了，比马粪还臭的东西是有的，那就是猪粪！"赫鲁晓夫听后，傲气大挫，不由得脸上泛起了一阵羞涩的红晕。原来他年轻时当过猪倌，毫无疑义闻过猪粪的气味，因此机智的尼克松立刻抓住赫鲁晓夫这一痛处，使赫鲁晓夫自讨了没趣，自然傲气也就烟消云散了。

运用这种方法时一定要抓准傲气者的弱点或者痛处，只有这样，才能动摇其傲气的根基而反思自己的行为，从而收敛自己的傲气。

一些高傲的人，别人越理睬他，他的傲气就越大。因而对这种傲气者采取不予理睬的态度，使其孤立，这样就可削弱甚至消灭其傲气。

我们采取上述方法对付傲气者，其目的是改变影响交际的不正常因素，促使其与他人正常地交往，因此在运用这些方法时，一定要抱着与人为善的态度，切不可嘲讽、讥笑，甚至侮辱他人的人格，否则就与我们的目的背道而驰了。

看透不学无术的人

不学无术的人没有真才实学，却往往爱表现出一副很有才学的样子，而一到实际工作中，则露了马脚。因此，对于这种人要认真辨别。

这种人有时候虚荣心往往较强，在识透这种人时要好好了解其背景情况，对其性格特点做到心中有数。

有一位寻找工作的职员，来到赫金斯公司办事处经理斯希维勃面前求职，希望能在这家有名的公司里谋到个一官半职的。斯希维勃事先了解到这个职员经常变换工作，虽然他在简历上写得清楚"熟练掌握某某工作"，可实际上他对哪个工作干得都不踏实也不熟练，而且，他总有一大堆的理由为自己辩解。

斯希维勃知道这位青年的情况，在他的办公室以冷淡的态度接待了他。当这位求职者列举了他干的那几项在简历中被注了水的工作后，斯希维勃问道："既然你来求职，那么你到底能干什么？你想对赫金斯公司做些什么呢？"

这位求职者被问住了，回答得软弱无力。于是谈话即刻终止。

有的时候，不学无术的人会利用他的天花乱坠的口才获得别人的信任，从而给别人较深刻的印象，尤其是不熟悉他的人最容易受到他的蒙骗。不过，这类人是经不住长期的实际检验的。

汽车制造商高桑斯曾告诉人们一个惨痛的教训，他说："我平生最大的一次失败是碰到一个年长的人，这位年长者善于辞令，巧舌如簧。我不知怎么搞的，一下子把我历来的主张全忘掉了，竟聘他做了我的雇员和二等助手。可是，一段时间以后我发现这个人一点儿能力都没有。原来他那流利的口才全是为求职而练就的，而真的委他以重任时，他却无计可施。"

所以，我们无论对任何人，应将他各方面的表现综合起来加以品评、判断，以明了他的真实情况，以防他是个不学无术的人。这样做很有益处。一方面可以避免失望，另一方面也省得他人的不良动机得逞，妨碍我们的事业。

宽容对待贪小便宜的人

这世上贪小便宜、自私自利的人为数不少，无论你走到哪儿，总会遇到几个。这种人心中只有自己，凡事都将自己的利益摆在前头，要他做些于己无利的事，他是断不会考虑的。

现实社会中，人们往往喜欢和那些豪爽热情、开朗大方的人往来，而不太愿意同贪小便宜的人打交道。但是，当我们不得不与其接触、交涉时，只有暂时按捺住自己的厌恶之情，姑且顺水推舟、投其所好。当他发现自己所强调的利益被肯定了，自然就会表示满意。

一些人贪小便宜的毛病是受社会环境（尤其家庭环境）的影响，而形成的一种生活习惯。这种人往往缺乏远大的理想，得过且过，不求上进。这种人，一般心地不坏，而且性格外向，毫无隐讳，容易深入了解。同这种贪小便宜者打交道，要注意正面批评，引导他们在学习上和工作上下工夫，以提高其思想层次。思想层次提高了，自尊的要求就会随之增长，贪小便宜的毛病便会相应地得到克服。另外，要注意在交际中不可对他们进行讽刺挖苦，因为讽刺挖苦会影响其自尊而产生负面效果。

还有一种贪小便宜的人，他们的行为是受一定意识形态支配的，其贪小便宜的行为反映着其生活观念。这种人往往具有比较特殊的生活阅历，在生活中受过磨难，人生观常常表现为以自我为中心。

同这类贪小便宜者打交道，采取一般的说教方法，是无法解决其观念的转变的，应真诚地与之相处，用自己的博大胸怀去感化他。在工作、学习、生活中，我们应真诚地、无微不至地去帮助他们，使他们渐渐地受到感化。比如，外出时，热情地拉着他，坐车、吃饭、看电影、逛公园时主动花钱，而对他的一毛不拔从不表现出一点儿不满和鄙视。平时，多讲一些他所钦佩的人的宽宏大度，不计个人得失的事例，使他逐渐意识到自己的不足。

冰冻三尺，非一日之寒。贪小便宜不管源于哪一种心理状态，要他们一下改掉并不现实，只能潜移默化，而且允许其出现反复。如果一个人去感化犹嫌力量不足，可动员几个要好的朋友来共同感化他们。当贪小便宜者真正理解你的真诚以后，他是会永远感激你的，由此所建立起来的友谊，也一定是纯洁的、牢固的。

从另一个角度说，贪小便宜、自私自利的人也常常有他们的特点——精打细算。如果我们能够通过适当的方式，将他们这种特点加以升华，运用到某些比较合适的地方，也可以发挥其优势。例如，让这种人干财务类工作，在有严格约束的情况下，他们往往会成为你的"守财奴"。这样，岂不是一件好事？

小心应对心胸狭窄的人

心胸狭窄的人，其基本的心理特征有二：一是容不得人，二是容不下事。

心胸狭窄的人往往嫉妒比自己强的人，看不起不如自己的人。他们生性多疑，一点儿小事也常常让他吃不好、睡不香的。

与这样的人相处，你要做到：

要有大度的气量。与心胸狭窄的人相处，肯定会发生一些不愉快的事，如果缺乏气量，与之斤斤计较，就无法相处。相反，如果气量大度，胸怀宽阔，就会使那些不愉快的事化为乌有，同时，对心胸狭窄的人也是个教育。

要有忍让的精神。有人因心胸狭窄，作出了对不住你的事来，你应该忍让。忍让，绝不是软弱，而是心胸宽阔、风格高尚的表现。提倡忍让，并不意味着放弃原则。

心胸狭窄的人极容易错误地估计形势，错误地对待人和事。因此，对心胸狭窄的人发扬忍让精神，绝不意味着迁就他的错误。对他的心胸狭窄忍让，但对他的错误思想和行为绝不迁就，这才是忍让。

这样可避免无端树敌。"多个朋友多条路，多个敌人多堵墙"。如果树敌过多，即便是正常的工作与生活，也会遇到种种不应有的麻烦。

容忍别人对自己所犯的过错，不记仇，给他以希望，他自然会对你有所感恩，将这份报恩的感情藏于心中，日后总要寻机将这份恩情还回去。当然，我们所做的这些，目的并不是贪图他人的回报。

如果是因为你的过失而伤害了心胸狭窄的人，你应及时道歉，这样可以及早地化解他心中的怨恨。否则他积怨太深，会对你产生不利影响。因此，道歉时你要注意能真正地彻底消除对方的恨意。

如何对待嫉妒心强的人

俗话说"人怕出名猪怕壮"。要讲清楚其中的原因，说难也难，说容易也容易，容易到只用两个字就够了：嫉妒。一个人干事，三个人反对，五个人调查，十个人散布流言飞语，这不是极个别的事例。"枪打出头鸟""出头的椽子先烂"，这些都是可怕的"警告"。

本来，一个人的才能比另一个人高的话，他的职位就应该高，这是理所应当的。但对于一个嫉妒心强的人来说却不然，对于才能胜过他的人，他一定想办法来中伤对方，对于地位高过他的人，他一定想方设法来推翻对方。

你也许遇到过下面的情况：

经过一番努力之后，你把精心拟就的工作方案呈报老板。他对你的工作成果大加赞赏，在大家的面前拍你的肩膀，表示对你的重视，在会议中上上下下也都一致赞许你的真知灼见。再如，你刚好成功地完成了一项任务，使公司大赚了一笔钱，各部门主管对你另眼相看。这时的你必然是春风得意，难禁喜悦之色，大有"世界都属于我"的感觉。但你得意忘形之际，也许正是你自埋炸弹之时——令别人嫉妒，使你不知不觉中成为很多人的"敌人"。

而我们身边时刻都有嫉妒心强的人，因此，你要想成功，就要学会应对这样的人。碰上这种人，通常不应正面跟其理论，你要常存戒心，不矜才炫能，不刺激对方。可在进一步交往中，使他感到你的高尚人格，由妒忌改为敬佩，这未必不是一个应对的好办法。

具体的方法可参照以下几点。

1. 走自己的路，让别人去说

与有嫉妒心的人相处时，最好不要特意采取一些手段来对付他，因有嫉妒心的人本身就是多疑的、爱猜忌的。倒不如将有嫉妒心的人当作普通人来看待，俗话说，见怪不怪，其怪自败。与其费尽心思去琢磨，不如来个"无为而治"，取得"无为而无不为"的效果。

2. 大智若愚，谦虚谨慎

孔子曾说："聪明圣智，守之以愚；功被天下，守之以让；勇力抚世，守之以情；富有四海，守之以谦。"当一个人处在鲜花与掌声中时，更需谦虚、谨慎。

帕金斯先生在《管理艺术精粹》中说："大多数组织在结构上像一座金字塔，当一个人向金字塔顶端爬去的时候，最重要的岗位越来越少。因此，一个新近被提升的管理者，一定要特别谨慎小心。因为他从前的大多数同事深信自己应该得到这个职位，并且为自己没有得到它而不快。但特别重要的是：一个被提升的管理者必须想尽办法表现出谦逊和不盛气凌人。他一定不要忘记他从前的共事者。"

3. 以爱化恨，以让抑争

以爱化恨法主要是以真诚的爱心去感化嫉妒者，从而消除和化解嫉妒。俗语说："恨是离心药，爱是黏合剂。"因此，当你遭人嫉妒时，如果能够以德报怨，用爱心去感化嫉妒者，恩怨也就自然会化解了。

作出让步的姿态，对人更有礼、更客气，千万不可有倨傲的态度，这样就可降低别人对你的嫉妒，因为你的低姿态使某些人在自尊方面获得了满足！

以有原则的忍让来抑制无原则的争斗，是根治嫉妒的关键之举。如果嫉妒者向你发出挑战，你不但不迎战，反而退避三舍，以不失牟则的适度忍让来求大同存小异，都不失为化解嫉妒、免遭嫉妒的好方式。

有一位某大学的系主任，就懂得示弱之法。他刚刚被提拔为系主任时，有一位同事有点儿嫉妒他，总找茬儿出他的洋相，使他难堪。后来，这位系主任来到这位同事家，诚心诚意地和他谈心，说："我本人无论教学还是教学管理，经验都很贫乏，管理一个系的教学工作，实在勉为其难，就像'赶鸭子上架'似的,以后,请你一定尽力帮助我。"示弱之法很奏效,从此,那位同事再也没有找他的麻烦,反而经常为他出主意。

4. 解释、鼓励的对策

有些嫉妒是因误会而产生时,就需要进行解释,否则,误会越来越深,以致严重干扰和破坏人际之间的正常交往。在解释时要注意心平气和,也要做好多次才能说服对方的准备。

对嫉妒者还要采取鼓励的态度。因为嫉妒者是在处于劣势时产生的心理失落和不平衡,虽表面气势不小,其实内心是空虚的,且隐含着一种悲观情绪。所以对嫉妒者采取鼓励的态度十分必要。在鼓励时,可以客观地分析他的长处,强化他的信心,转变他的错误想法,而且还要在力所能及的情况下,为嫉妒者提供一些实质性的帮助,使其由嫉妒转向公平竞争。

积极帮助愤世嫉俗的人

生活中,常常有一些愤世嫉俗的人,他们对社会上的某些现象看着不顺眼,认为社会变了,人心险恶。愤世嫉俗的人在公司里既看不惯某些制度,又看不惯周围的许多同事,这样,人们普遍认为这样的人是不好相处的。

愤世嫉俗的人往往因为看不到生活的主流,不能正确认识工作中的阻力,常在困难和挫折面前发牢骚进行抱怨;他们会认为生活没有光明和希望,一切不尽如人意的地方都应该受到诅咒。愤世嫉俗者会让意志不坚定的人消磨掉进取之志,也变得牢骚满腹起来。因此,如果对其放任自流,使其不良影响悄悄地蔓延,就会逐渐打消掉一些人的热情和信心。

那么我们如何应对愤世嫉俗的人并与之和谐交往呢?

要保持自己的"抵抗力",绝不能受愤世嫉俗者的感染。这就要求我们在看待工作和生活中的问题时,能理性地进行分析,抓住主流,从大局着眼,看到事物可以改进的一面,从而树立起解决问题的信心。自己的信心树立起来,意志坚定了,在劝说愤世嫉俗者时也会有底气了。

对于愤世嫉俗的人,要留意其牢骚中的本意以主导话题走向,要让他们把问题说清楚,不要浪费大家的时间,把谈话焦点导向解决问题的方向。让他们多考虑一下现实需要,如果他们还是不停地发牢骚,那么就直截了当地让他们先听听别人的意见,停止谈话。

人们之所以愤世嫉俗,往往是因为他们没有正确的人生观导致的。所以和这样的人交往时,我们首先应该做到的是,尽早地帮助他们树立正确的人生观,摆正个人和社会的关系,要使他们认识到:每个人都有自己独特的价值;个人的价值通过社会实践才能表现出来。所以,个人要想使自己的价值得到发挥,得到他人的承认,就应当在准确地估计个人价值的前提下,对社会有所创造、有所贡献。如果把自己估价过高,就会把社会公平的待遇看作是对自己的压制,就会产生愤世嫉俗的表现。

和愤世嫉俗的人交往,应该心态平和,帮助他们全面客观地看问题,正确对待前进道路上的挫折和失败。同时以我们自己积极进取的态度感染他,让他鼓起对生活的信心,以积极的态度看待生活,看待世界。

为唯我独尊的人保留颜面

有的人总是把自己看作交际中的中心人物,总觉得众人都该围着自己转,他们往往以"唯我独尊"的交际态度和交际方式来对待别人。

他们往往喜欢是在众人的面前奚落那些他们瞧不起的人,以显示自己的真知灼见、高人一等。

唯我独尊的人希望别人把他们奉若神明,对他们言听计从,而他们对于听从自己的人,也往往会与之保持良好而愉快的关系。但是当这类自以为无所不知的"专家"们作出错误的判断或决定时,他们往往会归咎于那些听从者,责怪对方为何没有提供正确的信息——虽然别人所提供的信息未必会被他们所接受。

应对这种人的最有效的办法就是为他们留住颜面。当你拒绝他的提议时,要显示出该意见乃是经过你与他"共同"研究之后,才发现并不适用,如此一来,才不致显出他的无知。

如果你确信对方的论点并不正确,应勇敢地面对他们,向他们如此强调:"我明白你所说的一切,同时,这个观点我以前曾说过,我们不妨看看在这种状况下是否行得通。"

对于他们的意见,你要专心聆听,强加分析,分辨其可取之处及不可取的部分。当你向他提意见时,不妨使用此类语句:"我也听过这种说法,而经过研究之后,有人认为这种说法……"或:"你说得对,而且不仅如此,还要……"

此外,当你反对他们所提出的意见时,必须以你的专业知识来争取他们的理解,不妨选取某些彼此熟知的知识来佐证自己的观点,如此一来,对方为了表示自己无所不知,往往会认同你的看法。

唯我独尊型的人往往带有很大的傲气,如果他对你傲慢,你对他怠慢,便很可能使交往无法进行下去,这显然对双方都是不利的。

与唯我独尊者相处,最合适的方式有两条:

(1)尽可能地减少与其交往的时间。在能够充分表达自己的意见和态度,或某些要求的情况下,尽量减少让他表现傲慢无礼的机会。这样,对方往往会由于缺少这样的机会而不得不认真思考你所提出的问题。

(2)语言简洁明了。尽可能用最少的话清楚地表达你的要求与问题。这样,对方感到你是一个很干脆的人,是一个很少有讨价还价余地的人,因而约束自己。

第4章　别让表情动作出卖了你

发自内心婴儿般的笑容

世上多一分微笑，人间少一分争吵；脸上多一分微笑，心头少一分烦恼；家庭多一分微笑，生活多一分美妙；夫妻多一分微笑，恩爱多一分情调；服务多一分微笑，财源多一条渠道；微笑，无穷的给予，微笑，处世的法宝。在社会交往中，人的微笑有一种天然的吸引力，能使人相悦、相亲、相近，能有效地缩短双方的心理距离，营造融洽的交往氛围；与人初次见面，友好微笑，可以消除双方的拘束感；与朋友见面打招呼，点头微笑，显得和谐融洽；洽谈达成协议，会心一笑，能消除芥蒂，增进友情；婉拒他人，淡雅一笑，近情近理，不让对方难堪；与亲友话别，倾心一笑，情谊浓浓，意味深长。可以说，微笑是社交成功的催化剂。

微笑具有一种神奇的魅力，可以令你振作精神。当你向别人表示你的善意和友好时，彼此就容易建立信任，而你也就很容易达到你的目标、得到你想要的。

微笑可以留住一位顾客，成交一笔生意，微笑也可以给推销员带来好运。不要吝惜你的笑容，它是打开心扉的一把钥匙，令你在最短的时间与客户建立良好的关系，使他们乐意接纳你。

微笑是人类宝贵的财富，是自信的标志，也是礼貌的象征，微笑具有震撼人心的力量，同时它会为你赢得事业上的成功。

威廉·怀拉是美国推销人寿保险的顶尖高手，年收入高达百万美元。他的秘诀就在于拥有一张令顾客无法抗拒的笑脸。那张迷人的笑脸并不是天生的，而是长期苦练出来的。

威廉原来是全国家喻户晓的职业棒球明星，到了40岁因体力日衰而被迫退休，而后去应征保险公司推销员。

他自以为以他的知名度理应被录取，没想到竟被拒绝。人事经理对他说："保险公司的推销员必须有一张迷人的笑脸，而你却没有。"

听了经理的话，威廉没有气馁，立志苦练笑脸。他每天在家里放声大笑百次。邻居都以为他因失业而发神经了，为避免误解，他干脆躲在厕所里大笑。

经过一段时间练习，他去见经理，可经理说："还是不行。"

威廉并不泄气，仍旧继续苦练。他搜集了许多公众人物迷人的笑脸照片，贴满屋子，以便随时观摩。

为了每天大笑3次，他还买了一面与身体同高的大镜子摆在厕所里。一段时间后，他又去找经理，经理冷淡地说："好一点了，不过还是不够吸引人。"

威廉不服输，回去加紧练习。有一天，他散步时碰到社区的管理员，很自然地笑着跟管理员打招呼，管理员对他说："怀拉先生，你看起来跟过去不大一样。"这句话使他信心大增，立刻又跑去见经理，经理对他说："是有点味道，不过那仍然不是发自内心的笑。"

威廉不死心，又回去苦练了一段时间，终于悟出"发自内心如婴儿般天真无邪的笑容"最迷人，并且练成了那张价值百万美元的笑脸。

当你笑时，一定要记住，微笑要发自内心并且充满活力。不真诚、不自然、假装和心怀叵测的笑容，不但不会为形象增光，还会破坏原来坦然的形象。真诚的微笑，让人能通过你的微笑看到你的真挚情感。没有人会喜欢"皮笑肉不笑"的虚情假意，那只会让人更讨厌你。

在商业交往中，微笑具有如此大的作用，尤其在服务行业，微笑更被夸张到了极致。他们认为"微笑服务"能使顾客盈门、生意兴隆、招财进宝，而事实确实证明了这一点。有谚语说："一家无笑脸，不要忙开店。"

微笑的魅力不可抗拒

一般人无法想象，微笑能产生多大的效果。一位记者对此却有独特的感受，他说："有一次，我参加一个私人晚宴。有一位女宾身上披着貂皮，浑身上下又是钻石，又是珍珠，叮当作响，热闹非凡！可是那一张面孔，是那么的任性和不可一世，叫人感觉噎了嗓子。她忽略了作为一个女人，微笑远比身上衣服更重要的事实。"

日本奇异公司的总裁夏目次郎经常教导他的员工说："你们必须时常地微笑。"著名推销员休华普的微笑具有百万美元的价值，这句话一点也不夸张。他那种令人瞩目的成功，就是凭个人的人品、魅力以及给人好感的能力带来的，其中魅力十足的微笑，可以说是他受欢迎的最重要因素。

美国密歇根大学心理学教授麦克尼尔博士，对于微笑说出了这样的感想："面带微笑的人，比起紧绷着脸孔的人，在经营、贩卖以及教育方面，更容易获得效果。微笑比绷紧的脸孔，藏有更丰富的情报。"

有个叫威廉·史坦哈的人，在谈他的办事经验时说："我是一个闷闷不乐的人，结婚18年来，我很少对我太太微笑。后来，有人鼓励我微笑，我答应试试。于是，第二天早起，我跟我太太打招呼：'早安，亲爱的。'同时对她微笑时，她愣住了，惊诧不已。我说：'从此以后我的微笑将成为寻常的事，不用惊愕。'结果这竟改变了我的生活，一改过去闷闷不乐的状态，在家中我得到了幸福温暖。现在，我对每个人都微笑，他们也对我报以微笑。我可以带着轻松愉悦的心情去同一些满腹牢骚的人交谈，一面微笑，一面恭听。原来棘手的问题，现在也变得容易解决了，这就是微笑给我带来的许多方便和更多的收入。微笑使我快乐、富有，拥有友谊和幸福，而不会微笑的人在生活中将处处感到困难和不方便。"

热情可以感染你周围的每一个人

卡耐基的办公室和家里都挂着一块牌匾，麦克阿瑟将军在南太平洋指挥盟军的时候，办公室里也挂着一块牌匾，他们两人的牌匾上写着同样的座右铭：

你有信仰就年轻，

疑惑就年老；

你自信就年轻，

畏惧就年老；

你有希望就年轻，

绝望就年老；

岁月使你皮肤起皱，

但是失去快乐和热情，

就损伤了灵魂。

这是对热情最好的赞词。

如果能培养并发挥热情的特性，那么，无论你是个挖土工还是大老板，你都会认为自己的工作是快乐的，并对它怀着深切的兴趣。无论有多么困难，需要多少努力，你都会不急不躁地去进行，并做好想做的每一件事情。

热情对于有才能的人是重要的，而对于普通人，它的作用却不仅仅是重要。它可能是你生命运转中最伟大的力量，使你获得许多你想要的东西。

热情不是一个空洞的词，它是一种巨大的力量。热情和人的关系如同蒸汽机和火车头的关系，它是人生主要的推动力，也是一个普通人想要生活好、工作好的最关键的心态。

或许你总是在想自己是一个各方面能力都一般化的人，经常用"我是一个普通人"的借口来原谅自己。假如你有这样的想法，那么你就要小心了，这样的心态会使你在还没有努力之前就已经失败，它是阻碍你获得幸福的最大障碍，在你与成功和金钱之间隔了一道厚厚的墙。

只要你确立的目标是合理的，并且努力去做个热情积极的人，那么你做任何事都会有所收获。

热情的心态可以补充精力的不足，发展坚强的个性。有些人很幸运，天生就是个乐观向上的人，而有些人却需要后天的培养来获得。

培养良好的心态并不难，首先要选择你最喜欢的工作和最向往的事业。如果由于种种原因，你不能从事你喜欢的工作，那就把你想做的工作当做未来的目标吧。

热情能培养信心。

爱德华·亚皮尔顿是一位物理学家，发明了雷达和无线电报，获得过诺贝尔奖。《时代》杂志曾经引用他的一句话："我认为，一个人想在科学研究上取得成就，热情的态度远比专门知识更重要。"

这句话若是出于普通人之口，可能不会被人重视，但出自于成功者之口，那就意义深远了。既然对从事严谨科学研究的成功者来说，热情都那么重要，那么对从事一般工作的普通人来讲，岂不更应该占有更重要的位置？

眼神的作用

表情是人的思想感情和内在情绪的外露。脸部则是人体中最能传情达意

第4章 别让表情动作出卖了你

的部位，可以表现出喜、怒、哀、乐、忧、思等各种复杂的思想感情。在交际活动中表情备受人们的注意。在人的千变万化的表情中，眼神和微笑最具礼仪功能和表现力。

眼睛是心灵之窗，它能如实地反映出人的喜怒哀乐，在传递信息的过程中起着最重要的作用，能够传达出最细微、最精妙的差异，表达出最确切的信息。有的人在与陌生人交往时，不知把目光放在哪儿，有的人不敢与对方对视，而有的人则死盯住对方，这样都是不礼貌的。良好的交际目光应是坦然、亲切、和蔼有神的。做到这一点的要领是：放松精神，把自己的目光放虚一些，不要聚焦在对方脸上的某个部位，而是好像在用自己的目光整个笼罩对面的人。

目光是富有表现力的一种体态语，适当地运用能给交往带来好的作用，否则会带来不必要的误解。诸如斜视、漠视、瞥视的眼神少用为好。不同国家地区的民族习俗不同，他们的眼神运用也各有特点。如阿拉伯人认为，对谈话人凝眸而视是礼貌的，与人对话而目光旁落是侮辱人的行为。而在非洲的尼日利亚，久久直视对方意味着对其不尊重。瑞典人交谈时，则喜欢你看着我，我看着你。

与人交谈过程中，注视对方的时间长短很重要。一般地，若对对方表示友好，则注视对方的时间应占全部相处时间的1/3左右；若对对方注视的时间占全部相处时间的2/3左右，是对对方表示关注之意；若注视对方的时间不到相处全部时间的1/3，往往意味着对其瞧不起，或没有兴趣；若注视对方的时间超过了全部相处时间的2/3以上，则不是表示对对方本人发生了兴趣，就是表示对对方的敌意，或是为了寻衅滋事。

眼神能很好地表达出对他人的尊重与否。一般地，仰视表示尊重、敬畏之意，适用于面对尊长；俯视通常用于身居高处之时，既可表示对晚辈的宽容、怜爱，也可表示对他人的轻慢、歧视；而平视适用于在普通场合与身份、地位平等之人进行交往。因此，与人交往时尽量不要站在高处自上而下地俯视于人；面对长辈、上司和贵宾时，站立或就座应选择较低之处，自下而上地仰视对方，往往会赢得对方的好感。当对方缄默不语时，就不要看着对方，以免加剧因无话题本来就显得冷漠、不安的尴尬局面。当对方说了错话或显得拘谨时，不要马上转移自己的视线；否则，他会误认为是对他的讽刺和嘲笑。

和朋友接触或被介绍认识的过程中，可以以凝视对方稍久些的方式来表示自己的自信，也能给对方留下一个深刻的印象。

和别人碰面时，可以以把眼光移开的方式解决自己不自在的感觉，这么做可以减轻你所感受到的压力，不过，也表示顺服，或承认自己地位较低。

当对方赠给你名片时，接过后一定要当着对方的面，认真看一会儿，这样做，对方会认为你是很尊重他的。

在交谈过程中，应注视对方的眼睛或面部，以示尊重。但当双方缄默无语时，就不要再看着对方；否则，将使对方更显尴尬。当别人说了错话或做了很不自然的动作时，盯着他的脸，或看一眼后马上转移视线，都会使人产生你在用眼光讽刺嘲笑他的感觉。

眉毛也会说话

眉毛的功用不仅是保护眼睛，它还能传递人心理行为的信息。人们的心情变化了，眉毛的形状也会跟着改变。我们应该了解相关知识，多加运用。眉毛的变化大致有五种表现。

1. 闪动

眉毛闪动，是指眉毛先上扬，然后在瞬间再下降，像流星划过天际，动作敏捷。眉毛闪动的动作，是全世界人类通用的表示欢迎的信号，是一种友善的行为。当两位久别重逢的老朋友相见的一刹那，往往会出现这种动作，

并常会伴随着扬头和微笑，但是在握手、亲吻和拥抱等密切接触的时候很少出现。

眉毛闪动除了作为欢迎的信号外，如果出现在对话里，则表示加强语气。每当说话者要强调某一个词语时，眉毛就会很自然地扬起并瞬间落下。

2. 皱眉

皱眉的情形包括防护性和侵略性两种。防护性的皱眉只是保护眼睛免受外来的伤害，但是光皱眉还不行，还需要将眼睛下面的面颊往上挤，眼睛仍睁开注意外界动静。这种上下挤压的形式，是面临外界攻击、突遇强光照射、强烈情绪反应时典型的退避反应。至于侵略性的皱眉，仍是出于防御，是担心自己侵略性的情绪会激起对方的反击，与自卫有关。真正侵略性眼光应该是瞪眼直视、毫不皱眉的。最常见的皱眉，往往被理解为厌烦、反感、不同意等情形。

3. 斜挑

斜挑是两条眉毛中的一条向下降低，一条向上扬起，这种无声语言，较多在成年人脸上看到。眉毛斜挑所传达的信息介于扬眉与皱眉之间，半边脸显得激越，半边脸显得恐惧。扬起的那条眉毛就像提出了一个问号，反映了眉毛斜挑者那种怀疑的心理。

4. 耸眉

耸眉指眉毛先扬起，停留片刻，然后再下降。耸眉与眉毛闪动的区别就在那片刻的停留。耸眉还经常伴随着嘴角迅速而短暂地往下一撇，而此时脸的其他部位没有任何动作。耸眉所牵动的嘴形是忧伤的，有时它表示的是一种不愉快的惊奇，有时它表示的是一种无可奈何的样子，此外，人们在热烈地谈话时，会做一些小动作来强调他所说的话，当他讲到重要处时，也会不断地耸眉。

5. 扬眉

当人的某种冤仇得到伸张时，人们常用"扬眉吐气"一词来形容这时的心情。眉毛扬起时，会略向外分开，造成眉间皮肤的伸展，使短而垂直的皱纹拉平，同时整个前额的皮肤挤紧向上，形成水平方向的长条皱纹。

一个眉毛高挑的人，也是想逃离庸俗世事的人，并被认为是自炫高深的傲慢表现，而被称为高眉毛。当一个人双眉上扬时，表示非常欣喜或极度惊讶，单眉上扬时，表示对别人所说的话、做的事不理解、有疑问。当我们面临某种恐惧的事件时，可以用皱眉来保护眼睛，也可以用扬眉来扩大视野，两者都对我们有利，但我们只能选择其一。一般的反应是：面临威胁时，牺牲扩大视野的好处，皱眉以保护眼睛；危机减弱时，则会牺牲对眼睛的保护，扬眉以看清周围的环境。

姿态举止的行为美

在社会交往活动中，给对方留下美好而深刻的印象，外在的美固然重要，而优雅的举止和高雅的谈吐等内在涵养的表现，则更为人们所喜爱，这就要求我们应当在举手投足之间有意识地锻炼自己，养成良好的站、坐、行姿态，做到举止端庄、优雅得体、风度翩翩。

1．站如松

一个人站立时的标准姿势表现为：抬头、两眼平视前方、嘴唇微闭、面带微笑、下颌微收、放松双肩、稍向下压；挺胸、收腹、立腰；双臂自然下垂于身体两侧、双腿直立、膝和脚后跟要靠紧。

一个人站立时不良的姿态表现为：身体僵直、胸部外凸、板腰；垂肩、脊柱后凸；弯腰驼背、身体肌肉欠缺紧张度；胸部下凹或脊柱前凸、腹部鼓起；胸部下凹及垂肩、脊柱侧凸。此外，缩头探脑、佝偻双肩，双腿弯曲颤抖等，这些站姿都会给人留下不良的印象。不良的站姿不能显示出人的朝气及活力，所以我们平时应注意站立时的姿态。

无论男性还是女性，站立姿势应给人以挺、直、高的美感。就男性来说，站立时身体各主要部位舒展，头不下垂，颈不扭曲，肩不耸，胸不含，背不驼，髋、膝不弯，这样就能做到"挺"。站立时脊柱与地面保持垂直，在颈、胸、腰等处保持正常的生理弯曲，颈、腰、背后肌群保持一定紧张度，这样就能做到"直"。站立时身体重心提高，并且重点放在两腿中间，这样就能做到"高"。

2．坐如钟

正确的坐姿一方面可以给人以端庄、稳重的印象，使人产生信任感；另一方面它也可以给交谈者带来方便。其实，坐姿本身就可以向对方传递信息，因此应作为一种交际手段加以注意。

正确的坐姿是：人座时要轻要稳。走到座位前，转身后，轻稳地坐下。身体上半身稍微向前倾，背部勿靠住椅背，手要端正地放在腿上，鞋跟要靠拢。如果是面对面谈话，身体要稍倾斜而坐；双膝间的距离约为一个拳头，也可以自然并拢，双腿正放或侧放，双脚并拢或交叠。坐在椅上，应至少坐满椅子的1/3，脊背轻靠椅背。

坐时不可以高跷起二郎腿，坐下后不应随意挪动椅子。不要为了表示谦虚，故意坐在椅子边上，身体萎缩前倾，这是一种阿谀相。坐时也不可以将大腿并拢，小腿分开。就座以后，不能两腿摇晃，或者一条腿搁在另一条腿上。无论男女，都不宜把腿分得很开。

所谓坐有坐相，是指坐姿要端正。人的正常坐姿，在其身体背后没有任何依靠时，上身应正直而稍向前倾，头平正，两臂贴身自然下垂，两手随意放在自己腿上，两腿间距和肩宽大致相等，两脚自然着地。背后有依靠时，在正式社交场合，也不能随意地把头向后仰靠，显出很懒散的样子。

3．行如风

人们行走时的姿态——步态是千姿百态、变化万端的，比如有消磨时间的散步、无精打采的慢步、大摇大摆的阔步、闲庭自得时的信步、节奏均匀的慢跑、风驰电掣的疾奔、老态龙钟的蹒跚、犹豫不决的徘徊、偷偷摸摸的蹑行、摇摇摆摆的跛行、姿态优雅的滑行、兴高采烈的蹦跳、心焦气躁的急走、故作姿态的扭摆、夸张行进的正步、急促小奔的碎步，等等。这些移动身体的步态，每个人在日常生活中都会在不同时候有不同的表现。

正确的步态可以表现出一个人朝气蓬勃、积极向上的精神状态，呈现出一种健美的姿态，行走时如一阵疾风，会给人留下美好的印象。

男子走路贵在稳健、迅捷；女子走路贵在婀娜、轻盈，但以自然明快为好。法国的心理学家简·布鲁西博士发现，人的性格与行动有着很大的关系。从一个人走路的姿势、笑的样子、说话的方式等，甚至从一个完全出于无意的小动作，都可以推断出其当时的心理状态。也就是说，即便是走路，也会反映出一个人的特点：沉着冷静的人走路时，步伐坚定沉稳；健步如飞的人，朝气蓬勃。

双手指相对，由腹前抬至头的高度，或再向上超过头的高度，再向两侧分开下划到腹部。

相信吗，鼻子也有表情

鼻子动作轻微，但也能反映出人的心理变化，就是说，鼻子也有表情。在谈话中人的鼻子稍微胀大时，多半表示得意或不满，或情感有所抑制。鼻头冒出汗珠时，表示对方心理焦躁或紧张。鼻子的颜色整个泛白，显示对方的心情一定是畏缩不前。鼻孔朝着对方，表示藐视对方，轻视别人。鼻子坚挺的人性格坚强，决定的事情一定要做到。摸着鼻子沉思，说明对方正在思考办法，希望有个权宜之计解决眼前的问题。

在一本小说中，有一段关于鼻子动作的描写。书中的男主角看到一位漂亮的小姐，为了显示他与众不同的吸烟法，他向空中吐着烟圈，然后烟圈飘向那位小姐。小姐没说什么，只是伸手捂了一下鼻子。男主角便问道："你讨厌烟味吗？"那位小姐没有应答他，只是继续捂着鼻子。

用手捂鼻子的身体语言已经表达出了她的讨厌情绪，遗憾的是，那吸烟者竟没看出来，反而去问一个不该问的问题。这样做自然要碰钉子。

有的研究资料主张把用手捏鼻子的动作归为鼻子的身体语言，而不是手的身体语言。再就是，若某人仰着脸，用鼻孔而不是用眼睛"看"人，这跟用手捂着鼻子一样，是要表达反感的情绪。

在旅途中，碰到有这些姿势的人，尽量少打交道。比如：请他人帮助做某件事情之时，倘若对方作出用手摸鼻子的样子，或是用鼻孔对着你"看"，这应该视为他接受请求的可能性不大，或者说是拒绝的表示。

因此，跟讨厌的人迫不得已而交谈时，如果想尽快结束无谓的话题，不妨用手接二连三地摸鼻子。再加上不停地改变坐姿，或用手拍打物体之类的动作，也是其方法之一。另外，用手摸鼻子的行为，如果加上身体前屈的动作，则由该处表现出来的感觉也会有所不同。

手势是无声的电话机

在人际交往中，有人会用各种手势来传达不同的信息，如友好、真诚、自信、高傲、专横、焦虑等，手势是构成个人形象的重要部分，你可以根据需要选择不同的手势增强你在别人心目中的形象感。

手势按动作意义的不同可分为拱手、招手、挥手、摆手、摇手、握手等动作。按作用的不同，手势还可分为下面四种。

1. 情绪性手势

情绪性手势即用手势表达思想情感。比如：高兴时拍手称快；悲痛时捶打胸脯；愤怒时挥舞拳头；悔恨时敲打前额；犹豫时抚摸鼻子；急躁时双手相搓；而用手摸后脑勺则表示尴尬、为难或不好意思；双手叉腰表示挑战、示威、自豪；双手摊开表示真诚、坦然或无可奈何；扬起巴掌用力往下砍或往外推常常表示坚决果断的态度、决心或强调某一说法。情绪性手势是说话人内在情感和态度的自然流露，往往和表露出来的情绪紧密结合、鲜明突出、生动具体，能给听者留下深刻的印象。

2. 表意性手势

表意性手势即用手势表明具体内容，表达特定含义。这些手势大多数是约定俗成的，含义比较明确。如：招手，表示让对方过来；摆手，表示不要或禁止；挥手，表示再见或致意；竖大拇指，表示第一或称赞；伸小指，表示最小或蔑视；用手指指自己的胸口，表示谈论的是自己或跟自己有关的事情。手势的表意动作也属于人的一种自觉动作，也有特定场合、特殊情况下的手势表意，如聋哑人的哑语主要通过手势表意，还有交通指挥、体育裁判等，在这些公众场合，语言不便使用，人们往往借助手势表示特定的含义。

3. 象形性手势

象形性手势即用手势来模仿形状物。如说东西很大时，用双手合成一个大圆，说某人个子很矮时手板往下一压。象形性手势能使所表达的内容更形象、更生动。

4. 象征性手势

象征性手势即用手势表达某一抽象的事物或概念。如说"我们一定要取得这次谈判的胜利"时，手掌用力向前方劈去；说"迎接更加美好的明天"时张开双手，徐徐向前；说"我们成功了"时双手握拳，用力向上挥动。

在现实生活中或者是电视上等，我们经常会发现有些人在发言时，常常会有一些手部动作，摊双手、摆动手、相互拍打掌心等，好像是对他说话内容的强调。这种人无论在什么场合都习惯于把自己塑造成一个领导型人物，做事果断、自信心强，很有表现欲，性格大都属于外向型。

一些人在讲话时，会将手掌猛地往下一砍，表明他已经决断或在特别强

第4章 别让表情动作出卖了你

调自己说的某句话、某个词。

会谈时，特别是在会谈陷入僵局时，一些人两手不停地搓动，表明他已经没有主意而陷于山穷水尽的地步了。

给对方递烟或其他食物时，一些人嘴里说"不用""不要"，但手却伸过来接了，显得很客气的样子。这种人处世圆滑、老练，不轻易得罪别人。

一些人在与人交谈时习惯于时不时地抹一抹头发，他们一般都性格鲜明、个性突出、爱憎分明，尤其疾恶如仇。

一些人在说话时与别人拍拍打打，这种人通常修养不高，或者是故意与对方套近乎。

当别人讲话时，一些人以手在桌上叩击出单调的节奏，或者用笔杆敲打桌面，同时脚跟在地板上打拍子，或抖动脚，或用脚尖轻拍，这种节奏并不中途停止，而是不断地嗒嗒作响。这种现象就是在告诉人们他已经对对方所讲的话感到厌烦了。

一些人顺手拿过或摸出一张纸来，在纸上乱涂乱画之余，还会欣赏或凝视自己的"作品"。这也是一种对别人的讲话缺乏兴趣的表现。

这些手势语虽然属于交往中的细节，但是它的重要性却足以引起我们强烈的关注。

汤姆走出那家公司的大门时，满脸失望，他回忆着面试的细节，觉得自己的面试虽然感觉紧张，但对一些专业知识的回答还算完善，为什么就落选了呢？难道真像其中一位面试官所说的因为自己的两手不停地搓动让人感觉他并不自信？这点细节就真的那么重要吗？

我们同别人相处，都希望能给对方留下一个好印象，展现自己美好的形象。但是一些被我们忽略的小动作经常会为我们的形象抹黑，因为手势语通常对语言有巨大的辅助作用，有的时候甚至独立起着重要的作用。

握手时双方隐藏的秘密

　　世界上大多数国家人们相互见面时都要握手。两人初次见面时要握手，朋友久别重逢时也要握手。不管谁要同你握手，你都要把手伸给人家，拒绝握手是不礼貌的。一般情况下，握一下即可，不必用力。关系亲近者则是边握手边问候，有时两人的双手长时间地紧紧握在一起。

　　握手是现代社会交际中一种最普通的礼仪，它是世界上最通行的常用礼节。在各类商务、公务及普通的社交场合，握手礼是使用最频繁的礼节形式，不同的握手方式展现给人不同的形象。

　　与人握手时，握得较紧较久，可以显示出热烈和真诚来，给人留下深刻的印象。

　　玛丽·凯·阿什是美国著名的企业家，她是退休后创办化妆品公司的。开业时，雇员仅仅10人，20年后发展成为拥有5 000人，年销售额超过3亿美元的大公司。

　　玛丽在其垂暮之年为何能取得如此巨大的成就？她说，她是从懂得真诚握手开始的。

　　玛丽在自己创业前，在一家公司当推销员。有一次，她开了整整一天会之后，玛丽排队等了3个小时，希望同销售经理握握手。可是销售经理同她握手时，手只与她的手碰了一下，连瞧都不瞧她一眼，这极大地伤害了她的自尊心，工作的热情再也调动不起来。当时她下定决心："如果有那么一天，有人排队等着同我握手，我将把注意力全部集中在站在我面前同我握手的人身上——不管我多么累！"

　　果然，从她创立公司的那一天开始，她多次同数人握手，总是记住当年所受到的冷遇，公正、友好、全神贯注地与每一个人握手，结果她的热情与真诚感动了每一个人,许多人因此心甘情愿地与之合作,于是她的事业蒸蒸日上。

事实上,用力握手是一门学问,握手愈用力,愈可以给对方留下深刻的印象。反过来说,若是对方用力地握你的手,你就会下意识地用力握回去,以免自己居下风。某一个国家的领袖访问外国时,电视的新闻报道中出现了两位国家元首握手的历史镜头。当时,某一方握着对方的手,用力摆动了好几次,使对方在那一瞬间露出迷惘的表情,给人很深的印象。虽然我不清楚他们会谈的内容,也不知道谈论的结果如何,但如果从握手时的情况来说,被对方用力摇摆好几次而露出迷惑表情的一方,无疑是处在被动的地位。

仔细地观察一些政治家在竞选时的表现,你会发现他们一连与数十人甚至数百人握手后,手变得煞白,没有一丝血色,不难推测那是握手时过于用力所致。但这也从另一方面反映出握手的重要性。

握手,按字面理解为手与手的结合,但这种状态能发展成为心与心的沟通,即人们能够更多地从中感到一种强烈的连带关系。通过这种有力的握手,对方会对你的诚意、热情,特别是坚强的意志、强硬的外表等留下深刻的印象。

握手可以表现出一个人是否饱含真诚。真诚的人握着你手的时候是暖暖的,虽然他手的实际温度或许并不高,但他的真诚通过两只手热情地传递过来,让人对他产生一种真诚的信赖和好感。

有些人跟别人握手时显得很不真诚,做做样子,往往只轻握一下便松开,软绵绵地没有力气一般。

有一个经理人说:"我不想和那个客户做生意,他是我见过的握手最无力的人,手冷冰冰的,我们每握一次手,我对他的信赖就减低一分,因为握手软弱无力的人缺乏活力,缺乏真诚。"

有些人跟人握手时,只不过是轻轻一碰就松开,而且是一面与人握手,一面斜视其他地方,或东张西望,这是极不尊重对方的表现。这些缺乏真诚，不尊重对方的毫无活力的握手对形象是有百害而无一利的。

通过社交场合的握手礼，常常能折射出一个人的礼仪修养。如果与人握手时左手还插在口袋里，那显然毫无诚意；如果眼睛东张西望，或是伸出的手给对方一种有气无力的感觉，或是握得太紧叫人难堪，或是生硬地摇动都会令人不悦，印象不佳。恰到好处、优雅自然的握手就应是简短有力地一握，两眼愉快地凝视对方，表达出你温和、友善的心意和渴望进一步交往的美好愿望。

第5章 你的形象价值百万

成功的形象由你自己决定

一个成功的形象，展示给人们的是自信、尊严、力量、能力，它并不仅仅反映在对别人的视觉效果中，同时它也是一种外在辅助工具，它让你对自己的言行有了更高的要求，能立刻唤起你内在沉积的优良素质，通过你的穿着、微笑、目光接触、握手、一举一动，让你浑身都散发着一个成功者的魅力。

有这样一个故事：有一天，大哲学家亚里士多德参加宴会，那天宴会开始时他穿了一件普普通通的衣服出席，主人不知道他是谁，反应十分冷淡。

于是，亚里士多德马上出去，另外换了一件崭新的皮大衣，重新回到了宴会。主人的态度马上发生了变化，变得十分殷勤，他邀请的客人们也纷纷起来向亚里士多德表示敬意，过来向他敬酒。

亚里士多德眼见如此，马上脱下自己的大衣，拎着大衣说："喝酒吧，亲爱的大衣兄弟！"许多人都奇怪地看着他。亚里士多德说："你们不了解，我的大衣兄弟可是十分清楚，所有的礼节都是冲着他来的，他才是今天的客人。"

生活中，一个人的人际关系与形象有多大关系，似乎没有人能说得清。但是有一点人们都必须承认，那就是谁拥有更多的朋友，拥有良好的人际关系，谁的形象就具有更大的魅力，谁获得成功的机会就更多。同一件事情，为什么有的人能圆满、得体地完成，而有些人却费大力气也办不成？这里虽有一些偶然的因素，但也有必然因素的作用，那就是人们是否喜欢你，愿意帮助你，并与你合作。人们往往更乐意积极主动地甚至倾尽全力去帮助那些值得帮助的人。成功者的形象能吸引更多的投资与帮助，这就像股市投资者常常投资那些看上去能涨的股票。

其实，这个世界上并没有丑陋的形象，如果有，那必定是设计失败的形象。

美国赫赫有名的马可法官天生就是一个畸形儿——歪鼻子，兔唇，三角眼，头骨变形以致前额鼓起一个大包，驼背，还是个拐子。开始，他也很自卑，后来他尝试着去帮助别人，并渐渐地被人们所接受。而且，人们的微笑和鼓励更增加了他的信心，他摈弃自卑、自轻，以新的形象、新的方式开始大步地走向自己的人生之路。在以后的岁月中，他不但像正常人一样娶妻生子，还努力奋斗，成为他所在州的法官，并因执法公正廉洁而广受人民拥戴。在他逝世以后，人们自动聚集在街上举行各种纪念活动，几天不散。今天，他已成为人们心中光明之神的化身。

毕竟，人的形象除了外在形象，更重要的是内在形象，通过内在形象的修炼能大大弥补外在形象的缺憾，让整体形象焕发光彩。

不要挑剔自己的长相，不要对美限定固定的标准。不管父母生你什么样，你都要活出自我来，并且"要使自己从内心来改变外貌"。

曾经扫荡欧洲大陆的拿破仑，身高只有1.62米，可他却在短短的十几年时间内建立了一个庞大的拿破仑帝国，令曾经十分强大的欧洲跪倒在这位"矮个子"脚下。列宁也只有1.64米的身高，却开创了一个伟大的时代。

这些出色的政治家，凭借自己的智慧，运用出色的才能，开辟了世界新纪元，让世人为之骄傲。

好形象是成功的资本

一位华裔投资商有一次对人说:"我怎么也不能相信那个穿着旅游鞋、牛仔裤,头发如同干草,说话结结巴巴的小子会向我要500万美金的投资,他的形象和个人素养都不能让我信服他是一个懂得如何处理商务的领导人。"

形象是事业成功的一个重要的助推器,成功的外表形象为你事业的成功起着推波助澜的作用,也可以破坏或阻挡你事业的顺利发展。对于企业的领导者和管理者来说,成功的形象能使自己掌控追随者的心理,为自己创立一个高大的形象以确立自己稳固的位置。对于那些追求成功的人来说,创立一个可信任的、有竞争力、积极向上、有时代感的形象,可以使自己在群体中快速获取公众的信任,从而脱颖而出。

职场中的女性,如果你的上司、上司的上司都是男性,要吸引他们的注意力,除了具备专业知识和工作能力之外,合适又时尚的穿着,绝对是引人注目的法宝。一件能充分显示线条美的裙子,或是略显身材的短裙套装,加上摇曳生姿的高跟鞋,化浓淡合宜的妆,既有女人味,又不失端庄。

一旦你的外表、你的穿着打扮给人深刻而良好的印象,许多契机就会自然而然地产生。否则,形象将成为你成功路上的绊脚石。

卡特当选总统时的性格和形象作为农场主再合适不过了,但作为一个对世界影响极大的超级大国——美国的总统,再保持这种形象就不太合适了。

遗憾的是卡特当了总统之后,对自己的形象没有做任何的调整。结果舆论方面开始发难了:他是否拥有作为美国总统所要具备的形象气质呢?在其后的执政生涯中他屡屡被对手或是并非恶意的人们诟病,还经常有人因为他的形象表现而给他起外号,一些媒体甚至由此别有用心地怀疑他的政治能力和智慧。如果卡特努力改变自己的形象来适应新的变化,或许他能塑造一个更好的总统形象留在人们的记忆当中。

在人们的传统意识中，一个人穿着白大褂就容易被别人当成医生，穿着法官服就又会被联想成既有丰富学识又高高在上的司法权威。最普遍的情形是，一个身着运动服的人总是会使人感觉到青春和活力，而各种制服和民族服装无不被人们与某种特殊的形象气质联系在一起。

演员在排戏时有一个有趣的现象：穿上正式演出服装之后的彩排总会让观众觉得演员的演技提升了一个档次，即使是业余的票友，穿起漂亮的演出服装也会让他人和自我都油然产生一种颇具专业演技的感觉。在穿衣打扮时，就要充分考虑到自己的职业需要，选择与自己相符的衣装。

打造完美形象，抓住成功机会

无论你认为从外表衡量人是多么肤浅和愚蠢的观念，但社会上的人们每时每刻都在根据你的服饰、发型、手势、声调、语言等自我表达方式在判断着你。无论你愿意与否，你都在留给别人一个关于你形象的印象，这个印象在工作中影响着你的升迁，在商业上影响着你的交易，在生活中影响着你的人际关系和爱情关系，它无时无刻不在影响着你的自尊和自信，最终影响着你的幸福感。

如果你渴望升迁，你就需要展示出自己成功的形象。因为人们总是相信，工作效率、能力、可靠性及勤奋工作是让他们有机会提升的重要条件，但并不是仅有这些条件，你就能在工作中被提升。忽略了对整体形象的塑造，既得不到上司的注意，也得不到同事的承认。只有展示出一个与期待的职位相符的形象，展现出一个可信、有潜力、值得信任的形象，你才能有更大的发展空间，上司和同事才能相信你适合更高的位置。

作为一名员工，除了在语言上要注意之外，在服饰上，一个好的员工也

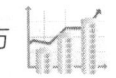

不需要老板吩咐，他就会穿着妥当。因为好的员工知道自己的形象就是公司的形象，代表着公司的面子。着装的第一个规则是整齐顺眼，也就是清清爽爽。整天坐在办公室的职员，或接触顾客的营业人员，要是穿着脏兮兮的衬衫、皱巴巴的裤子，一副精神散漫的模样，谁都不会对他产生好印象。以这种不修边幅的样子跟谁谈话，谁都要心存戒备，吃亏的总是你自己。

假设有两个部属，才华相等，效率也在伯仲之间。如果只能提升一个人，老板最后通常会依他们平时的仪表给他的印象来取舍。

我们应该怎样检验自己的穿着、形象呢？

检验自己的穿着是否恰当最简单的方法就是：当你站在镜子前面，第一眼看到的就是你的脸，衣服的颜色和款式都是应该突出和强化你的脸的。如果第一眼看到的是你的鞋子或头发，那你就一定打扮得不对了。

然后，从头到脚审视一番，例如，脸、头发是否干净整洁，衣服是否整齐挺直。而且还要检查你的服装颜色、图案与你的肤色身材是否协调，服装的款式是否适宜，因为这不仅仅是把一套亮丽的衣服穿在身上就完事了，你还要考虑这衣服的色彩、款式是不是适合你的身材、皮肤和职业，以及你将要去的场合。

第一印象永远只有一次

也许你还不知道，你只有10秒钟的时间给别人留下自己的第一印象。这也许不公平，但却是不可改变的事实。根据西方学者雅伯特·马伯蓝比教授研究出的"7／38／55"定律，旁人对你的观感，只有7％取决于你谈话的真正内容；而有38％在于辅助表达这些话的方法，也就是口气、手势等；却有高达55％决定于你的外表，可见外表是内在与外界沟通的桥梁。

1962年，在英国伦敦一个著名贵族举办的豪华宴会上，一名中年男子出尽了风头,他优雅的举止、迷人的言谈,不但令在场的所有女士都对他倾心,而且所有男士也都对他抱着极大的兴趣和好感。人们私下里纷纷相互打听,都想认识他,并和他成为朋友,而那位男子,在这次宴会上也收获颇丰,不仅签下了40多单生意,还找到了他的终身伴侣。

这名男子就是英国著名的房地产新秀柯马·伊鲁斯。

他凭借自己优秀的形象,征服了整个伦敦的上流社会,随后,金钱和好运向他滚滚涌来。

其实在12年前,柯马·伊鲁斯就来过伦敦,并出席了一个由商会举办的小型聚会。

那时的柯马·伊鲁斯还是个小人物,开了一家小水泥厂,整天勤奋地忙来忙去,根本无暇顾及自己的形象。为了扩大生意,他千方百计弄到了一张商行聚会的邀请信,想混进去多结一些人际关系。可一进入聚会大厅,他就立即知道自己走错了地方。大厅装饰得金碧辉煌,男士们个个西装革履、彬彬有礼,女士们个个华衣锦服、温文尔雅,柯马·伊鲁斯低头看看自己,一身满是补丁且有着厚厚油腻的工作服,大胶鞋,乱发,简直像个乞丐。这时几位女士过来了,故意将酒洒在他身上,并趾高气扬地给他小费。侍从过来询问他,他讲明自己的身份,可是没人相信,而他拉一个认识他的人来作证时,那个人不承认认识他,而说他是路边的鞋匠,于是他被当成混进来的鞋匠给赶了出来。

怒火过去之后,柯马·伊鲁斯开始考虑自己为什么会受到这种待遇。自然,凭他的头脑,一下子就想明白了。

他回到家乡后的第一件事就是参加了一个礼仪培训班,并高薪聘请了私人形象顾问。

不要成天只知道忙于工作,而忽视了自身良好形象的培养。因为良好的形象可以在事业上助你一臂之力,使你的终日劳碌能结出丰硕的果实。如果不注意自己的形象,那么很有可能,你的事业将毁于你的形象。这绝不是危言耸听!

给别人最好的视觉效应

好形象是你的宝贵资源,它令你在追求成功的道路上如虎添翼,在人群中凸显出高贵的自我。特别要注意的是:好的形象有三分源自外表,而有七分是源自内心的。内在形象是通过言谈举止等外在行为表现出来的,它是一种最高尚的美,包括一个人的道德品质、精神境界、思想意识和志趣情感等方面。如果你把内在的自我、言谈举止同经过修饰的容貌和外形综合在一起,你将发现你的整体形象一定会比天生的样子更富有魅力。

如果你对自己的设计感到不满意的话,不妨请别人帮你设计一下。事实上,所有大企业家和政坛上的政治家、舞台上的艺术家一样,他们的言行举止都是经过设计的。

日本著名企业家松下幸之助在日记中曾记录了这样一件事:一次,他去理发时,理发师十分尖锐地批评他的仪容:"你是公司的代表,却这样不注重仪容,别人会怎么想?连你都这么邋遢,你公司的产品还会好吗?"理发师还建议,为了公司的形象,松下应每次都专门到东京来理发。松下听了理发师的话,觉得很有道理,以后就非常重视自己的仪容,并要求所有松下的员工都这样做。

公司领导者或员工在各类社交活动中所展现出的形象,很容易使公众联想到他们所在公司的整体形象以及他们的产品质量如何,而他们所展现的这种形象又有助于企业发展壮大。

一位美国企业家坦然承认:"如果你认识昨天的我,那么你就会说今天的我与昨天简直判若两人。因为我现在的一举一动都经过了精心的设计。如果说我们的企业设计有什么标志性的作品的话,那首先就是我。"

另一位日本企业家也说道:"我在走向经理岗位之前,公司对我进行了精心的形象设计与培训。因为我要代表一个企业,我必须抛弃原来大众所不认同的东西,比方说一些有个性的习惯等。我为此与形象专家们共同练习了3个多月。"

通过精心的设计与练习,丑小鸭也会变成白天鹅的。但是提升形象不仅要把外表装饰得很体面,重要的是借外在表现内涵。而内涵的提升就需要一个长期不断的修炼过程。你必须从自己本身的条件出发,尽最大的努力,充分发挥自己的特质。外在条件永远是你的助手,只有你才是你自己形象的真正主人。

虽然你天生算不上漂亮,但是你仍然要保持整洁,塑造良好形象,比如整洁的外貌、得体的衣饰等。

魅力是社交的标签

人格魅力是一个人心理素质和修养的外在表现,又能反映一个人的道德品质、思想感情、性格气质、学识教养、处世态度等。一个人能否为别人所接纳,是否具有人格魅力,关键是他在别人心目中的形象如何。个人形象的好坏,直接影响到与他人交往的程度。为了广泛建立良好的人际关系,展示自己的人格魅力,人们必须优化社会交往中的个人形象。如此,我们可以从以下四个方面进行探讨。

1. 谈吐幽默,言语高雅

言谈举止能直接反映出一个人是博学多识还是孤陋寡闻,是接受过良好教育还是浅薄粗鲁。一个不善言谈、沉默寡言的人很难引起众人注意。在社交中能侃侃而谈,用词高雅恰当,言之有物,对问题剖析深刻,反应敏捷,应答自如,能够简洁、准确、鲜明、生动地表达自己的思想与情感,则表现出不同凡响的气质和风度。作家于伶回忆与鲁迅先生谈话时说:"鲁迅先生谈吐深刻、严密、有力而又生动活泼，句句吸住我们。渐渐谈下去，愈来愈强烈地发射出真挚的热情，又有一种严峻而强大的威力，从他瘦削的脸上透出来。"言谈能使人听得入迷，产生"听君一席话，胜读十年书"之感。然而，高雅的谈吐是无法伪装出来的。卖弄华丽的辞藻，只会显得浅薄浮夸；过于咬文嚼字，又会使人觉得酸涩难懂。交际中应做到不背后议论人，讲话注意分寸，背后表扬人。多讲他人优点，少当面批评人，指正其缺点。尤其不要油嘴滑舌，不要讲粗话。

2．精神饱满，大方自然

在社会交往中始终保持旺盛的精力，饱满的热情，大方自然的神态，是优化个人形象的重要因素。与人交往，神采奕奕，精力充沛，显得富有自信力，便能激发对方的交往热情，活跃交往氛围。如果是萎靡不振，无精打采，则显得敷衍冷漠，使对方感到兴味索然乃至不快。一个精神饱满、大方自然的人往往会给人留下自信、乐观、进取和对生活充满热情的印象。神情倦怠、涣散或者表现出紧张拘谨、手足无措，都会给人留下缺乏社交经验、不成熟、不专注、看不起人的印象。所以，在社会交往中应始终以极大的热情关注对方，对他人所感兴趣的东西表示关注并随对方的言谈举止作出自然得体的反应。也就是说，想要别人喜欢自己，自己要先喜欢别人；要吸引对方的注意，先要注意对方。

3．仪表整洁，衣着得体

一个人风度翩翩，俊逸潇洒，就能产生使人乐于交往的魅力。不修边幅、肮脏、邋遢的人不会吸引他人的注意。英国哲人约翰·洛克说："礼仪的目的与作用使得本来的顽梗变柔顺，使人们的脾气变温和，使他敬重别人，和别人合得来。"衣着服饰能反映一个人的审美情趣和修养。如果一个人的服饰能与自己的气质、职业一致，与自己的形体、年龄协调，与当时的气氛和场合相符，那么，这个人一定会显得更潇洒倜傥，更引人注目。

4．举止稳重，文明雅观

举止朴素大方、温文尔雅、文明得体，坐、立、行的姿态正确雅观，能体现出一个人良好的教养,给人留下成熟可信赖的印象,粗俗不雅的举动则令人讨厌。分寸得当的交往距离使彼此心理上都感到舒适坦然,过度亲热和冷漠则容易引起对方误会。

一个人的行为举止能够做到自然、洒脱、无拘无束,一方面是与其社会交往经验的多少有关之外,另一方面是以其自信心为基础的。只有对自己充满信心,相信自己有能力的人,才能在社交中做到大方自然,挥洒自如。一个人的潇洒举止还来自于平时的修养,该行则行,该止则止,该坐则坐,该说则说,做事稳重而有分量,待人热情而又有分寸,礼貌而不拘小节。

优化个人形象,严格来说,是一种非规范、非格式的社交艺术。它需要我们每个人去认真揣摩和体会,不断地总结经验,逐步形成自己独特的风格和魅力。

让自己看起来像个成功者

世界著名的伦敦商学院的"风险基金投资"课程曾请了英国著名的风险基金经理来讲授风险基金是如何选择投资项目的,他在讲到投资者对项目的评估时说:"我们实际上是在对人进行投资。一个一流的人才,可以把一个三流的项目做成一流,而一个三流的人才可以把一个一流的项目做得不入流。"他们对人的评估只能通过短暂的接触,这时外在形象及交流的能力就是产生良好印象的最重要的因素。出色的形象会帮助你在商务交流中少走弯路,并减少不必要的挫折。

仔细观察一下就会发现,近几年,随着年龄的增大,比尔·盖茨穿西装出现的次数越来越多,而一身随便的休闲装或是一身工作服再配上那个大眼镜的形象已很难见到了。所以,有人说比尔·盖茨已经成熟了。

其实,比尔·盖茨也非常注重自己的形象,他曾经请专家对自己的形象进行设计、包装与宣传。比如，1991年，他将要在拉斯维加斯发表演讲，但是，演讲并不是比尔·盖茨的长项。为了使自己以更好的形象出场，使自己的演讲产生巨大的影响与传播力，比尔·盖茨专门请来了演讲博士杰里·韦斯曼为自己的演讲作指导。比尔·盖茨演讲时，熟悉比尔·盖茨的人都非常吃惊：比尔·盖茨一改往日懒散随意的形象，穿了一套昂贵的黑西服。他那尖锐的嗓音虽然无法改变，但丝毫没有影响到他的演讲。结果，这场主题为"信息在你的指尖上"的演讲传遍美国，获得了巨大的成功，而比尔·盖茨的形象魅力也迅速得到提升。

英国历史上第一位女首相撒切尔夫人，是一位对别人的衣着毫不关心，却对自己的衣着非常在意的人物，她对自己的化妆、服饰等都非常讲究。在她身上，没有一般女人的珠光宝气和雍容华贵，只有淡雅、朴素和整洁。少女时代的她就十分注重自己的衣着，但并不标新立异、哗众取宠，而是朴素大方、干净整洁。从大学开始，她受雇于本迪斯公司，她那时的衣着给人一种老成的感觉，因而公司的人称她为"玛格丽特大婶"。每个星期五下午，她去参加政治活动时，都头戴老式小帽，身穿黑色礼服，脚蹬老式皮鞋，腋下夹着一只手提包，显得持重老练。虽然有人笑话她打扮土气，但她却有自己独到的见解：这样的打扮能在政治活动中取得别人的信任，建立起威信。她的衣服从不打皱，让人觉得井井有条是她一贯的作风。从服饰方面注意自己的仪表形象，对玛格丽特事业的成功的确起到了一定的作用。

现在，社会上普遍呼唤一种人性化制度。于是乎，着装也紧随其呼声，有了很大的改观。有的人认为：人性化的着装就是穿我喜欢穿的、不必受条条框框的限制的衣服。

更有些人，尤其是女性却走了另一个极端，穿着休闲装甚至居家服上班，她们拼命强调随意着装的好处。可这是在工作，千万随便不得。

强调衣着的重要性，并不是要你像英国花花公子博·布鲁梅尔那样，一年仅做衣服就花4 000万美元，扎一个领结也要花上几个小时。穿衣应该量入为出,与身份相称,这既是一种责任,也是最实际的节俭。

形 象 制 胜

人类的发展历史研究专家曾经提出这样一个论断:农业文明时代道德制胜,工业文明时代法制制胜,后工业文明时代形象制胜。也就是说,人类在以良好的道德、法制为基础步入信息文明之后,形象制胜将成为不可逆转的发展趋势。

在当今信息社会,形象是重要的决定因素之一,已经成为个人或组织实力的标志。尤其是在实力均衡的条件下,在激烈的竞争中主要依靠形象制胜。

2005年英国大选,尽管遭受伊战谎言等问题的困扰,但执政的工党在民意调查中依然保持领先。很多人认为这是工党执政期间经济增长稳定、失业率低的功劳。但事实上,这与工党领袖布莱尔首相的头发有很大的关系——在政治主张区别不大的情况下,领导人的形象往往能决定选票的流向。

这样说也许会令你诧异,但如此之说是有大量事实依据的。英国资深政治记者纳森·迈特兰德就此分析道:"英国主要政党对国家重大政策的立场大同小异。在这种状况下,愈来愈多的选民只能依照本能来投票。最新的民意调查显示,在80万关键的游离选民中,60%的人表示领导人形象决定了他们选谁。与保守党和自由民主党的领袖相比,布莱尔首相'略见稀疏'的头顶少说可以替工党多挣到50万张选票。"

回顾英国的历届选举,这种看似荒谬的说法却与事实不谋而合:2001年布莱尔对黑格——青丝胜过秃顶;1997年,布莱尔对梅杰——黑发战胜白发;1992年,梅杰对秃顶的基诺克——后者虽被誉为"本世纪英国最杰出的政治家之一",但还是输给了满头白发的梅杰。自54年前丘吉尔战胜了比他头顶更光的工党党魁阿特利之后,任何一位没有头发的竞选者都没能入主唐宁街。

事实上,形象对政治人物的重要性并不仅仅体现在英国。一项研究显示,在美国,有头发的人当选为议员的可能性比秃顶高出4倍。意大利总理贝卢斯科尼曾经植发,德国总理施罗德也曾因为媒体报道他"可能染头发"而怒上公堂。因此,迈特兰德不无戏谑地建议各党领袖:"忘记健康、教育和交通问题,多花点心思在你们的头发和牙齿上。"

因为,形象对个体的凝聚力而言,主要表现为其吸引他人关注、信任、支持的程度。

英国的维珍集团总裁布兰森"同志"就把这招用到了极致:布兰森个人那种高扬个性、爱出风头的个人形象使他和他的企业在相对比较保守的欧洲文化中相当耀眼和突出。更为重要的是,布兰森的这种定位恰恰迎合了欧洲人需要适当张扬个性,适当改变旧有古老文化传统的内在心理愿望和需求,如果不是这样,布兰森和维珍集团那如此杂乱的多元化经营必定难以制造出如此惊人的成功。

由此可见,在人类跨入21世纪的今天,形象越来越成为个人以及企业生存发展的决定性因素之一,形象制胜已经成为历史发展不可逆转的强大趋势。

从人类历史的演进中,从社会生产的发展中,从人类消费的变化中,我们可以提炼、升华和捕捉到这样一个事实:即无论社会和制胜因素如何起伏变化,最终都将汇入形象制胜的大趋势之中。

如今,以知识经济为特征,以和平、发展为主题的信息时代又一次翻开了形象制胜的全新篇章。上至国家、地区、民族,下至组织、团体、个人,要想在未来社会中扮演重要角色,要想赢得世界其他成员的支持与合作,就必须清醒地认识到时代发展的形象制胜趋势,从而自觉地将形象作为一种思想意识、指导原则和价值观念,予以身体力行。

形象制胜观念不仅是时代内涵的体现，而且也是人类未来价值取向的导向和前瞻，同时更是人类终极价值的期盼。这种观念一旦形成、确立，就会转化为一种巨大的力量，即一种推荐力、吸引力和感召力。它能帮助个体在社会竞争中更加充分地实现自身价值。

在今天艺术与生活、传统与现代相互交融的时代，在人们日益注重形象、追求时尚、彰显个性的新世纪，不容置疑，形象就是财富，形象就是实力，是你取胜的有力保证。

好形象就会有更多的注意力

所谓注意力，是指人们关注一个主题、一个事物、一种行为和多种信息的持久尺度。我们可以把人们关注信息和事物中的接收端提取出来加以量化，这种量化会形成一大笔无形资产，因而就具有价值。现在世界上信息量是无限的，而注意力是有限的，有限的注意力在无限的信息量中会产生巨大的价值。

而构成注意力的本质要素是什么呢？那就是形象。因为有形象才有注意力，有形象才有注意力效应，进而才可能因有注意力而产生经济效益。

已转战西班牙皇家马德里队的英国"足球金童"贝克汉姆，不只靠"脚"吸金，他的肖像权更是许多厂商的"兵家必争之地"。有消息称，美国迪斯尼公司打算以1 800万英镑（约2.2亿元人民币）的高价，买下他的肖像权，让贝克汉姆化身为卡通超人。

由此，我们有必要谈一谈注意力。诺贝尔经济奖获得者赫伯特·西蒙说："随着社会的发展，有价值的不再是信息，而是别人对你的注意力。"也就是说，进入网络时代后，信息既不稀缺，也并不难以获得，此时稀缺的是注意力。

第5章 你的形象价值百万

高德·贝博说:"获得注意力就是获得一种持久的财富。在新经济下,这种形式的财富使你在获取任何东西时都能处于优先的位置。财富能够延续,有时还能累加,这就是我们所谓的财产。因此,在新经济下,注意力本身就是财富。"

注意力形成经济,争夺眼球形成竞争,英特尔的前总裁葛鲁夫认为:整个世界将会展开争夺眼球的战役,谁能吸引更多的注意力,谁就能成为下世纪的主宰。

那么,如何支配一个人的注意力,如何防止注意力的涣散,如何吸引注意力,如何使注意力发挥最大效益呢?

不以形象为前提,注意力是无从谈起的。从这个意义上说,注意力经济应该作为形象经济的注解,一个人或一个组织能获得大量的注意力资源,无疑会大大提高其生产力水平。

也就是说,一个组织或一个人要获得大量的注意力,形象塑造无疑是最有效的途径。形象塑造的目标就是直击社会公众的眼球,形成强烈而持久的视觉冲击力。加强形象塑造对一个组织和个人的生存、发展具有深远的战略意义。明白此点的人和企业将会成功;反之,则会失败。

良好的专业形象能够提高个人价值

这是一个真实的故事。一位有习惯性流产史的妇女,在第3次妊娠时,已经34岁。为了保住胎儿,她遵照医嘱绝对卧床保胎。妊娠初期,前两次流产的经历像梦魇一样总在脑海出现,天天在恐惧和紧张中度过。按照与医院的约定,有医师定时或随时到家里进行必要的检查和照顾。该妇女在保胎8个月后,平安地分娩了一个宝贝"千金"。后来,她和家人回忆起这段保胎经历时,常提及来访的医师总是那么靓丽、精神焕发、生机勃勃。他们还注意到，这位来过10多次的医师，居然没有穿过重样的衣服，每次的穿着都剪裁合体。她的言谈举止，从内到外都透露出"生活是美好的""一切都是有希望"的信息，对该妇女产生了深刻影响。患者对医师的这种感觉，医师可能难以意识到或察觉。但医师的形象却是医患之间无言的潜移默化的沟通手段。就这样一个医师以她良好的形象体现了乐观、积极的精神，同时对病人及其家属也起了很大示范和鼓舞的作用。如果你今天站在他人的面前，你的衣着别人认为还是可以的，但是你的仪表，别人认为并不和你的衣着能够吻合，别人仍然不能够接受你。

专业的形象，能仅映出你的智慧与才华，良好的专业形象不仅能够提升个人品牌价值，而且还能提高自己的职业自信心。

如果职业人的职业形象不能体现其专业身份，不能给他人包括你的客户带来信任感，那么再高超的职业技能也都是徒劳。特别是对于日益发展的服务行业来说，客户对服务产品的认可，更多地来自服务者本身。政府机关、事业单位工作人员的职业形象同样重要，若不重视就可能破坏与合作伙伴的关系，或者降低服务水平。

从职业持续发展的角度看，职业人应该为自己希望从事的工作选择着装，而不仅仅是为已有的工作着装。塑造良好的职业形象，要考虑到符合自己的职业气质、个人年龄、办公环境、工作特点与行业要求。对待职业形象不可肆意妄为，也不必过分刻板，要在遵循行业标准的基础上，针对不同的场合采用不同的表现方式，做到既尊重他人又展现自我。

在当今这个发展迅猛的商业社会里，一个公司必须在其从事的每一件事中表达出这个公司特有的个性来。而对于当今的个人专业形象塑造来讲也应如此。从你的正式商业展示表演，到你的汽车内部摆设，再到你身上佩戴的流行饰物，你所塑造出来的形象应该是一种绝版的专业形象。

所以，要想在单位里或作为一个自由职业人给人留下好的印象，就得学会推销自己，提高自己的知名度。在一个人人都努力工作的单位里，个人形象和知名度就不仅仅是一件小事了。当然,让别人扮演你的宣传代理的角色,会收到极佳的效果。

想要当副总就要有副总的形象

形象设计大师索尔比给热爱成功的商界男士的忠告是:你的职场目标是什么,你就穿得像什么,你的形象就得像什么。如果你现在只是保险公司的初级文员,你想成为推销员,那就把自己打扮成一个十足的跑街先生。如果你的目标是公司的副总,那就像目前的那位副总一样,用国际名牌来武装自己。

你的职业形象直接或间接影响你个人晋升的机会。很多人认为有实力就够了,只要能力强、业绩好,升迁机会自然不在话下。不过,在大家实力相当、表现都很出色的时候,你的整体形象就会让你拥有更多的机会。

有位主管朋友讲了他同事的"悲剧":

这位王姓女同事其实工作能力很强,与同事相处也都融洽,唯一美中不足的一点是:她的外表实在有点邋遢,不喜欢化妆,根本不在乎自己的外在形象。她常常弄不明白,为什么自己的工作那么出色,那么认真,为什么升迁的机会总是轮不到她呢?

这位主管道出其中的缘由:其实,旁观者都看得出来,这是因为她的外表实在很吃亏,而不是工作能力的问题,可是谁又能开口告诉她呢?

每每遇上重要的业务欲让她接洽,却总担心客户以貌取人,认为这是一家不注意形象,不专业不敬业的公司,毕竟公司输不起自身的形象。

从上述的分析中,我们也就不难得出那位女同事不能升迁的原因了。形象设计大师乔恩·莫利就说过:"那些穿着不合身的化纤西服、陈旧的衬衣和耀眼的领带的人,是没有机会走到公司上层的。"《迈向CEO之路》书中也提醒:如果你看起来没有那个"架势",你就不可能有机会去展现你的沟通能力、个人魅力、个性，以及你精彩的思考与创意。

据著名形象设计公司英国CMB对300名金融公司决策人的调查显示，成功的形象塑造是获得高职位的关键。美国著名形象设计师莫利先生曾对美国《财富》排名榜前300名公司的100名执行总裁调查，97%的人认为懂得并能够展示外表魅力的人，在公司中有更多的升迁机会；100%的人认为若有关于商务着装的课，他们会送子女去学习；93%的人会由于首次面试中申请人不合适的穿着而拒绝录用；92%的人不会选用不懂穿着的人做自己的助手；100%的人认为应该有一本专门讲述职业形象的书以供职员们阅读。

就连大家认为最不重视穿着打扮的科技业，曾经有家公司要找一名高级主管，国内外上百封应征信如雪片般飞来，几乎人人都有博士学位与丰富经历，层层筛选最后挑出两人，落败者之所以坐不上大位，就因为他看起来没有主管的样子，会坏了公司的形象。

现实中，有多少优秀的人才长年在一个位置上停滞不前，是他们不再努力，还是缺乏才智？都不是，而是他们没有展示出他们的潜力，他们的形象就让人相信："他不适合更高的位置！"

在成功的每一个台阶上，都包含着理性的修炼、自我成长的哲学、在现实社会中的处世原则、对人性心理的理解、灵活而多维的思维方式以及高瞻远瞩的雄伟气魄。这些正是现实中很多身在职场的人所缺少的，因而导致许多有才能的人不能走向领导阶层。

穿得像在位人是敬业，为下一个职位而穿则是智慧。这里所说的为下一个职位而穿就是穿衣打扮稍微升级一些，让自己看起来是同阶层中最好的，特别当大家的能力不相上下的时候，透过衣着的编码展示出一个与期待的职位相符的形象，展现出一个有潜力、值得信任的形象，的确可以创造出自己在团体中的"能见度"，进而脱颖而出。

不过还应该提醒大家，千万别把自己的外表塑造成远远超过目前你所处职位的样子，以免给人华而不实的错觉，或者不小心树敌，反而误事。

所以，要打开升迁的大门，形象设计就是开门的这把钥匙，不但要努力工作，更要懂得包装自己，这样，成功的机会就会更加垂青于你。

把你"最美"的部分放大

选定了最具个性魅力的一面，还得将你的"最美"进行强化和放大。把这一面"包装"起来。商家都熟悉商品包装的作用：包装显示商品形象，促进销售。因而，商品包装是呼唤潜在顾客的符号。

闹钟的响声表示时间，它催我们起床。把一面包装起来，正如把无声的时间用有声的闹铃来表示，是用引人注目的符号来引导公众对形象主体留下印象，作出反应。因而，从形象定位看包装，包装符号要同时起到两个作用：传递自身位置的信息与唤起目标公众的反应。

比如著名艺人吴倩莲、林忆莲，在大眼美女如云的演艺圈中，以小眼著称的她们居然被誉为"最有魅力的女演员、女歌手"。她们不仅没有像很多女孩子那样，通过整容改变自己的眼睛，反而每次在妆面中更加突出自己的眼部，也正因为如此，让我们充分领略到了只有小眼睛才独有的含蓄和朦胧感。

可以说，一切包装都有几分"借光"的成分。经济学对借光的界定是：享受一份公共利益而没有付出相应的代价。在包装中，享受的公共利益是人类运用的一切符号，这些符号都有约定俗成的意义，已具备特定的"含金量"（价值）。唯一要付出的代价只是找到某个符号，略加剪裁，做一件合体的外衣。包装是低投入，高产出的行当，其间的差距正由从符号的"含金量"借光而来。丘吉尔就是个借光大师，且不说他那著名的V形手势就借了西方语言的光，很好包装了自己，看他如何借光包装伦敦——

在"二战"初期，法国沦陷，英国孤立无援抗击纳粹的那些最黑暗日子里，丘吉尔高举火炬："我们绝不投降！"他必须振奋伦敦军民的斗志。他是深深懂得"存在就是被感知"的,他要把"绝不投降"那一面包装得可感可触,为此到处借光。第一束光借自文化传统。伦敦到处贴着莎士比亚的警句:"我们英国从来不曾跪倒在征服者的脚下,将来也不会。""这块天佑的土壤,这陆地,这国家,这个英吉利!"约克大主教在广播里布道:"我们祖先所享受的安乐,对我们并无丝毫价值;只有他们的艰苦,他们的刚毅,才是民族之宝。"第二束光借自大英联邦。故意给数千英联邦成员国士兵,加拿大、新西兰、澳大利亚士兵以假期,使他们在伦敦到处乱跑。看到这么多士兵,伦敦人就想起了丘吉尔的话:"英吉利是一个武装的岛屿,有大英帝国保卫之。"第三束光借得最离奇,借自孤身一人来到伦敦代表法国继续战斗的戴高乐。为戴高乐提供各种方便,包括经常使用英国广播公司的电台。当戴高乐在电台上宣告:"法国并没有完,使我们失败的那些因素总有一天会使我们转败为胜……法国之战并未决定战争的结局,这是一场世界大战……"再没有什么比这个不甘失败,赴英参战的孤独者更能鼓舞英国人民士气的了。——同样谙熟包装艺术的戴高乐评论到:"丘吉尔这位非凡的艺术家,肯定可以感受到我的使命的动人性质。"

非凡的丘吉尔充分利用了符号的"含金量",借了他所能借到的一切光来包装伦敦,终于激发出举世闻名的"伦敦精神",誓死抵抗的空气弥漫全城,600万伦敦人沉着而坚定地度过了他们"最光辉的时刻"!

正如把无声的时间用有声的闹铃来表示,是用引人注目的符号引导公众对形象主体留下印象,作出反应。因而,从形象定位看包装,包装符号要同时起到两个作用:传递自身位置的信息与唤起目标公众的反应。

第6章　开场白：3分钟让人刮目相看

把握最初10秒钟

一位演说家说，我们开始说话的10秒钟最能吸引听众。原因是：在这最初的10秒钟内，每个人都会有意无意地来表达自己的真实感觉。所以，如果你抓住了这10秒钟，整个说话的场合就会形成一种有利于你的形势。

如何把握住这最初的10秒钟呢？

1. 用吸引人的故事或幽默开头

故事（尤其是真人真事）或能够使观众们发出会心笑声的幽默，能够一下便抓住听众的心，即使前面发言者已使观众思绪分散，也仍然能起到把握全局情绪的作用，引起听众的兴趣，从而使自己很快被听众所接受。

2. 用一些物品吸引听众

一张图纸、一个战场上带回的实物或是一张相片，因其能够直观地反映一定的主题，故能很快地把听众吸引过来。如果讲者乐意，他还可能将自己的话题抽象成一幅画——根本不必去追究它的艺术性，或者随便写几个有趣的大字。别出心裁的举动也能一下子集中听众的注意力，只要物品有助于讲者借题发挥就行。

3．不妨用提问来开头

提问，是有趣的开头法。在问题提出以后，几乎所有感兴趣的人都会去思考，并产生一种要求知道正确答案的欲望，而这将能使听众的注意力得到迅速的集中——他们等着用你说出的答案去验证自己的判断。但是要注意，提出的问题不要过于简单，要能"发人深省"引起思考，或能使听者有所收益。

4．制造悬念

可以通过听众的求知欲而造成悬念，采用此种讲话开头方法时可能需要一些"内幕"消息。无疑，这也是一种很好的吸引听众的方法。

5．从听众的利益和关心焦点出发

有经验的谈话者，往往善于将自己的讲话与听众的切身利益联系起来，即使牵强一些，为了开始讲话时能吸引听众，有时也不得不有策略地绕个弯子，待听众兴趣已起时再转入正题。

6．从与听众的共鸣说起

共同的经历或遭遇、共同的研究专业和方向、共同的希望和展望等，都是能够引起听众共鸣的话题，以此种方式开场，常常更易于使自己被听众认同。

7．用一句名言开场

名人名言是很好的开场白。心理学研究认为，公众具有崇拜权威（名人是人们自认的权威）的共同心理。名人的话对听众来说总是具有一种特殊的魅力，因而也最易于将听众的注意力集中起来。

8．先赞扬听众

世人都爱听赞颂之辞，因此，具体的赞扬会使他们很注意听，同时，也会使讲话者被认作是一个和蔼可亲的人而被听众接受。

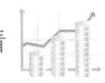

称呼得体

称呼是指人们在正常交往应酬中,彼此所采用的称谓语。它是言语交际的"先锋官",在日常生活中,称呼应当亲切、准确、合乎常规。正确恰当的称呼,不仅能体现对对方的尊敬和自身的文化素质,更能促使交际的成功。

俗话说,"良言一句三春暖",称呼得体就像行个见面礼,使对方获得心理上的满足,使沟通顺畅,交往成功;反之,称呼不得体往往会引起对方的不快甚至愠怒,使双方陷入尴尬境地,造成交往梗阻乃至中断。由此可见,称呼得体与否在很大程度上决定着人们交往活动的成败和管理效果的优劣。因此,不论是从事一般职业的普通人,还是身负一定职务的领导人或管理者,要想生活愉快、事业发展,都需要注意研究人际称呼的技巧,努力提高自己的称呼艺术。

称呼在人际交往和管理活动中的重要作用早为人们所注意。社会心理学家们认为得体的称呼能使人心情愉快,增强自信,有助于形成亲密和谐的人际关系。而良好的人际关系又是使人精神振奋、心理健康和提高工作效率的重要条件。得体的称呼能缩短人和人之间的心理距离,使人心情舒畅。

那么,怎样称呼才算得体呢?其实称呼并没有什么统一的模式。不同的地区、不同的民族和不同的语言传统,称呼的习惯可能差异很大;不同的职业、职务、性别、年龄的人,对称呼的需要和期望也不尽一样。这就造成了人际称呼的复杂性和多元化,增加了称呼得体的难度。但有一条是共同的,那就是要尊重他人和礼貌待人,这样,对方心里就会产生一种自豪感和满足感,反过来对方也会乐于与你接触,主动和你沟通,这就使交往有了良好的开端。但仅有此还不够,在具体称呼时还要注意做好以下几点。

1. 记住对方姓名

姓名不仅是将自己与他人的存在予以区别的标志，而且不少人的名字还凝聚着父母对子女的期望。由于自尊的需要，每个人都会重视和珍爱自己的名字，同时，也希望别人能记住和尊重它。因此，当自己的名字被别人叫到时，就认为自己受到尊重，心理上感到愉悦，对称呼自己的人怀有亲切感。古今中外，一些领导人、政治家和企业家对人的这种心情很了解，与人寒暄时不只说句"您好"，而是在"您好"前面或后面冠以对方名字，这样做起到了很好的心理效应。我们对久别之后仍能一下子叫出自己的名字的人，总是感动万分、钦佩不已的原因，就是因为这个缘故。

2. 符合年龄身份

称呼必须符合对方的年龄、性别、身份和职业等具体情况。对年长者称呼要热情、谦恭、尊重；对同辈则要态度诚恳，表情自然，亲切友好，体现出你的坦诚；对年轻人要注意慈爱谦和，表达出你的喜爱和关心；对有较高职务或职称者，要称呼其职务或职称。总之，要讲究礼貌，既表达出你对对方的真诚和尊重，又不卑不亢。切勿使用"喂""哎"等来称呼人，同时，也应力戒点头哈腰，满嘴恭维话。

3. 有礼有节有序

在与多人打招呼时，如果群体中有年长者，也有年轻人或异性在场，就要注意称呼的顺序。一般来讲，应先长后幼，先上后下，先女后男，先生疏后熟识为宜。称呼最能表达说话人的道德修养、知识水平和文明程度，也体现着他的交往技巧。称呼兼顾长幼的差异，会使年长者觉得受了尊重，年轻人也心中坦然；如顺序颠倒，不但会使年长者不满，而且被称呼到的人也会感到窘迫。再者应注意尊重女性，在与一个同样年龄、身份的群体打招呼时，先称呼女性，会使对方感到你有较高的素养，从而乐于与你交往。

需要强调的是，以上各点并不是孤立的，而是彼此制约、密切相关的，它们从不同侧面共同决定着称呼的得体与否以及称呼得体的程度。在日常生活中我们只有依据称呼对象和交往场合等的具体情况,从多方面分析称呼对象的称呼需要,选择得体的称呼语,才能收到最理想的称呼效果。

寒暄得当

寒暄又叫打招呼,是人与人建立语言交流的方法之一,是交谈的润滑剂,它能使朋友在某种场合心领意会,让不相识的人相互认识,使不熟悉的人相互熟悉,把单调的气氛活跃起来,为双方进一步攀谈架设友谊的桥梁。

1984年9月,中国与英国关于香港问题的第22轮会谈在钓鱼台国宾馆开始了。

中方代表周南和英方代表伊文思相遇并寒暄起来。

周南说:"现在已经是秋天了,我记得大使先生是春天前来的,那么就经历了三个季节了:春天、夏天、秋天——秋天是收获的季节啊?"

这是发生在中英关系史上的一次重要谈判,时间是1984年秋季——达成协议的关键时刻。内容是我国对香港主权的收复问题。

周南在这次轻松的寒暄中,运用暗示、双关的手法,巧妙利用交际的时令特征,即秋天的特点及其象征意义——成熟与收获,将我方诚恳的态度和希望以及坚定的决心,含蓄委婉地表达了出来。

这种寒暄意味深长,具有强烈的针对性和灵活的策略性,无穷之意尽在言外。

在我们日常生活中,寒暄的主要形式有以下几种。

(1)路遇式寒暄。就是在路途上或一些公共场所里遇到熟人,顺便打个招呼。一种是对经常见面的熟人,握握手,说上句"你好""上班去呀",在路上骑车相遇,相互点点头,微笑一下,摆摆手,不用下车,擦肩而过。另一种是在路上遇到较长时间没有见面的熟人,这时不可以点头就过,要停下来，多说几句。如有急事要办，则要与对方说清楚再离开，这是人际交往的基本常识。

（2）会晤前的寒暄。如约见了面，或客人来了后，在交谈正题之前的问候。一种是常见的也是最起码的问候方式，如"您好""请进""请坐"等。另一种是特殊情况的问候方式，如对病人、老人、师长、好友，或是遇到大病初愈、长途旅行、身遭不幸等情况，寒暄问候则要格外体贴入微，暖人心扉。

寒暄的内容主要有以下几类。

（1）关怀式寒暄。这是常见的寒暄方式，真挚深切的问候，对于加深人际间的感情，有着重要的作用。

（2）激励式寒暄。就是在寒暄的几句话中，给人以鼓舞和力量。几句寒暄，就能给人以很大的激励。

（3）幽默式寒暄。寒暄中加点幽默诙谐的成分，对协调交际气氛是很有效果的，人际间良好的沟通与深切的友谊就是在这幽默的寒暄中间建立起来的。

（4）夸赞式寒暄。无论谁清早起来，接连听到几个诸如"您起得好早啊""您身体越来越好啦"的赞美式寒暄，一定会感到这一天心情格外舒坦愉快。夸赞式寒暄也要讲点技巧，其中之一就是夸赞的内容最好要具体一些，这样才能产生较大的作用。

选好话题

一般情况下，谈话要选择一些容易引起对方兴趣的话题，这样有利于创造一个轻松活跃的谈话氛围，使交谈得以深入，友谊得以发展。

一般而言，以下几种话题，容易引起大家的谈话兴趣。

与谈话者自身利益密切相关的话题；

与谈话者兴趣、角色相关的话题；

具有权威性的话题；

新奇的话题；

某些特殊的话题；

社会和他人禁锢、保密、敏感的话题。

但在具体选择这些话题时，要考虑谈话对象。一个话题，只有让对方感兴趣，谈话才有维持和继续的可能。比如，自己是球迷，就切莫以为别人都是球迷。逢人就谈球赛，遇到对球不感兴趣的人也大谈特谈，让对方感到索然无味。

关怀和帮助是人人都需要的，因此关心对方也是个永远受欢迎的话题。

有一位女记者，在鸡尾酒会上与伊丽莎白女王进行了简短的交谈。记者问女王昨天是不是在风雨中视察过铁矿。女王听后非常吃惊。原来女王的外衣被什么东西染上了红褐色，经女记者的提醒，女王才发现。女记者从关心女王的外衣开始，自然引起了女王的好感，使这次交谈也获得了成功。

美国女记者芭芭拉·华特初遇美国航空业界巨头亚里士多德·欧纳西斯时，见他正与同行们热烈讨论着货运价格、航线、新的空运构想等问题，芭芭拉没法插上一句话。在共进午餐时，芭芭拉灵机一动，趁大家谈论业务中的短暂间隙，赶紧提问："欧纳西斯先生，您在海运和空运方面都取得了伟大的成就，这是令人震惊的。您是怎样开始的？当初您的职业是什么？"这个话题一下拨动了欧纳西斯的心弦，他立即同芭芭拉侃侃而谈起来，动情地回顾了自己的奋斗史。

日常生活中，同病人谈治病强身的事情，同家长谈培养子女的方法，同青年人谈今后的发展目标，同家庭主妇谈安排生活的诀窍，同学生谈提高学习效率的经验……这些话题无一例外都是对方乐于接受的。

选择话题，除了注意对方的需求外，还要小心避开"雷区"，尽量选择"安全系数大"的话题。

首先，不要不识深浅，误入禁区。每个人都有自己的禁区，比如个人隐私、怪癖、生理缺陷等。这一类内容应当有意避开，不要去谈论。不然的话，轻则破坏谈话气氛，重则伤感情，甚至会导致争吵或关系破裂。

其次，避开可能引起对方伤感或误解的敏感话题。每个人除了有若干"禁区"外，还存在"敏感地带"，谈话中都应当小心避开。比如，不幸者忌谈他遭受不幸的往事，失恋者忌谈爱情与婚姻问题，残疾人的家庭忌谈家中的那位残疾者，等等。有时，与医生、律师等专业人士交谈，在他们工作以外的时间里，不宜谈过分具体的专业话题，如什么病该怎么医治，什么纠纷该怎么处理等。同要人交谈，往往忌谈政治、宗教和性的问题。"敏感话题"很难处理，一般要尽量避而不谈。

选择话题除了看人之外，还要看场合。会话是在一定场合、情境之中进行的，话题应当同场合、情境协调，不协调的话题不但大煞风景，而且还有可能损害人际关系。喜庆的场合，不能谈令人伤感或通常认为不吉利的话题。悲哀的场合，不能谈令人捧腹大笑的话题，也不宜谈婚恋喜庆等话题。

掌握说话的节奏

20世纪的口才大师、英国前首相丘吉尔在自己的第一篇口才学论文中曾认真地分析和论证了口才的语言技能问题。他得出结论：口头表达艺术主要有四大要素，而其中占第一位的就是口语的节奏。丘吉尔是深谙口才之道的，他将节奏列在四大要素之首，就是因为他切实体会到和懂得口语节奏具有十分强烈、深刻和丰富的表现力。

节奏，是大自然和人类社会运动形式的一种表现。日出日落，潮涨潮消，花开花谢，冬去春来；人的起居作息，社会的兴衰更替，无不体现出事物运动形式的变化，一种有规律、有秩序的变更。事物运动过程中所呈现的

第6章 开场白:3分钟让人刮目相看

有规律、有秩序的变化,就是节奏。

我国的古代典籍《礼记》中说:"节奏,谓或作或止。作则奏之,止则节之。"还说,"言语之美,穆穆皇皇。穆穆者,敬以和;皇皇者,正而美"。

唐代大诗人白居易的名篇《琵琶行》就对琵琶音乐节奏有过绝妙的写照。

大弦嘈嘈如急雨,小弦切切如私语。

嘈嘈切切错杂弹,大珠小珠落玉盘。

间关莺语花底滑,幽咽泉流冰下难。

冰泉冷涩弦凝绝,凝绝不通声暂歇。

别有幽愁暗恨生,此时无声胜有声。

银瓶乍破水浆迸,铁骑突出刀枪鸣。

曲终收拨当心画,四弦一声如裂帛。

……

这里的"急雨""私语""莺语"和"大珠小珠"等就生动地展现了琵琶乐音的轻重快慢及起伏停顿的节奏。

古人早就认识到了节奏的性质和口语节奏的表现力。现代人也常说,"急人快语""疾言厉色""语重心长""听话听声,锣鼓听音"等。这些,也都从不同角度说明了口语节奏所具有的感情色彩、形象内涵和动人力量。

一次谈话、一回座谈、一场论辩、一台演讲、一堂教学从头到尾声调高亢不行,从头到尾轻声细语也不好;从头到尾平铺直叙,平淡无奇不妥,从头到尾光怪陆离、危言耸听也不佳。要使听众自始至终都能精神饱满和有效地接受信息,使讲话、座谈、教学和演说获得理想的效果,必须做到以下两点。

(1)在声音形式上,语音就应有高有低,语调就应有抑有扬,语速就应有快有慢,吐字停顿就应有长有短。

(2)在内容、风格和表达手法方面,信息就应有强有弱,主旨就应有贴有离,文采就应有浓有淡,风貌就应有俗有雅,情与理就应有穿插交错,论述与例证就应有多种多样的逻辑格式展开。

一般来说，口语节奏有如下语言效果。

一种效果是，高亢铿锵的语调催人奋发，快急的语速使人激动、紧张，低沉的语音叫人深思和黯然神伤。或者进一步说，快的语速，重的语音，扬的语调，短的句式，小的停顿，凝练的信息内容，刚健的词语风格会表现出兴奋、爽快、高昂、激动和急切的感情色彩，从而使听众不自觉地受到相应的感情冲击和影响，并产生相应的亢奋、紧张或紧迫等心理。

另一种效果是，慢的语速，轻的语音，抑的语调，长的句式，大的停顿，松散的信息内容，柔和的语词风格又可显示出安然、从容、平静、淡雅和严肃、沉重的感情色彩，从而又会使对象不由自主地受到相应的情绪感染和影响，并产生相应的闲散、悠缓、恬适、庄重、深沉和悲痛的心理。

说好第一句话

社交要与一些新人打交道。初次见面的第一句话是留给对方的第一印象，这第一句话说好说坏，关系重大。说好第一句话的关键是：亲热、贴心、消除陌生感。常见的有以下三种方式。

1. 攀认式

赤壁之战中，鲁肃见诸葛亮的第一句话是："我，子瑜友也。"子瑜，就是诸葛亮的哥哥诸葛瑾，他是鲁肃的同事挚友。短短的一句话就定下了鲁肃跟诸葛亮之间的交情。其实，任何两个人，只要彼此留意，就不难发现双方有着这样或那样的"亲""友"关系。例如：

"你是复旦大学毕业生，我曾在复旦进修过两年。说起来，我们还是校友呢！"

"您是体育界的老前辈了，我爱人可是个体育迷；您我真是'近亲'啊。"

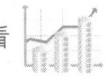

"您来自苏州,我出生在无锡,两地近在咫尺。今天得遇同乡,令人欣慰!"

2. 敬慕式

对初次见面者表示敬重、仰慕,这是热情有礼的表现。用这种方式必须注意:要掌握分寸,恰到好处,不能乱吹捧,不说"久闻大名,如雷贯耳"一类的过头话。表示敬慕的内容应因时因地而异。

例如:

"您的大作我读过多遍,得益匪浅。想不到今天竟能在这里一睹作者风采!"

"今天是教师节,在这光辉的节日里,我能见到您这位颇有名望的教师,不胜荣幸。"

"桂林山水甲天下,我很高兴能在这里见到您——尊敬的山水画家!"

3. 问候式

"您好"是向对方问候致意的常用语。如能因对象、时间的不同而使用不同的问候语,效果则更好。

对德高望重的长者,宜说"您老人家好",以示敬意;对年龄跟自己相仿者,称"老×(姓),您好",显示亲切;对方是医生、教师,说"李医师,您好"、"王老师,您好",有尊重意味。节日期间,说"节日好""新年好",给人以祝贺节日之感;早晨说"您早""早上好"则比"您好"更得体。

说好第一句话,仅仅是良好的开始。要谈得有味,谈得投机,谈得融融乐乐,有两点还要注意。

第一,双方必须确立共同感兴趣的话题。有人以为,素昧平生,初次见面,何来共同感兴趣的话题?其实不然。生活在同一时代、同一国土,只要善于寻找,何愁没有共同语言?一位小学教师和一名泥水匠,似乎两者是话不投机的。但是,如果这个泥水匠是一位小学生的家长,那么,两者就可以就如何教育孩子各抒己见，交流看法；如果这个小学教师正在盖房或修房，那么，两者可就如何购买建筑材料，选择修造方案沟通信息，切磋探讨。只要双方留意、试探，就不难发现彼此有对某一问题的相同观点，某一方面共同的兴趣爱好，某一类大家关心的事情。有些人在初识者面前感到拘谨难堪，只是没有发掘共同感兴趣的话题而已。

第二，注意了解对方的现状。要使对方对你产生好感，留下不可磨灭的深刻印象，还必须通过察言观色，了解对方近期内最关心的问题，掌握其心理。例如，知道对方的子女今年高考落榜，因而举家不欢，你就应劝慰、开导对方，讲讲"榜上无名，脚下有路"的道理，举些自学成才的实例。如果对方子女决定明年再考，而你又有自学、高考的经验，则可现身说法，谈谈高考复习需注意的地方，还可表示能提供一些较有价值的参考书。在这种场合，切忌大谈榜上有名的光荣。即使你的子女考入名牌大学，也不宜宣扬，不能津津乐道，喜形于色，以免对方感到脸上无光。

开场白的 6 种形式

成功的开场白有以下几种形式。

1. 动作吸引式

临时性的演讲，会场秩序往往比较差，听众的态度不但随便，也不专心，效果更不用谈了。遇到这种情况，有说话技巧的人是如何做的呢？

有一个演讲家，站在闹哄哄的会场讲台前，一声不响取出一块手帕不停地转，一次，二次，三次……吵闹声逐渐停止，大家的目光终于都集中到台上了。

又有一位中学教师采用的方法是：背对骚动的学生，在黑板上写出学生的名字，大家猜不出发生何事，纷纷停止喧哗，注视黑板，教室顿时安静下来，教师才开始讲课。

日本两位演说家德田球一和尾崎行雄曾经这样做过开场白：德田球一在劳动节演讲开始前，面对着大家脱下上衣，引起大家的注意；尾崎行雄的方法则是，登台等到掌声停止，沉默片刻，取出备忘录摆出一副朗读的姿态。

以上几位成功人士演说前的动作，都能使听众迫不及待地等待演讲者开口。

2．即兴发挥式

1938年，陈毅率领新四军在浙江开化县华埠镇休整。当地抗日组织召开欢迎大会，陈毅被邀请上台演讲。开始司仪做介绍称陈毅为"将军"，陈毅登上讲坛，接过话头大声说："我叫陈毅，耳东陈，毅力的毅。刚才司仪先生称我将军，实在不敢当，我现在还不是将军。当然叫我将军也可以，我是受全国老百姓的委托，去'将'日本鬼子的'军'。这一'将'直到把他们'将'死为止……"这个开场白十分漂亮。陈毅在别人语言的基础上尽情发挥，讲得自然风趣，幽默传神，活跃了会场，紧紧抓住了听众。

3．自我贬低式

在一次联欢晚会上，台湾著名电视节目主持人凌峰做了一段精彩的演说，他的开场白是："在下凌峰，我和文章不一样，虽然我们都得过'金钟'奖和最佳男歌星称号，但我是以长得难看而出名的……一般来说，女观众对我的印象不太良好……她们认为我是人比黄花瘦，脸皮比炭球黑。"

自我贬抑不但不会被贬，还能表现出演讲者坦率幽默，机智随和。用这种方法做开场白，往往能博得听众的掌声。

4．环境烘托式

这是利用当时当地的环境特点来渲染气氛，激发听众热情的一种说话形式。这种形式灵活生动，富于情感。但描绘的环境特点必须与主题思想相吻合，切不可牵强附会。

鲁迅先生曾在厦门中山中学做过一次演讲。他开头时说："今天我能够到你们学校来，实在很荣幸。你们的学校，名叫中山中学，顾名思义，是为纪念孙中山先生而设立的学校。中山先生致力国民革命40年，结果创造了"中华民国"。但是现在军阀混战，民生凋敝，只有'民国'的名目，没有'民国'的实际。"鲁迅先生从自然环境中的学校名称讲起，一针见血地指出了名与实之间的巨大反差，从而激发中山学校的师生们为完成中山先生未竟事业而奋斗的革命热情。

5. 借花献佛式

奥斯卡颁奖大会上，最佳女主角雪莉·布丝莱由于跑得太急，在上领奖台台阶时绊了一下，差点摔倒，想不到这个差点摔倒的动作却被她巧妙利用了起来。她的第一句话是："我经历了漫长的艰苦跋涉，才到达这事业的高峰。"在场的人都能悟到，她的话看起来是指平时的刻苦探索，但又包含了刚才差点摔倒的难堪。

6. 情感沟通式

选择与听众息息相关或最能为听众所接受的话题，从而引起听众与自己在感情上的强烈共鸣，这种方法比较适合与听众属于同一层次、同一类型的场合。

1944年，英国前首相丘吉尔在美国欢度圣诞节发表的即兴讲话是这样开头的：我的朋友，伟大而卓越的罗斯福总统，刚才已经发表过圣诞前夕的演说，已经向全美国的家庭致友爱的献词，我现在能追随他讲几句话，内心感到无限的荣幸。我今天虽然远离家乡和祖国，在这里过节，但我一点也没有异乡的感觉。我不知道，这是由于本人的母系血统和你们相同，抑或是由于本人多年来在此地所得的友谊，抑或是由于这两个文字相同、信仰相同、理想相同的国家，在共同奋斗中所产生出来的同志感情，抑或是由于上述3种关系的综合。总之，我在美国的政治中心地——华盛顿过节，完全不感到自己是一个异乡之客……丘吉尔把美国总统说成是自己的朋友，短短几句话就一下子拉近了自己与听众之间的心理距离。

第6章 开场白：3分钟让人刮目相看

主动引发一场谈话

在与人交谈时，有些人常常挖空心思去想一些很有水平的话，以显露自己的本事。但是，如果没有顾及对方的感受，对方在你的这种强势情绪下会怎样呢？他当然是不甘示弱，也会比你更加努力地找一些更加有水平的话。他找出了之后，你又该怎么办呢？是不是又要搜索枯肠去寻找很有水平的话呢？这样循环往复，你们就不是在交谈，而是在斗智。在交谈中，太强势的语言有时会给对方造成压抑，使得交谈难以进行下去。

实际上，要进行一次谈话并不是困难的事。陌生人之间一些简短的寒暄就能引发谈话。每个人都可能流于平俗，都可能涉入那简短的谈话，只谈论一些既缺乏机智又毫无意义的事情。然而这种短暂的交谈对于正式交谈的顺利启动却是十分有必要的。

引发谈话的目的是必须让对方说话，而切忌将谈话引入死胡同。如不能说"今天天气真好！"之类的话，而应该问对方："干什么工作？""是哪里人？"这样对方必须回答干什么工作，是哪里人，而不会用"是"或"不是"将你打发。

在开始谈话时，要准备经过一个预热的阶段。没头没脑地就开始一次意味深长的交谈是不明智的，不要期望一开始就像老朋友见面一样。

短暂的交谈不仅能为你引发一次谈话，而且还可以用来为进一步的交谈预热，引导对方为进一步的交谈做好充分的准备。然后在这种交谈中观察别人的兴趣。这正如点篝火，不必期望用一个火把开始，只需有一根小火柴就行了。只要方法得当，这一根小火柴就能让篝火熊熊燃烧……

但要特别注意的是，在交谈的过程中也不要太掉以轻心，成为一位说话高手的艺术并不过多地依赖于你有多么聪明，或者你的经历有多么曲折，而在于善于启发、诱导别人讲话。要想成为出色的说话高手，就一定要避免在谈话中出现以自我为中心的现象。人们往往自始至终只对他们自己，以及他们的工作、家庭、故乡、理想感兴趣。其实，即使是问"你是做什么工作的"这样一个简单的问题，也向他人传达了你对他感兴趣的信号，结果必然会使别人对你产生兴趣。

在提出这个简单的问题之前，你只需要在心里给自己提一个问题："通过交谈我究竟想得到些什么？"是想表现和炫耀自己呢？还是想与别人做成交易，让别人在议定书上签字，并得到他的准许和友善呢？很多人在与人谈话时容易犯的错误就是谈自己感兴趣的事，而不去谈别人感兴趣的事。你谈自己感兴趣的事，虽然自己兴高采烈，但别人却不一定会高兴，那你要求别人办事、请别人帮忙，以及你谈话的目的又怎能达到呢？

打开一个话题

有人说：交谈中要学会没话找话的本领。所谓"找话"就是"找话题"，找交谈的切入点。就像写文章一样，有了一个好题目，往往会文思泉涌，一挥而就。同样，双方交谈，有了一个好的话题就能使谈话融洽自如。好话题，是初步交谈的媒介，深入细谈的基础，纵情畅谈的开端。好话题的标准是：至少双方对话题比较熟悉，能谈；大家感兴趣，爱谈；有展开探讨的余地，好谈。

那么，应当怎样去挖掘一个好话题呢？

1. 找准兴奋点

当跟众多的人在一起谈话时，要选择众人都感兴趣的事件为话题，激发起大家交谈的欲望。因为这类话题是大家想谈、爱谈又能谈的。人人都有话，都能发表自己的观点和看法，自然能使话题进行下去，以致引起许多人的议论和发言，进而产生共鸣。

2．就地取材

巧妙地借用彼时、彼地、彼人的某些材料为题，借此引发交谈。有人善于借助对方的姓名、籍贯、年龄、服饰、居室等，即兴引出话题，常常能取得好的效果。"即兴引入"法的优点是灵活自然，就地取材，但关键是要思维敏捷，能迅速作出由此及彼的联想。

3．试探询问

与陌生人交谈，先提一些"投石"式的问题，在对对方的年龄、职业、性格、兴趣等略有了解后再进行有目的的深入交谈，便能谈得更为自如。就好像"投石问路"一样，如在聚会时见到陌生的邻座，便可先"投石"询问："你和主人是同事还是同学？"无论问话的前半句对，还是后半句对，都可就此展开话题；如果问得都不对，对方回答说是"老乡"，那也找到了可继续谈下去的话题。

4．循趣入题

试探出陌生人的兴趣，由兴趣起始，能顺利引发出话题。例如对方喜欢看电影，便以此为话题，谈电影的优劣，讨论故事的情节等。如果你也喜欢看电影，那你们就找到了共同的兴趣，可顺利进入话题；如果平常不怎么看电影，那也正是个学习的好机会，可静心倾听，适时提问，借此大开眼界。

引发话题的方法很多，诸如"借事生题"法、"即景出题"法、"由情入题"法，等等。可巧妙地从某事、某景、某种情感，引发出一番议论。引发话题，类似"抽线头""插路标"的做法，重点在引，目的在导，使对方有话可说，诱发对方谈话的兴趣。

5．一见如故

与人交谈时，还要在缩短彼此的距离上下工夫，力求在短时间内了解得更多一些，缩短彼此认识上的距离，力求在感情上融洽起来。只有志同道合了，才能谈得投机。"一见如故"这个成语说的也就是这个意思。与陌生人要做到能谈得投机，就必须在"故"字上做文章，变"生"为"故"。

6. 自作笑料

坦率地把自己的不足讲出来，不仅不会因此失去别人的敬重，反而会引起别人的同情和爱怜。如能用开玩笑的形式讲出自己的不足，那就更能表现出你非同寻常的气度了。有位著名的主持人在大家的掌声中走上前台主持节目，在上台的路上不小心被地毯绊倒了，摔在地上。但她毫无慌张之色地爬起来，走到麦克风前说："真让我激动，我是为你们的热情而倾倒的。"于是，观众们给予她更加热烈的掌声。相反，如果你明知自己的不足之处，却还要想方设法地拼命掩饰、装腔作势，只想把自己当成一个真正的行家，结果只会使别人感到你的可笑。因此，在与人交谈的时候，能够大胆地同自己开个玩笑是很明智也很了不起的。同时，也能使谈话现场的气氛活跃起来，增强别人对你的好感。

你想说点什么

在与人交谈，必须在极短的时间内说出对别人的要求，以及向对方说明如此做了以后，他们能够获得什么样的利益时，你千万不要婆婆妈妈地为一些琐屑的细节所羁绊，只要简单地说出你的主张就行了。

1. 信心十足地说出要点

所谓的要点，就是你与对方交谈所要实现的最终目的。为了使对方依赖你，对于完成你的要求或实现某一目标充满信心，你一定要信心十足地说出来。对于对方的行动要求，必须以乐观而坚定的语调，直率地强调出来。为了获得较好的交谈效果，在说话时，你一定不能畏缩而要信心十足。对于你真挚的陈述，对方一定会感动，并为此立即采取有效行动，从而达到你的要求和目标。

2. 使对方明白采取行动

不管你所阐述的是哪一种问题，你的目的就是要把问题的要点以及要求对方采取什么样的行动，简单扼要地表达出来，以便让对方容易理解，这样才能够让对方顺利地展开行动。为了达到这个目的，最妥善的方法就是把关键部分具体地说出来。

如果在说话时，你能够具体地为对方提示事情的关键和问题的要点，那么你就要比其他人更容易和别人交谈，也更容易使对方感动。"发给客户的商业信函寄出去了吗？"比起漠然地对下属说"去把发给客户的商业信函打印出来"效果更好。

到底以肯定的方式叙述要点好，还是以否定的方式叙述要点比较妥当？这一点是无关紧要的，只要你能把你提出的要求叙述清楚、表达准确即可。但必须站在对方的立场上作出这一决定。

3．具体而简短地叙述要点

当你要求对方做一些什么事情时，必须进行简明扼要的叙述，因为对方只会做他们明白理解的事情。他们既然要依照你的话采取行动，那么你就得准确而精练地把自己的意思表达出来。

激起对方的谈话欲望

生活中的每个人都渴望友谊，希望拥有更多的朋友。但朋友都是由陌生人发展而来的，有相当一部分朋友是萍水相逢时认识的。在风光绮丽的景区、在熙攘喧闹的汽车上或者在小型聚会上，凭一个会心的微笑、几句得体的幽默话、一个礼貌的动作等，都可以与他人相识。关键是得找出交往的契机，主动伸出友谊之手，打开对陌生人关闭着的心灵之门。然而并非所有的人都是善谈的，有的人沉默寡言，虽然有交谈的欲望，却不知从何谈起。这就需要其中的一方改变态度，率先向对方发出友好信号，激起对方的谈话欲望，以达到交流的目的。

假若你的一个话题使对方产生了浓厚的兴趣,那么无论他是一个如何沉默的人,都会发表一些言论的。因此你在谈话的停滞之中,一定要想法寻找并且不断地激起对方的兴趣,使谈话能够一直持续下去。

当你对做父母的人称赞他们的孩子,甚至表示你对那孩子感兴趣时,那么孩子的父母很快便会成为你的朋友了。给他们一个谈论其孩子的机会,他们就会很自然而又无所顾忌地滔滔不绝了。

与陌生人见面,要善于倾听,主动关心他人,还可以通过慷慨地给予帮助来激发他们的谈话欲望。

初次相见或不太熟悉时,没有谁愿意向有困难的陌生人施舍什么帮助,因为他们怕不清楚对方的底细而帮出麻烦来。这种想法固然有一定的道理,但也是把自己结识别人的大好机会给赶跑了。善于交际的人是不会这么想的,他们认为与人方便自己也方便,只有放下顾虑、慷慨解囊,才能赢得别人的感激与好感——这恰是一座沟通感情的桥梁。

对于那些腼腆的人,交谈者应主动寻找话题,消除对方的紧张感。

朋友相交,重在交流。由陌生人到朋友,需要通过深入的交流才会相互了解。要达到深入交流的效果,就要在掌握交谈艺术的同时激发对方的谈话欲望,只有这样才能彼此加深了解,从陌生走向熟悉,进而成为朋友。

有效化解冷场

在我们日常生活和社会交往中,尤其是在与人沟通中常会出现冷场的现象,彼此都尴尬,这主要是由于彼此之间不大熟知,性格、兴趣、年龄、职业、身份、心境甚至素养等种种原因不同造成的。在目前竞争激烈的经济社会中,交往发挥着重要的沟通作用。而其中的主角尤其要善于驾驭谈话场面的节奏,做到谈话场面活跃而又和谐,保证参与者身心愉悦。因此,学会把握谈话场面的节奏，对于每一个谈话者有着重要意义。

根据当时的情境设置话题，是常用的一种方法，常见的设置话题的方法有下面几种。

1. 从与参与者相关的事件找话题

这是我们在与人沟通中，寻找话题最常用的方式。这种方式情境性非常强，形式也最为多样，只要我们平时多观察周围的人和事，就能找到多种多样的话题。

可以从对方的名字特色说开去。如读起来很动听，这样动听的名字起的时候一定是费了一番工夫，是不是还有其他寓意等。可以从对方的居住地谈起。如询问对方居住在哪里，是不是本地人，出生地在哪里，进而谈到对方家乡的习俗、自然风光、人文景观、风味特产等。可以从对方的职业谈起。如询问对方的工作是什么，是不是很紧张，在工作中可有什么奇闻趣事，甚至可以谈到目前的就业形势等。可以从对方正在做的事谈起。如从对方手里拿的东西、正在阅读的书籍、正在欣赏的乐曲等谈起对方的兴趣。所有这些，都可以帮我们找到与他人答话的契机。

2. 风趣接话，转移话题

在沟通谈话中善于抓住对方的话题，机智巧答，可以使我们的谈话变得风趣，从而使谈话活跃起来。

在提一些引导性话题的时候，也要注意方法和策略，不要让对方感到难以回答和附和而已。比如："你是不是也觉得你们现在的厂长很能干？"人家要是说赞同的话，他自己的确也有保留意见；要是说不赞同，而你已经认可了，他总不至于在你的面前进行反对吧，何况是说别人的坏话呢？这样的话题，处理得不好，会让自己失去谈话的亲和力，适得其反。再者也不要问些大而空的问题，让人不知从何说起，最好具体点。

3. 抛出自己的观点诱导他人说话

在与人沟通过程中，如果出现冷场现象，可以就时下大家比较关心的问题，先表达自己的观点，然后询问他人对你的观点有何评价。有时也可以特意地装出不懂的样子，并表现出急切想知道的姿态，让他人讲给我们听。如果我们不明白对方通晓的事，往往能激发对方在心理上的优越感，他们也因自己说出的话有人听感到兴致勃勃。当然，我们明明知道的事，有意装着不知道，一旦让对方识破，就会引起他人的反感，因此，与其装得不真诚，倒不如不装。

第7章 说幽默话，做幽默人

幽默感可以提高人的交际能力

幽默是一种魅力，也是一种人格力量。幽默所包含的特性是逗人快乐，所包含的能力是感受和表现有趣的人和事，制造愉悦的气氛。对于个人而言，懂得幽默的人往往比不懂幽默的人更具有吸引力和凝聚力。

人们在生活中需要与人交往，这时幽默就是心灵与心灵之间快乐的天使，拥有幽默就拥有爱和友谊。凡具有幽默感的人，所到之处，皆是一片欢乐和融洽的气氛。在无法避免的冲突中，幽默感不强的人就面临考验，是拍案而起，横眉怒目，还是悲天悯人，大智若愚？幽默家的高明在于即使到了针锋相对之时，也不像平常人那样让心灵被怒火烧得扭曲起来，而是仍然保持相当的平静。在对方已感到别无选择时，幽默家仍然有多种多样的选择。

下面讲这样一个故事：有一个秃头者，当别人称他"理发不用花钱，洗头不用水"时，他当场变了脸，使原本比较轻松的环境变得紧张起来。一位演讲的教授，也是秃头，他在自我介绍时说，"一位朋友称我聪明透顶，我含笑地回答，'你小看我了，我早就聪明绝顶了。'"然后他指了指自己的头说,"我今天演讲的题目是外表美是心灵美的反映"。教授就这样开始了自己的演讲,整个会场充满了活跃的气氛。同样是秃头,同样容易受到别人的揶揄和嘲谑,为什么得到的却是别人不同的反应,其间的缘故就在于是否有幽默感。

钢琴家兼幽默家波奇,有一次在美国密歇根州的福林特城演奏,发现听众不到大半,他当然很失望也很难堪,但是他走向舞台时却说:"福林特这个城市一定很有钱,我看到你们每个人都买了两三个座位的票。"于是整个大厅里充满了欢笑,波奇也以寥寥数语化解了尴尬的场面。

幽默不仅仅反映出一个人随和的个性,还显示了一个人的聪明、智慧以及随机应变的能力。但需要注意的是,幽默既不是毫无意义的插科打诨,也不是没有分寸的卖关子、耍嘴皮。幽默要在入情入理之中,引人发笑,给人启迪,这需要一定的素质和修养。

幽默感可以使生活更加和谐

著名的喜剧大师卓别林曾说:"通过幽默,我们在貌似正常的现象中看不出不正常的现象,在貌似重要的事物中看不出不重要的事物。"在生活中应用幽默,可缓解矛盾,调节情绪,促使心理处于相对平衡状态。

有人形象地说:"有幽默感的语言是一篇诗文,有幽默感的人是一座雕像,有幽默感的家庭是一间旅店,而没有幽默感的社会是不可想象的。所以说社会不能没有幽默。"人们给保加利亚的卡尔洛沃城冠以"笑城"的美称,因为它是讽刺与幽默之乡,这个城市的人们言谈中常有幽默、谐趣之语,因而性格开朗乐观,成了该城居民的普遍品格。

人们生活中常有这样的经历,在会场或课堂上,一席趣语可使笑语满堂,气氛和谐而轻松,增加了接受效果;在友人间的笑谈中,一则笑话,常令人捧腹不止，在笑声中交流和深化了感情；在旅游登山时，一句幽默，引出一阵嘻嘻哈哈，顿使人倦意全消，鼓劲前行。可见，幽默与笑是情同手足的姐妹。上乘的幽默是鼓劲的维生素，是交际的润滑剂，是智慧的推进器。

"不懂得开玩笑的人，是没有希望的人。"这是俄国文学家契诃夫说过的一句话。幽默是一种特殊的情绪表现，它可以淡化人的消极情绪，消除沮丧与痛苦。有幽默感的人，生活充满情趣，许多看来令人痛苦烦恼之事，他们却应付得轻松自如。这是因为他们掌握了幽默这一适应环境的工具，学会了面临困境时减轻精神和心理压力的有效方法。

幽默是成功者的必备素质

有幽默感在过去或许并不重要，但是在现代社会却是对人极高的赞赏，因为它不仅表示受赞美者的随和、可亲，能为严肃凝滞的气氛带来活力，更显示了高度的智慧、自信与适应环境的能力。

幽默像是及时产生的火花，是瞬间的灵感，所以必须有高度的反应与机智，才能说出幽默的语句；那语言可能化解尴尬的场面，也可能在谈笑间有警世的作用，更可能作为不露骨的自卫与反击。这些，都是成功者的必备素质！

幽默是智慧的产物，能反映情绪智力的高低，能促进身心健康。蕴藏着人生哲理、妙趣横生、妙语连珠的幽默，使人思想乐观、心情愉快、意志坚定、消除疲劳、注意力与记忆力集中。

有一天，著名诗人海涅正在伏案创作。突然，有人敲门，原来是仆人送来一件邮包。寄件人是海涅的朋友梅厄先生。海涅因紧张地写作而感到有些疲倦，又因被人打断写作思路而很不高兴。他不耐烦地打开邮包，里面包着层层纸张。他撕了一层又一层，终于拿出一张小小的纸条。小纸条上写着短短的几句话："亲爱的海涅，我健康而又快活！衷心地致以问候。你的梅厄。"尽管海涅感到不耐烦,但是这个玩笑却逗得他十分快乐,疲倦感即刻消失。他调整情绪后,决定对他的朋友也开一个玩笑。几天后,梅厄先生收到了海涅的一个邮包。那邮包重得很,他无法把它拿回家。他雇了一个脚夫帮他扛回家去。到家后,梅厄打开了这令人纳闷的邮包。他惊奇地发现里面是一块大石头。石头上有一张便条,上面写着:"亲爱的梅厄!看了你的信,知道你又健康又快活,我心中的这块石头落地。我把它寄给你,以永远纪念我对你的爱。"

幽默是一个人的学识、才华、智慧、灵感在语言表达中的闪现,是一种"能抓住可笑或诙谐想象的能力",是对社会上的种种不协调、不合理的荒谬现象、偏颇、弊端、矛盾实质的揭示和对某些反常规言行的描述。幽默语言可以使我们内心的紧张和重压释放出来,化作轻松的一笑。在沟通中,幽默语言如同润滑剂,可有效地降低人与人之间的"摩擦系数",化解冲突和矛盾,并能使我们从容地摆脱沟通中可能遇到的困境。

在社交中,谈吐幽默的人往往取胜,没有幽默感的人往往会失败。在交际场合,幽默的语言极易迅速打开交际局面,使气氛轻松、活跃、融洽。在出现意见有分歧的难堪场面时,幽默、诙谐便可成为紧张情境中的缓冲剂,使朋友、同事摆脱窘境或消除敌意。此外,幽默、诙谐的语言还可以用来含蓄地拒绝对方的要求,或进行一种善意的批评。

说话幽默要有力度

第二次世界大战期间,英国首相丘吉尔来到华盛顿会见当时的美国总统罗斯福,要求美国与他们共同抗击德国法西斯,并给予英国物资援助。丘吉尔受到热情接待,被安排在白宫居住。一天早晨,丘吉尔正躺在浴盆里,抽着他那特大号的雪茄烟。门开了,进来的正是罗斯福。丘吉尔大腹便便,肚

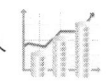

皮露出水面……这两个首脑人物此刻相见，不免有些尴尬。此刻丘吉尔灵机一动，把烟头一扔，说："总统先生，我这个英国首相在您面前，可真是开诚布公，一点隐瞒也没有啊。"说完后，两个人哈哈大笑起来。随后，双方的会谈获得成功。

在这里我们不能说丘吉尔的幽默对会谈的成功起到了巨大的作用，但他那"一点隐瞒也没有"，不仅缓解了当时个人和国家的窘境，而且含有坦诚求助、彼此信任的含义。罗斯福又怎能感受不到呢？

幽默能使人发笑，但却是启人心智的笑，是智慧的闪现。幽默能表达说话者的思想感情和人生态度，能反映出说话者的温和与宽容，是说话者表情达意的一种技巧。

美国第16届总统林肯的长相，使人无法恭维，他自己也不避讳这一点。一次，道格拉斯指责他是两面派。林肯说："现在，请听众来评评看，我如果还有另一副面孔的话，我会戴着现在的这副面孔吗？"结果引起听众大笑，在笑声中显出道格拉斯的荒谬。

幽默的特点是尖锐而刻薄，俏皮而不直露，蕴藏着说话者温厚善良的气度和高超的语言艺术。有人甚至这样区分人的层次：听了别人的话能笑，这个人是正常人；自己能讲笑话让别人笑，此人有幽默感；能够自己拿自己开玩笑，此人有希望成为幽默大师，因为自嘲是幽默的最高品位。

创造幽默最重要的因素是有限的语言，可利用荒谬对比、设置悬念、反转突变、认同认识造成一种包含复杂感情、充满情趣而又耐人寻味的幽默意境。

说话幽默能解决难题

幽默可以使愁眉苦脸者笑逐颜开，也可以使泪水盈眶者破涕为笑；可以为懒惰者带来活力，也可以为勤奋者驱散疲惫；可以为孤僻者增添情趣，也

从零开始**读懂社交学**

可以使欢乐者更愉悦。

生活中没有一个人不喜欢风趣幽默的语言。在中国的传统文艺晚会上，相声小品之所以一直成为最受欢迎的节目之一，就在于它的表现形式离不开幽默。那幽默的语言强烈地感染着观众的心，幽默的话能抓住听者的心，使对方平心静气，也可以使一些深刻的思想表达得更加生动和形象。

汉武帝晚年很希望自己能长生不老。一天他与一个侍臣闲聊："相书上说，一个人鼻子下面的'人中'越长，寿命就越长；'人中'长一寸，能活一百岁。不知是真是假？"

东方朔听了这话，知道皇上又在做长生不老之梦，脸上露出一丝讥讽的笑意。皇上见东方朔似有讥讽之意，喝道："你居然敢笑话我？"

东方朔毕恭毕敬地回答："我怎么敢笑话皇上呢？我是在笑彭祖的脸太难看了。"

汉武帝问："你为什么笑彭祖呢？"

东方朔说："据说彭祖活了八百岁，如果真像皇上所说，'人中'长一寸就活一百岁，彭祖的'人中'就该有八寸长了，那么，他的脸岂不是太难看了吗？"

汉武帝听了，不禁哈哈大笑起来。

在这个故事里，东方朔以幽默的语言，用笑彭祖的办法来设劝皇帝。整个批驳机智含蓄，风趣诙谐，令怒不可遏的皇帝转怒为喜，并且愉快地认输。

这个小故事形象地说明了幽默的本质。由此，我们可以看出幽默具有一种特性，一种引发喜悦、以愉快的方式娱人的特性；幽默感是一种能力，一种了解并表达幽默的能力；幽默是一种艺术，一种运用幽默和幽默感来增进你与他人的关系，并可对自己作真诚的评价的一种艺术。

有一次，美国329家大公司的行政主管人员，参加了一项幽默意见调查。结果表明：97%的企业主管相信，幽默在企业界具有相当的价值；60%的企业主管相信，幽默感决定着人的事业成功的程度。由此可见，幽默对于现代人的重要。

现代人需要幽默语言，如同鱼之于水、树木之于阳光、生活之于盐一样。具有幽默感和幽默力量，是现代人应具备的素质之一。

获取幽默语言的途径有如下几种。

第一，用"趣味思维方式"捕捉生活中的喜剧因素。"趣味思维"是一种"错位思维"，不按照普通人的思路想，而是"岔"到有趣的一面去。

第二，要在瞬息构思上下工夫，掌握必要技巧。幽默风趣是一种"快语艺术"，它突破惯性思维，遵循反常原则，想得快，说得快，触景即发，涉事成趣，出人意料之外，又在情理之中。

如有位将军问一位战士："马克思是哪国人？"战士想了一会儿说："法国人。"将军说："哦，马克思搬家了。"对于这常识性问题都答不出，将军当然不快，但这一"岔"，构成了幽默，其实也包含了对战士的批评教育。

第三，要注意灵活运用修辞手法。极度的夸张、反常的妙喻、顺拈的借代、含蓄的反语，以及对比、拟人、移就、拈连、对偶等都能构成幽默。

第四，要注意搜集素材。我们的生活丰富多彩，提供了许多有趣的素材，这些素材无意识地进入我们记忆仓库的也很多，我们如果做个有心人，就会使自己的语言材料丰富起来。

说话幽默要敢于自嘲

如果你嘲笑的是自己，试问有谁会大力反对？美国社会学家麦克·斯威尔说："在别人嘲笑你之前，先嘲笑你自己。"你不妨把自己当做嘲笑的对象，不但可以消除紧张、焦虑的情绪，更可以提升自我的修养。提到林肯，他在幽默、自嘲的技巧方面，恐怕算是旷古第一人。他常常取笑自己，尤其是他的外貌。有一次，他在森林里悠闲地漫步，遇到了一名正在砍柴的妇人。林肯首先打开话匣子："有时候，我觉得自己好像是一个丑陋的人。""你是我所见过的最丑陋的一个，但是，至少你可以做到待在家里不出门啊！"老妇说。"我没有两张脸，如果有的话，我绝对不会用现在这一张！"一个人要承认自己的缺点实在不是一件容易的事。要知道，人总是有不完美的地方，坦白承认自己的缺点，就能把缺点化为个人独有的特点！

英国作家杰斯塔东是个大胖子，由于"体积"过大，行动往往不太方便。但他也像罗慕洛不以矮为耻，"愿生生世世为矮人"一样，不以胖为耻。有一次他对朋友说："我是个比别人亲切3倍的男人。每当我在公共汽车上让座时，便足以让3位女士坐下。"这轻松愉快的自嘲表现了杰斯塔东高度的自信。

当处于非常窘迫的境地中时，机智地进行自我褒贬而产生的幽默，是摆脱窘境的好方法，也是展示人格魅力的法宝，同时也能给对方一种轻松感，使沟通气氛变得更加和谐，更有利于沟通活动的顺利进行。著名国画大师张大千一次在宴席上向京剧表演艺术家梅兰芳敬酒时说："梅先生，你是君子——动口，我是小人——动手。"在这里，张大千根据自己的工作特点，自嘲地将自己喻为"小人"，顿时活跃了宴会气氛。

说话幽默要出其不意

说出别人想不到的语言，表达别人想不到的含义，这是幽默的宗旨，即所谓的标新立异，出奇制胜，这样往往会使你的语言具有特殊的说服力，达到更好的沟通效果。

一个顾客在酒店喝酒，他喝完第二杯后，转身问老板："你一星期能卖多少桶啤酒？""35桶。"老板得意洋洋地回答说。"那么，"顾客说，"我倒想出一个能使你每星期卖掉70桶啤酒的方法。"老板很惊讶，忙问："什么方法？""这很简单，只要你将每个杯子里的啤酒装满就行了。"这位顾客的本意是指责老板卖的啤酒只有半杯，但他利用老板唯利是图的心理，巧妙地设下一个圈套，让老板不知不觉地钻进去，然后出其不意地指责老板的行为。

事实上，所有的幽默都是以"出其不意"而制胜。否则，就会显得平淡无奇，达不到效果。尽管它多用于揭露弊端、讽刺卑俗与愚蠢，但绝不是锋芒毕露，相反它总是委婉地指出人们的缺点，让人们在笑声里看到自己或他人的丑行或影子，顿悟而悔改。

在一家餐馆里，一位顾客正把饭中的砂石一粒一粒地拣出来摆放在桌子上。服务员见了不好意思地说："净是砂子吧？"顾客笑笑，摇摇头说："不，还有米饭。"这位顾客没有直接批评饭的质量。他抓住服务员说的"净是砂子"做文章，便说"还有米饭"，通过否定的形式来肯定米饭中有很多砂子，就显得非常委婉，这样既表达了自己对米饭中砂子过多的不满，又不至于引起对方的反感。

有一则宣传戒烟的公益广告，上面完全没提到吸烟的害处，相反却列举了吸烟的四大好处：一省布料：因为吸烟的易患肺痨，导致驼背，身体萎缩，所以做衣服就不用那么多布料；二可防贼：抽烟的人常患气管炎，通宵咳嗽不止，贼以为主人未睡，便不敢行窃；三可防蚊：浓烈的烟雾熏得蚊子受不了，只得远远地避开；四永葆青春：不等年老便可去世。

这里说的吸烟的四大好处，实际上是吸烟的害处，却很幽默，让人们从笑声中悟出其真正要说明的道理，即吸烟危害健康。

这就是所谓的正话反说，说出来的话，所表达的意思与字面意思完全相反。如字面上肯定，而意义上否定；或字面上否定，而意义上肯定。这也是产生幽默感的有效方法之一。

说话幽默就是要让棘手变轻松

人人都知道幽默的好处，但是幽默不只是让你的人生变得轻松，更重要的是，它可以改变你看世界的观点！

盖瑞是一个非常幽默的警官，不管遇到什么重大案件，他总能一笑置之，使问题迎刃而解。

就拿某天下午来说吧！有3位女士为了一点小事发生了争执，3个人大吵大闹地来到警察局，你一言，我一语，几乎把警察局的屋顶掀了开来，女人的话匣子一打开，连局长都没有插嘴的份。这时，盖瑞淡淡地说了一句话："请你们当中年纪最大的那一位先说吧！"话才刚说完，房间里顿时鸦雀无声。

盖瑞的聪明才智不仅如此，他还曾经运用幽默顺利抢救了一名企图跳楼的男子。当时情况十分紧急，男子站在52层楼高的窗台，随时都有可能往下一跳。楼下挤满了围观的人，警察、医生和记者全数到齐。依照往例，那名想要自杀的男人总是色厉内荏地喊叫着："别过来！谁要再走近一步，我就跳下去！"

只有盖瑞带了一名医生走上前去，他只说了一句话，那男子便默默地走下楼了。盖瑞说："我不是来劝你的，是这位医生要我来问问你。你死后愿不愿意把尸体捐给医院？"

还有一次，盖瑞无意中看到两个年轻的神父骑着一辆自行车在一条小路上飞驰，身为神职人员怎么可以不遵守交通规则呢？盖瑞急忙下车将他们拦住，问道："你们不觉得这样骑车是很危险的吗？"

神父们理直气壮地说："没关系，天主与我们同在。"

盖瑞听了，笑着说："这样的话，我不应该开你们超速的罚单，而应该罚你们80块美金，因为法律规定，3个人是不能同骑一辆自行车的。"

幽默使人冷静，冷静使人充满机智。

有个弄臣犯了错，皇帝把他推下御花园的水池，再幸灾乐祸地把他拉上来问："怎么样？你在水里有没有见到屈原哪？如果没见到，就再把你推下去！"

"臣见到屈原了！"弄臣一本正经地回答。

皇帝笑了起来，继续问："屈原跟你说了些什么吗？"

"是说了些什么，"弄臣恭敬地说，"屈大人说他没遇上好主子，所以才投了水，我有这么英明的主子，为什么也要投水？"

又是马屁又是求饶，皇帝乐歪了，马上饶了这名弄臣。

越是棘手的事情，越是需要幽默。幽默不只是娱乐自己，同时也是娱乐别人，只要人们可以笑得出来，还会有什么解决不了的大事呢？

幽默是一种魅力，也是一种人格力量。幽默所包含的特性是逗人快乐，所包含的能力是感受和表现有趣的人和事，制造愉悦的气氛。对于个人而言，懂得幽默的人往往比不懂幽默的人更具有吸引力和凝聚力。

在人际交往中，幽默是心灵与心灵之间快乐的天使，拥有幽默就拥有爱和友谊，凡具有幽默感的人，所到之处，皆是一片欢乐和融洽的气氛。在无法避免的冲突中，幽默感不强的人就面临考验。是拍案而起、横眉怒目，还是悲天悯人、大智若愚？幽默家的高明在于即使到了针锋相对之时，也不像通常人那样让心灵被怒火烧得扭曲起来，而是仍然保持相当的平静。在对方已感到别无选择时，幽默家仍然有多种多样的选择。

幽默的三大力量

与世界上所有的力量一样，幽默的力量也不是万能的，可是，幽默的力量对你的生活确有实实在在的帮助。它帮助你以新的眼光看待周围的环境和个人的生活，帮助你正视并恰当地估计和应付那些困扰你的难题，帮助你同他人的关系充满温暖与和谐，帮助你把许多的不可能变为可能。

1. 帮你取得成功

获得工作上的成就和事业上的成功要具备很多条件，但幽默有助于你改善与他人的关系，促使你成功，则是一个不争的事实。

年轻有为的美国福特汽车公司总裁亨利，通过一系列的变革和创新，使每月亏损900万美元的公司一举扭转了被动的局面。有人针对他在改革过程中也做过一些错事而问他，"如果让你从头做起又将如何？"亨利爽朗地答道："我看不会有什么非同寻常的作为，人们都是在错误和失败中学到成功的，因此要我从头再来的话，我只能犯一些不同的错误。"

亨利幽默的语言，显示出他的坦率和诚恳，这也是他事业成功的重要原因之一。

2. 助你排忧解难

幽默，最重要的是帮助我们解除工作中的紧张状态，解决生活中的难题。

在一个大城市的市郊，有一个颇具规模的化工厂。这个厂终年生产一种化学产品，从烟囱里冒出了大量的烟和灰尘，使临近的几家企业饱受烟和灰尘之苦。在一次化工厂加班生产的时候，隔壁一家工厂的厂长半开玩笑地说："他们生产这么忙，如何处理这些烟和灰尘呢？"化工厂的厂长也半开玩笑地说："我们打算将烟筒加高1/2，与此同时，我还将向包装厂定制一个特大的塑料袋，并用直升机把袋子吊到烟囱的上空罩下来。"两位厂长各带幽默的话语，使他们互相取得了谅解，一道哈哈大笑起来，紧张的心情便渐渐地舒展开来了。

3. 替你减轻痛苦

以轻松的态度面对自己，以严肃的态度面对人生。如果反其道行之，我们就有烦恼了。不成熟的个性常常在于视自己为人际交往中的核心，而成熟则伴随着视自己和群体有合适的关系。

第7章 说幽默话，做幽默人

20世纪50年代有一段相声，说的是有一个人患了盲肠炎，医生为其开刀，盲肠被割去了。患者痊愈后，小腹仍时时作痛，经检查，原来是医生把手术剪刀留在里面了，于是重新开刀。事后，病人仍感腹中气胀，经检查，原来是纱布又遗忘在腹中了，遂又开刀。于是，病人对医生说："你还不如在我的肚子上装个拉链更方便！"

要化痛苦为幽默，关键在于进入一种假定的没有生理痛苦的境界。有了这一点，一切不相干的东西就会因一点相关而突然变得一致了。

幽默的四大类型

幽默是人的能力、意志、个性、兴趣的综合体现。它是社交的调料，有了幽默，社交可以让人觉得醇香扑鼻，隽永甜美。它是引力强大的磁石，有了幽默的社交，便会把一颗颗散乱的心吸入它的磁场，让别人脸上绽开欢乐的笑容。它是智慧的火花，是智慧者灵感勃发的光辉；它是高级的逗笑品，幽默不一定会使你捧腹大笑，却能引起莞尔微笑。

就品种而言，幽默和笑一样丰富多彩，它有善意的、冷酷的、友好的、悲伤的、感人的、攻击性的、不动声色的、含沙射影的、不怀好意的、嘲弄的、挑逗的、和风细雨的、天真烂漫的、妙趣横生的，等等，这里不论属揶揄也好，属嘲笑也好，充满同情怜悯也好，纯属荒诞古怪也好，其意趣必须都是从内心涌出，更甚于从头脑涌出的。只有这样，它才以一种生动感、生命感，标志出超卓的心智心力，展开心灵的温暖与光辉。

幽默可以分为以下几种类型，不同的人对幽默有各自的欣赏眼光。

1. 哲理性幽默

对哲学、宗教等方面有嗜好的人会对此反应强烈。他们往往能对自身弱势进行嘲笑。对这类幽默感兴趣的人并不是自虐狂，而是具有一种能坦率地承认并欣赏自己的弱点,并能超越它们的开阔胸怀,是一种令人感到和蔼可亲的谦卑。

请看下面这则妙语:

大学生请一位著名的经济学家给衰退、萧条、恐慌等词下个定义。

"这不难。"专家回答,"'衰退'时人们需要把腰带束紧。'萧条'时就很难买到扎裤子用的皮带。当人们没有裤子时,'恐慌'就开始了。"

2. 荒诞式幽默

这是以一种出乎意料的独特方式摆脱理性而产生的完美的"蠢话"。这种幽默绝不会来自傻瓜的头脑,而是高度智慧的结晶。喜欢这种类型的人理性思维较发达,追求精神的自由奔放。

有一次,英国作家狄更斯正在钓鱼,一个陌生人走到他跟前问:"先生,您钓鱼?"

"是的,"狄更斯毫不迟疑地答,"今天,我钓了半天,没见一条鱼;可是在昨天,也是在这个地方,却钓起了15条鱼!"

"是吗?"陌生人问,"那您知道我是谁吗?我是专门巡检偷偷钓鱼的,这里禁止钓鱼!"

说着,那陌生人从口袋里掏出一本罚单,要记下名字罚狄更斯的款。见此情景,狄更斯忙反问道:"那么,你知道我是谁吗?"

当那陌生人还在惊讶迷惑之际,狄更斯直言不讳地说:"我是作家狄更斯,你不能罚我的款,因为虚构故事是我的职业。"

3. 社会讽刺小品

这是对社会风气、对人性某些灰暗面的嘲讽。酷爱这类小品的人是在以一种半超然半冷漠的态度对待世界。这种幽默的欣赏者往往以一种更开阔的视野,即所谓"上帝的眼光"来看待自己与人类自身,成为自己与人类命运自由而超然的观察者。

1717年,伏尔泰因为讥讽摄政王奥尔良公爵,被囚禁在巴士底狱11个月之久。出狱后，吃够了苦头的哲学家知道此人冒犯不得，便去请求他宽宏大量，不计前嫌。摄政王深知伏尔泰的影响，也急于同他化干戈为玉帛。于是两人都讲了许多恰到好处的道歉之辞。最后伏尔泰再一次表示感谢说："陛下，您真是助人为乐，为我解决了这么长时间的食宿问题，我衷心地再次向您表示感谢。可今后，您就不必再为这件事替我操心啦。"

4. 插科打诨式的"胡言乱语"

这是轻松的自我娱乐。对于那些刚开始体会推理之味、对世事涉足不深的年轻人来说，可能会对此兴趣盎然。

马克·吐温一天在美国里士满城抱怨自己的头痛。当地的一个人却对他说："这可能是你在里士满城吃的食品和呼吸空气的缘故，再也没有比里士满城更卫生的城市了，我们的死亡率现在降低到每天一个人了。"

马克·吐温立即对那人说："请你马上到报馆去一趟，看看今天该死的那个人死了没有？"

幽默形式和品种异彩纷呈，表明人类的幽默艺术经久不衰，生命力旺盛。当我们为它所吸引时，应该看到：一如世上绝大多数事物一样，幽默也有不同品格，有的高贵文雅，启人心智；有的低级庸俗，贻害青年。对发挥幽默力量者而言，理性的判断透视是十分有必要的。

幽默的五大作用

英国哲学家培根曾经说过："善谈者必善幽默。"

幽默风趣的谈吐，无论是在日常生活中，还是在重大的社交场合，都是离不开的。说话的幽默是指我们在谈吐中，利用语言条件，对事物表现诙谐、风趣的情趣。幽默的谈话不仅能吸引听者的注意力，而且还能与听者建立起亲密的关系。要是你的话能使听者情不自禁地笑了起来，就表明听者已完全进入了与你的思想交流之中。所以人们说幽默的谈吐是口才的标志之一。

英国有一位美貌风流的女演员，曾写信向萧伯纳求婚，并表示她不嫌萧伯纳年迈丑陋。她在信里写道："咱们的后代有你的智慧和我的外貌，那一定是十全十美的了。"

萧伯纳给她回了一封信，说她的想象很美妙，"可是，假如生下的孩子外貌像我，而智慧又像你，那又该怎样呢？"

萧伯纳这位大师，把深邃的哲理寓于幽默的谈吐之中。可以这么说，在生活中，谁都喜欢跟那些谈吐幽默、机智风趣的人交谈，而口才好的人，差不多都有这样诙谐的语言，具有极强的幽默感。

英国作家哈兹里特曾把幽默在谈吐中的作用比作炒菜中放的调味品，这是很恰当的。它说明幽默在谈话中是绝不可缺少的。尽管你说的话有许多实在的内容，假如没有幽默，就没有味道，也缺少魅力。虽然幽默能使听者对你说的话感兴趣，但它并非食物，因此很少能从根本上改变听者的态度。所以，我们对幽默的作用，既不要小看，也不宜估计过高。

幽默在谈吐中的作用很多，主要可以分为以下几个方面。

1. 调节气氛，缩短距离

善说者一席幽默的话语，往往既活跃了气氛，又缩短了与听者之间的距离。因此，无数事例可以证明，风趣幽默是说者和听者建立融洽关系的有效途径与手段。

在20世纪50年代的思想改造运动中，曾发生过这样一件事。由于某些基层干部作风粗暴，使一位老教授投河自杀（由于及时发现，被人救了起来）。陈毅知道后，把有关干部叫去狠狠地对他们进行了批评，要他们主动去赔礼道歉。后来，在一次有这位老教授参加的高级知识分子大会上，陈毅说："我说你呀，真是读书一世，糊涂一时，共产党搞思想改造，难道是为了把你们整死吗？我们不过想帮大家卸下包袱，和工农群众一道前进，你为啥偏要和龙王爷打交道，不肯和我陈毅交朋友呢？你要投河也该打个电话给我,咱们再商量商量嘛!当然啦,这件事主要怪基层干部不懂政策,也怪我陈毅教育不够……"

陈毅这一席话,活跃了气氛,增强了语言的亲切感,使其中所含的批评与自我批评显得那么自然得体,易于被人接受。

2. 脱离困难,消除尴尬

幽默的谈吐常常能使局促、尴尬的场面变得轻松和缓,使双方摆脱困境,也消除了尴尬。

美国著名小说家马克·吐温有一次去某小城。临行前,别人告诉他,那里的蚊子特别厉害。到了那个小城,正当他在旅店登记房间时,一只蚊子正好在马克·吐温面前盘旋。那个职员面露尴尬之色,忙驱赶蚊子。

马克·吐温却满不在乎地对职员说:"贵地的蚊子比传说中的不知聪明多少倍。它竟会预先看好我的房间号码,以便夜晚光顾,饱餐一顿。"

大家听了不禁哈哈大笑。结果这一夜马克·吐温睡得十分香甜。原来,旅馆的职员听了马克·吐温的讲话,全体职工一齐出动,想方设法不让这位博得众人喜爱的作家被"聪明的蚊子"叮咬。

3. 揭露缺点,进行批评教育

幽默采用影射、讽刺的手法,机智、灵活、巧妙地揭露他人的缺点,善意地进行批评,使人难以发怒,在笑声中接受教育。

一次,伟大的生物学家达尔文被邀赴宴。宴会上,他恰好和一位年轻美貌的女士并排坐在一起。

"达尔文先生",坐在旁边的美人带着戏谑的口吻向科学家提出疑问,"听说你断言,人类是由猴子变来的,我也属于您的论断之列吗?"

"那当然!"达尔文彬彬有礼地答道。

"我像猴子吗?"美人带点嘲弄地说。

"不过,您不是由普通的猴子变来的,而是由长得非常漂亮的猴子变来的。"

在这里，达尔文机智、巧妙地揭露了这位美貌夫人的无知和自命不凡，善意地对他进行了批评。

4. 评判是非，领悟哲理

幽默在说话中将人的智慧和语言技巧巧妙地结合起来，揭示出事物的深刻含义，富有哲理，含不尽之意于言外，使人在含笑中评判是非，领悟哲理，增长智慧。

一位年轻的画家拜访德国著名的画家阿道夫·门采尔，向他诉苦说："我真不明白，为什么我画一幅画只用一会儿工夫，可卖出去却要花整整1年。"

"请倒过来试试吧，亲爱的。"门采尔认真地说，"要是你花1年的工夫去画它，那么只用一天，就准能卖掉它。"

门采尔的幽默话语，的确含不尽之意于言外，使人在含笑中评判是非，增长智慧。

5. 宽松精神，感受美感

有人说："没有幽默的语言是一篇公文，没有幽默感的人是一尊塑像。"这话是很有见地的。当今社会高效率、快节奏、信息量大，这样必然会使人的大脑容易产生疲劳。如果我们的生活多点笑声，多点幽默，就会消除人们的烦躁心理，保持情绪的平衡。说话，在某种程度上，具有一定的娱乐性。它不应该让人感到紧张、费力，而应给人一种舒适轻松之感。

有个大财主定了个规矩：庄稼人遇到他，都得敬礼，否则便要挨鞭子。

一天，阿凡提经过这里，碰上了大财主。

"你为什么不向我敬礼，穷小子！"大财主怒不可遏。

"我为什么要向你敬礼？"

"我最有钱。有钱就有势，穷小子，你得向我敬礼，否则我就抽你。"

阿凡提站着不动。

围观的人越来越多，大财主有点心虚，便压低声对阿凡提说："这样吧，我口袋里有100块钱。我给你50块，你就向我敬个礼吧！"

阿凡提慢慢悠悠地把钱装进兜里，说："现在你有50块钱，我也有50块钱，凭什么非要向你行礼不可呢？"

周围的人大笑起来，大财主又气又急，一下子把剩下的50块钱也抽了出来："听着，如果你听我的，那我就把这50块钱也送给你！"

阿凡提又把这50块钱收下，接着严肃地说："好吧，现在我有100块钱，你却一分钱也没有了。有钱就有势，向我敬礼吧！"

大财主目瞪口呆。

阿凡提的故事虽然带有寓言的色彩，但他的话语的确逗人，给人以美的享受。

第8章　一切从赞美开始

人人希望获得别人的赞美

每个人都喜欢受到别人的赞美。即使是一句简单的赞美之词，也可使人振奋和鼓舞，使人得到自信和不断进取的力量。

一般人身上，都有着使人难以察觉的闪光点，而这些正是个人价值的生动体现。一个伟大的领导者，往往独具慧眼，且大多是赞颂别人的专家。

既然赞扬是人际交往的润滑剂，我们就要在和周围人相处的过程中，毫不吝啬地赞扬别人，使赞许动机获得广大而神奇的效用。

古时有一个说客，当众夸口说："小人虽不才，但极能奉承。平生有一愿，要将1 000顶高帽子戴给我最先遇到的1 000个人，现在已送出了999顶，只剩下最后一顶了。"

有个长者听后摇头说道："我偏不信，你那最后一项用什么方法也戴不到我的头上。"说客一听，忙拱手道："先生说的极是，不才从南到北，闯了大半辈子，但像先生这样秉性刚直、不喜奉承的人，委实没有！"

长者顿时手抚胡须，洋洋自得地说："你真算得上是了解我的人啊！"

听了这话,那位说客立即哈哈大笑:"恭喜恭喜,我这最后一顶帽子刚刚送给先生你了。"

这只是一则笑话,但它却有深刻的寓意。其中除了那位说客的机智外,更包含了人们无法拒绝赞美之辞的道理。

人人都喜欢被赞美。美国著名社会活动家曾推出一条原则:"给人一个好名声。"如果你能以诚挚的敬意和真心实意的赞扬满足他人的自我,那么他人可能会变得更令人愉快、更通情达理、更乐于协力合作。

顺情说好话,耿直讨人嫌

人们常对顺情说好话的人不耻,认为顺情说好话的人不真实,很虚伪。其实不然,有谁不愿听顺耳的话?为什么不能说让人感觉舒服的话?

大多数人都喜欢听好话,希望受到别人的赞赏,这是人之常情。但对为人处世的人,即使觉得某人干得不好,也不会直言相对。

而有的人过于感情用事,容易不在乎对方的情感,往往会在表达中带有伤害情感语言。

比如"你为什么不给我回电话?""为什么不跟我妈打招呼?"这样的话让对方下不来台;

"你累了?怎么有气无力的?""你不满意了?怎么脸拉得这样长?"对方已经不高兴了,这样说会更不高兴;

"你那真难看!""谁像你那样小气?"这样的直爽会让人受不了;

"你是不是病了?""你那病好了吗?"有病的人往往怕人家说自己有病,也怕人家提自己的病,尤其是有些难言之隐的病。

要记住"顺情说好话,耿直讨人嫌。"中国有句古话叫"不看你说的是什么,只看你是怎么说的"。也就是说,不同的人有不同的说法,不同的说法有不同的效果。与人交流时，不要以为内心真诚便可以不拘言语，我们还要学会委婉、艺术地表达自己的想法。一句话到底应该怎么说，其实很简单，你只要设身处地从他人的角度想想就明白了。

背后说好话，远比当面恭维好

《红楼梦》中有这么一段描写：史湘云、薛宝钗劝贾宝玉做官为宦，贾宝玉大为反感，对着史湘云和袭人赞美林黛玉说："林姑娘从来没有说过这些混账话！要是她说这些混账话，我早和她生分了。"

凑巧这时黛玉正来到窗外，无意中听见贾宝玉说自己的好话，"不觉又惊又喜，又悲又叹"。结果宝黛两人互诉肺腑，感情大增。

倘若宝玉当着黛玉的面说这番话，好猜疑、使小性子的林黛玉可能就认为宝玉是在打趣她或想讨好她。

背后说别人的好话，远比当面恭维别人说好话，效果要明显好得多。我们在背后说他人的好话，是很容易传到对方耳朵里去的。

我们当面说人家的好话，对方会以为我们是在奉承他，讨好他。当我们的好话是在背后说时，别人会认为我们是出于真诚的，是真心说他的好话，人家才会领情，并感激我们。

有一位职员与同事们闲谈时，随意说了上司几句好话："赵总这人真不错，处事比较公正，对我的帮助很大，能够为这样的人做事，真是一种幸运。"这几句话很快就传到了赵总的耳朵里，赵总心里不由得有些欣慰和感激。而那位职员的形象，也在赵总心里上升了。

我们在背后说别人好话时，会被人认为是发自内心、不带私人动机的。其好处除了能给更多的人以榜样的激励作用外，还能使被说者在听到别人"传播"过来的好话后，更感到这种赞扬的真诚，从而在荣誉感获得满足

时，还增强了上进心和对说好话者的信任感。

赞美，支持男人的强心剂

男人喜欢听到他人对自己的肯定和赞美，因为这会让他们有一种价值感，并由此充满自信。可以说，恰到好处的赞美是打在男人身上的一剂强心剂。究竟赞美一个男人可以从哪几方面入手呢？

1. 赞美他是成功的男人

男人非常在乎自己在别人心目中的形象，任何人对他工作作出评价都会让他反应敏感。因此，无论男人从事的是怎样的工作，他都希望别人能认同。

正因为男人期待别人对他事业成就的关注和认可，所以那种用在任何人身上都可以的泛泛溢美之词，如"你很有能力或魅力"之类，只能让他感觉你是在敷衍，最恰当的方式是对他的一些个人成功特色进行赞美。

2. 赞美他是一位绅士

男人其实很在乎别人对自己举止的评价。

曾经有一位女友说起他和男友分手的原因，只因为她在一次朋友聚会上调侃了男友的局促，就大大伤了对方的自尊心，扔了句："既然你认为我没风度，那么分开好了。"

赞美男人的聪明之道，也是拿他和别的男人比较，表现出你的欣赏。

3. 赞美他有型

许多男性承认，他们在关注女人闭月羞花之貌的同时，也希望自己貌比潘安。但是同样因为社会角色定位，男人特别害怕女人把他们当做绣花枕头，因而他们对女人对他们外在形象的夸赞是特别敏感的，让女人兴奋的"你长得真漂亮"之类的话，会让男人觉得特别不舒服，这里透着一种嘲讽，好像说："你有些娘娘腔，你怎么像女人一样爱打扮。"

所以说，要真的想对男人表达你对他外形的欣赏，还须审时度势。但你可以对他的某个部位作出较高的评价，如：你的鼻子好有个性等。

赞美，取悦女人的好方法

人们都说女人是用耳朵来生活的，赞美是女人生命中的阳光。许多女人都会对自己的缺憾有所了解，但她们却不十分了解自己的最动人之处，只要你能慧眼独具，赞美得体，你一定会博得她的赏识与青睐。究竟赞美一个女人可以从哪几方面入手呢？

1. 赞美她的身材和脸蛋

女人都很在乎自己的身材和脸蛋。对于身材偏瘦的人你可以赞美她苗条，对于身材偏胖者，你可以赞美她丰满；对于容貌绝佳的女性，你当然可以说出你的赞美。但是对于一个明显较丑较胖的女性，如果你虚假地夸赞她的好看苗条，她会认为你在讥讽她，而引起她的反感。你最好是去发掘她的气质、能力或性格。

2. 赞美她有修养和学识

有许多女人，虽然长得漂亮，但是缺乏修养和学识，没有内涵，稍一相处，便会让人感到俗不可耐。因而，花瓶式的女人虽然可赢得一时的赞美，却不能使男人长久地爱慕，更无法获得男士的尊敬，而一种好的气质，却可以使一位非常普通的女人变得十分迷人，令人心驰神往。所以，赞美一个女人，不妨从她的修养气质入手。

3. 赞美她的温柔与贤惠

温柔贤惠，是女人征服男人的技巧与本能，它使男性感到温暖。温柔贤惠体现了女人对男人的价值。当一位女孩及时为你端上一杯水，或说出一句抚慰人心的话时，一定不要忘了说句："你真是贤惠呀！"

4. 赞美她日常生活中的能力

可以对女人做饭、裁剪、整理家事等适当加以赞美，例如："你烧菜的手艺不赖呀，可以称得上是地道的川味了。""你的房间布置得很别致，可以看出你的审美水平很高。"等，这样听者会感到很实际，没有油腔滑调的感觉。

稍微细心的人都会发现，赞美是取悦女人简单而又是最有效的方法。男人的赞美会使女人感到安全，获得心理上的满足，所以她们对那些称赞过自己的男士印象最为深刻。

赞美如煲汤，火候很重要

赞美别人时如不审时度势，不掌握一定的技巧，即使你是真诚的，也会将好事变为坏事。就像你本来用很昂贵的原料煲了一锅汤，但是如果火候掌握得不好，那么再好的原材料也不会煲出味道鲜美的汤。只有火候掌握得好，赞美才会散发出最浓郁的香味。

特别是在赞美上级的时候，更需要掌握赞美的火候。我们赞美身边的普通人，即使话语不得体也没有太大的关系，别人也不会把你怎么样。但是当我们赞美上级的时候，如果火候拿捏得不好，那么后果可能就会很严重了，也许你一辈子都会郁郁不得志；如果赞美得恰如其分，说不定就会使你加官晋爵。

一次，在镇压太平军的行营中，曾国藩用完晚饭后与几位幕僚闲谈，评论当今英雄。他说："彭玉麟、李鸿章都是大才，为我所不及。我可自许者，只是生平不好谀耳。"

一个幕僚说："各有所长：彭公威猛，人不敢欺；李公精敏，人不能欺。"说到这里，他说不下去了。曾国藩问："你们以为怎么样？"

众人皆低首沉思，忽然走出一个管抄写的后生来，插话道："曾帅仁德，人不忍欺。"人人听了齐拍手。

曾国藩十分得意地说："不敢当，不敢当。"后生告退后曾氏问："此是何人？"幕僚告诉他："此人是扬州人，入过学，秀才，家贫，为事还谨慎。"

曾国藩听后就说："此人有大才，不可埋没。"不久，曾国藩升任两江总督，就派这位后生去扬州任盐运使了。

赞美别人，掌握尺度是最关键的。

所以，赞美就像煲汤，火候很重要。在你开口赞美别人的时候，一定要遵循以下法则。

1. 真心诚意地赞美

每个人都珍视真心诚意，它是人际交往中最重要的原则。英国专门研究社会关系的卡斯利博士曾说过："大多数人选择朋友都是以对方是否真诚而决定的。"

2. 讲究场合，合乎时宜

赞美的效果在于相机行事、适可而止。当别人计划做一件有意义的事时，开头的赞扬能激励他下决心作出成绩，中间的赞扬有益于对方再接再厉，结尾的赞扬则可以肯定成绩，指出进一步的努力方向，而达到"赞扬一个，激励一批"的效果。

3. 具有特点

人的素质有高低之分，年龄有长幼之别，因人而异、突出个性、有特点的赞美比一般化的赞美能收到更好的效果。

4. 赞美一个人的行为或贡献比赞美他本人好

当你赞美一个人的行为或贡献时，你的赞许更显得真诚，而且，如果别人知道他的确值得被赞美，会获得最好的效果。赞美行为比赞美本人更可以避免功利主义或偏见。

5. 翔实具体

在日常生活中，人们有非常显著成绩的时候并不多见。因此，交往应从具体的事件入手，善于发现别人哪怕是最微小的长处，并不失时机地予以赞美。赞美用语愈翔实具体，说明你对对方愈了解，对他的长处和成绩愈看重。

世间没有绝对的对错好坏，凡事能够把分寸拿捏得好，就是一种智慧。在夸赞别人这个问题上同样存在分寸拿捏不同、后果也不同的现象。如果赞美得当，那就是一种美德，但是不得当的赞美成为阿谀，难免遭人轻视。所以，把握赞美的分寸十分重要。

赞美能赢得友谊。赞美如花香，芬芳而怡人，能以赞美之言予人者，必得人缘，所以和人相处，最重要的就是赞美。基督教唱赞美诗，佛教唱炉香赞，说明神、佛也要人赞美，何况一般人呢？尤其当一个人灰心的时候，一句鼓励的话，能令他绝处逢生；当别人失望的时候，一句赞美的话，能使他重见光明。要想获得友谊，诚心地赞美别人，必定能如愿。

做人要"日行一善"，其实日行一善并不难，赞美别人也是一善。但赞美不同于阿谀，阿谀是一种虚伪的奉承，所谓"好阿谀则是非之心起"，所以做人宁容谏诤之友，勿交阿谀之人，被人批评不可怕，受人阿谀才可畏。有的人赞美不当，成了逢迎拍马、阿谀奉承，也会受人轻视，因此做人不要阿谀谄媚，也要避免不当的赞美。

赞美和阿谀最大的区别在于出发点的不同。赞美一般是符合客观实际情况的，而阿谀往往是夸大其词。在日常交际中，要多一些真心诚意的赞美，少一些阿谀，这样最终会给你带来好名声。

赞美对方不易人知的优点

就算再差劲的人,也会有一两处值得赞美的优点。例如一个人或许没有什么优点,但玩台球的技术却很高明,或者酒量非常好,这些都可以加以利用。

虽然有的人很在意自己的这些小优点,也有的人根本就不在意。但无论如何,别人赞美他,一定会使他感到高兴。

事实上,有时锦上添花式的赞美,引不起对方太大的喜悦。例如,对一位已被公认是很漂亮的女孩子说"你真漂亮",由于她平时已被夸赞惯了,所以很难让她觉得兴奋。相反,若能找出对方较不易为人所知的优点,则往往可以使对方感到意外的喜悦,甚至带来意想不到的结果。

有一家商店生意非常兴隆,原因就在于他们店里的每一位店员都不断地与购物的人聊天。他们除了会向客人打招呼之外,还不断地找客人的优点来夸赞。例如他们会向一位太太表示,"你这件洋装很漂亮",然后向另一位太太表示,"你的发型很好看"。他们虽然不断地赞美别人,但却是按每一个客人的不同的个性,选择适当的赞美词。

因此很自然地,这些客人在潜意识中,就会产生到这家商店购物就可以受到赞美的心理,而越来越喜欢到这家商店。

如果我们每次见面都被人夸赞,自然而然地会想再见到这位赞美我们的人,这是任何人都会有的心理。因此,每次见面都找出对方的一个优点来赞美,可以很快地拉近彼此间的距离,起到意想不到的效果。

一间小小的理发室有两个师傅负责设计发型,一个小学徒专门洗头。老实说,很多人都同情那个瘦小的学徒,看得出她很想学发型设计,但由于工作繁杂,加上两位师傅态度冷淡,她只能默默地在肥皂泡沫中消磨她可怜的青春。

第8章 一切从赞美开始

有一天,机会来了。新年前的一个月,两个师傅要求加薪不遂,一起辞职,一时请不到人,老板除了亲自上阵外,还给小学徒进行"速成训练",另外再请个小工负责洗头。

来理发的人把这一切看在眼里,一日,踏入店内,特地指定小学徒来吹饰头发。小学徒受宠若惊,拿着吹风机的手在微微发抖。卷吹梳弄一小时后,朝镜一望,哎呀,那发型硬邦邦的,好似戴了一顶不合时宜的帽子,小学徒侍立一旁,眼巴巴地望着来理发的人。来理发的人却露了个笑容,说:"梳得真不错呀,谢谢你!"

这个"善意的谎言"给这位少女带来了自信心。再去时,来理发的人依然指定由她吹饰,小学徒脸上有笑,双手不抖,卷弄梳理,极有韵致。照向镜子时,来理发的人不由得真心实意地说道:"你梳得实在很好哩。"

小学徒脸若鲜花,灿然生辉。

虽然只是一句话,可在被赞美者的心里却形成了一种很大的力量,她会重新鼓起自己生活的勇气,她会因为这句赞美之词变得更加自信、完美和坚强。给予他人赞美吧,虽然这是多么的微不足道。

有一位朋友,一向习惯在别人名片背后,密密麻麻地写上一大堆资料。起初有人以为他是为了便于了解对方,才故意记录的。当时别人只认为这种做法很不错,直到后来才发觉他的真正用意,比别人想象的还高明,使人更加佩服。

原来他所写的资料,并不是对方的年龄、籍贯等,而是记载自己如果下次再与他碰面时,必须做些什么?其中他最重视的,是对方的兴趣。他会刻意收集与对方兴趣有关的所有资料,并于下次见面时将这些资料、情报当作"礼物"馈赠。

例如,对方的兴趣是钓鱼,他就会收集有关钓鱼这方面的资料,并于下次见面时与他大谈钓鱼之道。当对方一听到他对钓鱼如此了解,会产生"同好"而感觉倍加亲切。

或许有人会认为如此太过于功利主义，但事实上却不尽然。收集各种资料，不但下次见面可以有共同的话题，对于自己知识领域的充实也是有利无害的，并且以长远眼光来看，这将是一项非常有用的自我表现方法。

赞美无须刻意修饰

一位年轻母亲曾讲过一个令人心痛的故事：她的孩子常常因做错事而受到她的责备。但是，有一天，孩子一点错事都没有做。到了晚上，她把孩子放在床上，盖好被子，只见孩子正把头埋在枕头上，在抽泣中问道："难道今天我没有做一个好孩子吗？"

"这一问就像电一样触动着我的全身，"年轻的母亲说，"当孩子做了错事时，我总不放过纠正她，但当她极力往好处做时我却没有注意到，我把她放在床上时，连一句表扬鼓励的话都没有。"年轻的母亲懊悔不已，从那以后她开始学会赞美她的孩子了。

请不要吝惜你的赞美吧，给予你爱的人毫无修饰的赞美吧，你会发现他们比从前更爱你。正所谓"送人玫瑰，手留余香"。

一个自知面貌平庸的少女坠入情网之后，她的情郎反复在她耳畔低语："你那深邃的眸子，散发出如梦如幻的光彩，真是迷人极了。"她一定会容光焕发，自信自己拥有一对足以倾倒众生的明眸，美也当然会眷顾于她。

赞美无须刻意修饰，只要源于生活，发自内心，真情流露，就会收到赞美之效。但要更好地发挥赞美的效果，也需要注意以下几个要点。

1. 实事求是，措辞恰当

当你准备赞美时，首先要掂量一下，这种赞美，对方听了是否相信，第三者听了是否不以为然，一旦出现异议，你有无足够的理由证明自己的赞美是有根据的。

一位老师赞美学生们："你们都是好孩子，活泼、可爱、学习认真，做你们的老师，我很高兴。"这话很有分寸，使学生们既努力学习，又不会骄傲。但如果这位老师说："你们都很聪明，将来会大有出息，比其他班的同学强多了。"效果就大不一样了。

2. 赞美要具体、深入、细致

抽象的东西往往不具体，难以给人留下深刻印象。如果称赞一个初次见面的人"你给我们的感觉真好"，那么这句话一点作用都没有，说完便过去了，不能给人留下任何印象。但是，倘若你称赞一个好推销员："小王这个人为人办事的原则和态度非常难得，无论给他多少货，只要他肯接，就绝对不用你费心。"那么由于你挖掘了对方不太显明的优点，给予赞扬，增加了对方的价值感，因此赞美起的作用会很大。

3. 热情洋溢

漫不经心地对对方说上一千句赞扬的话，等于白说。缺乏热情的空洞的称赞，不能使对方高兴，有时还可能由于你的敷衍而引起对方的反感和不满。

4. 赞美多用于鼓励

鼓励能让人树立起自信心。自信是成功的一半，用赞美来鼓励对方，能达到事半功倍的效果，尤其在"第一次"。任何人干任何事情，都有第一次的时候，如果对方第一次干得不好，你应该真诚地赞美一番："第一次有这样的表现已经很不容易了！"别人会因为你的赞美而树立信心，下次自然会做得更好。

5. 借用第三者的口吻赞美他人

赞美随时随地都能听见，面对面或直接地赞美对方，总有点恭维奉承之嫌。若换个角度，换种说法，也许就好多了。以"第三者"的口吻来赞美对方，说："难怪某某一直说你很不错，今日一见……"可想而知，对方一定很高兴。因此，当面赞扬一个人，有时会令人感到虚假，怀疑你是否出于真心，而间接地在背后赞美对方，会使对方感到你对他的赞扬是真诚的。

6. 赞美要注意适度

过度的赞美，空洞的奉承，都会令对方感到难以接受，甚至感到肉麻、讨厌，结果适得其反。只有适度的赞美才会令对方感到欣慰。适度因人、因时、因事、因地而异，需要不断摸索积累，逐步掌握。

即使奉承也要坦诚得体

人总是喜欢别人奉承的。有时，即使明知对方讲的是奉承话，心中还是免不了会沾沾自喜，这是人性的弱点。一个人受到别人夸赞，绝不会觉得厌恶，除非对方说得太离谱了。

在这个社会上，会说奉承话的人，似乎比较吃香。当一个人听到别人的奉承话时，心中总是非常高兴，脸上堆满笑容，口里连说："哪里，我没那么好。""你真是很会讲话！"即使事后冷静地回想，明知对方所讲的是奉承话，却还是抹不去心中的那份喜悦。因此，说奉承话是与人交际所必备的技巧，奉承话说得得体，会使你更讨人喜欢，而且有利于达成你的既定目标。

方明有件棘手的工作，无法独立完成。他想找李春帮忙，因为李春在这方面颇有研究。可是怎么开口呢？

方明找到李春说："小李，我这有个计划，自己实在搞定不了，帮个忙吧？"

李春面露难色："我这段时间也挺忙，你还是看看别人有空没有，比如老郑？"

方明说："小李，这个计划没你帮助，确实是不行啊。"李春见方明态度诚恳，为了不负自己的好名声，就答应了方明的请求，帮他完成了工作计划。

我们在求人办事时，要把对方抬高一点，再高一点。办完事之后，千万不要忘记答谢，否则以后就不会再有人愿意帮你的忙了。

奉承别人首要的条件，是要有一份诚挚认真的态度。言词会反映一个人的心理，因而有口无心，或是轻率的说话态度，很容易被对方识破，而产生不快的感觉。奉承别人时也不可讲出与事实相差十万八千里的话。

例如，你看到一位表情呆滞的孩子，却对他的母亲说："你的小孩看起来很聪明！"对方的感受会如何呢？本来是奉承话，却变成很大的讽刺，收到了相反的效果。若你说："哦！你的小孩子好像很健康。"效果就会好些。

所以，奉承别人要坦诚，这样，你所说的奉承话，会成为真正夸赞别人的话，对方听在耳中，感受自然和听一般奉承话不同。

赞美也要因时而异

即使是因为相同的事由，我们也不应该用同样的方式来称赞所有的人。不要去找任何时间、场合下对任何人都适用的"赞美万金油"，它不存在。避免给对方留下"这个人对谁都讲那么一套"的坏印象。

在聚会中，你千万不要搬出不久前刚称赞过其中某一位的话，再次恭维其他人。还是仔细想一想，每位同伴与其他人相比，到底有什么突出之处，这样就能因人制宜，恰到好处地赞美别人。

一位姑娘在周末闲得无聊，便去参加一个舞会以排遣寂寞，但由于当时她脸上长了许多青春痘，有点自卑，不敢与人接触，便躲在一个角落里，以致舞会过半也没人来邀请她。

这一切都被一位细心的男士看在眼里，便走过来以一个礼貌的邀请动作请这位姑娘"赏光"，姑娘自然是又惊又喜。

更令她感动的是，当一曲终了，男士又夸了她一句：

"你的舞跳得不错嘛，干吗躲在一边让人不敢请？"

片言只语，两人熟了起来。

其实，每个人都可以利用这样的场合认识别人、开创友谊，只要你有意与别人交往，善于打开别人的心扉，就会收到意想不到的效果。

因时而异的赞美不仅可以使人与人更融洽地相处，而且可以使原本意志消沉的人重新振作，更有一番作为。

楚汉战争的结果是刘邦打败了项羽，刘邦心里自然很骄傲，常常问他的大臣们自己为什么能打败项羽之类的问题。大臣们都非常了解刘邦"胜者为王"的心理，于是都对他的才能赞叹不已。刘邦逐渐产生了自满情绪，执政的积极性慢慢懈怠下来。

一次，刘邦生病后整日躺在宫中，下令不见任何人，不理朝政。许多跟随他征战多年的元勋也都找不到劝说的办法。

大将樊哙想出了个办法，闯进宫中进谏，他掷地有声地先对刘邦的过去进行了一番赞美："想当初，陛下和我们起兵沛县定天下之时，何等英雄？上下团结，同甘共苦，打败了项羽，建立了汉朝社稷大业。"

几句话激起了刘邦对自己辉煌历史的自豪之情，然后樊哙话锋一转："现在天下初定，百废待兴，陛下竟这般精神颓废，大臣们都为陛下生病惶恐不安，陛下却不见大臣，不理朝政，而独与太监亲近，难道就不记得赵高祸国的教训吗？"

樊哙一席肺腑之言终于震醒了刘邦。以后，刘邦专心朝政，休养生息，汉朝一片兴旺发达景象。

在这里，樊哙先是称赞了刘邦征战时的辉煌战绩和勤政作风，然后又巧妙地批评了现在刘邦的颓废和懈怠，赞扬与批评相结合。他正是通过称赞刘邦引以为荣的历史进行劝谏，终于达到了说服刘邦勤政的目的。

可见适时恰当地赞美胜过其他一切优美的语言。

赞美也要因人而异

赞美别人,不单单就是花言巧语、甜言蜜语,重要的是根据对方的文化修养、个性性格、心理需求、所处背景、角色关系、语言习惯乃至职业特点、性别年龄、个人经历等不同因素,恰如其分地赞美对方。

1889年,清廷任命张之洞为湖北总督。新任伊始,适逢新春佳节,抚军谭继洵为了讨好张之洞,设宴招待张之洞,不料席间谭继洵与张之洞因长江的宽度争论不休。谭继洵说五里三,张之洞认为是七里三,两人各持己见,互不相让。眼见气氛紧张,席间谁也不敢出来相劝。这时列末座的江夏知事陈树屏说:"水涨七里三,水落五里三,制台、中丞说得都对。"这句话给两人解了围,都抚掌大笑,并赏了陈树屏20锭大银。

陈树屏巧妙且得体的言词,既解了围,又使双方都有面子。这种赞赏就充分考虑了听者的心理和当时的境况。

因人而异地赞美不仅适用于官场,同样也适用于现在的商海。

某市文化公司要建造一座影剧院。这一天,公司王经理正在办公,家具公司的李经理找上门来推销座椅。

"哟!好气派。我从未见过这样漂亮的办公室,如果我有一间这样的办公室,我这一生的心愿就满足了。"李经理这样开始了他的谈话。他用手摸了摸办公椅的扶手:"这不是香山红木吗?难得一寻的上等木料哇!"

"是吗?"王经理的自豪油然而生。他说:"整个办公室是请深圳的装潢厂家装修的。"说罢,不无炫耀地带着李经理参观了整个办公室,兴致勃勃地介绍设计比例、装修材料、色彩调配,兴奋之情,溢于言表。

不用说,李经理顺利地拿到了王经理签字的座椅订购合同。他得到了满足,他也给了王经理一种满足。

世人都喜恭维，但恭维应根据每个人的特点，用不同的方式，说不同内容的恭维话。对于商人，如果你说他才能出众，头脑聪明，手腕灵活，生财有道，现在满脸红光，必定马上要发大财，他听了一定高兴。李经理就是抓住了这商人的这种心理才顺利地签订了合同。

赞美话要因人而异，必须考虑以下几点因素。

1. 听话者的文化知识水平

文化知识水平不同，对说话的接受能力是不同的。比如要表述对社会嫉贤妒能现象的认识，听者为知识分子，可说"木秀于林，风必摧之；堆高于岸，流必湍之；行高于众，人必非之"。但这话就不能再照搬讲给文化水平不高的听众，而可以说"枪打出头鸟""出头的椽子先烂"这样的俗语，对方会更容易接受，讲话才会有效果。

2. 听话者的个性性格

对方性格外向，透明度高，可以多赞美他，他会很自然地接受；如果对方比较内向、敏感、较严肃，你过多地赞美他，会使其认为你很轻浮、浅薄。因此，在赞扬对方时要注意这一点。

3. 听话者的心理特点和情感需求

交谈双方各有欲望，要迎合对方的需求讲赞美的话。一个不喜欢淑女型，个性鲜明，男孩子气十足的女子，你夸她如果长发披肩，长裙摇曳，定会婀娜多姿，美丽迷人，她也许不会感激你，还有可能骂你多管闲事。如果了解她的心理，夸她短发看起来又精神又有活力，她一定会开心。

19世纪的维也纳，上层妇女喜欢戴一种筒高檐宽的帽子。她们进剧院看戏，仍然戴着帽子，挡住了后排人的视线，对剧院要求女客脱帽的规定她们不予理睬。剧院经理一日灵机一动，在台上说："女士们请注意，本剧院要求观众一般都要脱帽看戏，但是，年老一些的女士——请听清楚——年老一些的女士，可以不必脱帽。"此话一出，全场的女性全部自觉把帽子脱了下来：谁愿意承认自己年老呀？

这位聪明的经理正是利用了妇女们爱美爱年轻的心理特点和感情需求，使原先头痛的问题迎刃而解。

4. 听话者的性别特征

与不同性别的人讲话，应选择不同的方式。对体胖的女子，你说她又矮又胖，一定会令人反感；但你夸她一点不胖，只是丰满，她会得到几分心理安慰，不会因为自己胖而自卑。对同样体型的男子，你说他矮胖子，他也许会置之一笑。

5. 听话者的年龄特征

你若想打听对方的年龄，不同年龄要采取不同问法。对小孩子可以直接问："今年几岁了？"对老年人则要说："今年高寿？"

对年龄相近的异性不可直接问，要试探着说："你好像没我大？"

对年纪稍大的女性，年龄更是个"雷区"，问得不好讨人厌。一个40岁的中年女子，你开口道："快50了吧？"对方一定气愤不已，你小心地问："30出头了吧？"她一定会心花怒放，笑逐颜开。

6. 听话者的心境特征

俗话说：入门休问枯荣事，观看容颜便得知。在夸赞别人时，要学会察言观色。一个为事业废寝忘食的年轻人，便可以称他"以事业为重，有上进心"；一个因为债务焦头烂额，心绪不宁的企业家，你夸他"事业有成，春风得意"，对方也许会认为你是在讲"风凉话"，这种赞美便会起到适得其反的效果。

除了以上因素，还要考虑不同职业、不同宗教信仰等因素。正如列宁所说："对马车夫讲话应该不同于水手，对水手应该不同于对排字工讲话。"

还要注意的是，不要突然大肆赞美。你对别人的赞美应该是和你们眼下谈的话题有所联系的，请留意你在何时用什么事当作引子开始称赞对方。对方提及的一个话题、他讲述的一个经历，或是他所列举的某个数字，或是他向你解释的一种原因，都可以用来当作引子。

要是他没有给你这样的机会,你就自己"谱"一段适合的"赞赏前奏",不致使对方感觉到这个赞扬来得太突然。不妨用一句谦恭有礼的话来开头:

"恕我冒昧,我想告诉您……"

"我常常在想,我是不是可以说说我对您的一些看法……"

这种"前奏"还有两个功用:一是唤起听话者的注意力,二是使你的称赞显得更加诚恳亲切。

不要给赞赏打折扣

称赞他人的时候,请不要提及会让赞赏打折扣的旁枝末节。请紧紧围绕赞赏这一主旨,主要谈论对方的成绩。记住,永远别忘记赞美他人,而且要不只一次地去赞美。

但是许多人在称赞他人的时候都很容易犯一个严重的错误:把赞赏打了折扣再送出。不是给予百分之百的赞赏,而是画蛇添足地加上几句令人沮丧的评论或是一些能削弱赞赏的话语。

尤其那些对杰出成绩的赞赏,总是和批评一起"搭卖"。成绩越是突出,人们就越觉得自己有责任去评论而不仅是称赞这一成绩。他们无法忍受只唱赞歌,一定要多少挑出点缺憾才罢休。

一位语言学家曾说:同样的音调或语句反复出现时,常具有感化人的力量。

例如,林肯的名言"民有、民治、民享的政府",倘若他仅为了提出一项政见,仅说"民主的政府"即可。但是,他三度强调"民"字,遂产生更深刻感人的效果。的确,每个人听到这句铿然有力的话语时,都会情不自禁地加深自己对此种理想的政府的向往之情。而在每个人反复听到这样一句赞美的话时,他们也会被感动。

还要小心另外一种错误的观念，即以为打了折扣的赞赏会更真实可信，更有分量。

不要自作聪明地指点同伴，怎样做会更好，哪怕是生活小事。比如："您做的菜味道真好，哪一样都不错，就是汤里的盐多了一点……"这种折扣不仅破坏了赞扬的效果，还有可能成为引起激烈争论的导火索。

有时你必须对某项工作做一次全面的总结和评论，这样一来，赞赏和批评就不可避免地联系在一起。

在这种情况下，你也没有必要把优秀成绩打折，请把总结中的批评当作与赞赏相对立的独立部分。

别让对方的谦虚削弱了赞赏的作用。有些人很少受到表扬，所以听到别人称赞他时会不知所措；还有些人在收到称赞的时候想要表明，取得优秀的成绩对他来说是家常便饭。这两种人面对赞赏的反应几乎一模一样："这不算什么特别的事，这是应该的，是我的分内事。"

听到对方这种回答的时候，你不要一声不响，此时的沉默表示你同意他的话，就好像对他说："是啊，你说得对，我为什么要表扬你呢，我收回刚才的话。"

你应该再次称赞他，强调你认为这是值得赞赏的事，请你重复一次对他哪些方面的成绩特别看重，以及你为什么认为他表现出众。

还有人错误地把赞赏他人当成了自我表现的机会。他们以为能够通过打了折扣的赞赏来证明自己的"批判性思维能力"，从而也出出风头，显出他们的理性和水平。

比如，他们会说："您这一生中不断获得成功。不过有一回，那次金融风暴时您的公司日子也不好过，可话又说回来，谁都不会十全十美嘛……"

任何赞赏打了折扣，也会有了瑕疵，从而产生不必要的负面影响。

它就像雪白的桌布沾上一块黑色的污迹，使人们偏离正题，求全责备。它破坏了赞赏的作用，使受赞赏的一方原有的喜欢之情一扫而空，反而是那么几句"额外搭配"的非议让人难以忘怀。

第9章 突破小圈子，升级人脉层

平时多烧香，急时有人帮

人情冷暖，世态炎凉，平常朋友平常过。如果你是个懂得"手腕"的穷人，那么你在交朋结友时，千万不可急功近利。友情投资，宜走长线，拜拜冷庙，烧烧冷灶，平时多烧香，哪怕是只言片语的问候，亦是最上乘的交友之道。

现代人生活忙忙碌碌，没有时间进行过多的应酬，日子一长，许多原本牢靠的关系也会变得松懈，朋友之间逐渐淡漠。这是很可惜的。这就需要大家珍惜人与人之间宝贵的缘分，即使再忙，也别忘了沟通感情。

有位刚去美国的人给他的国内朋友来信说："我们在这儿也没有什么社交生活，我们难得去看看朋友，这当然是因为我们初到异境，认识的朋友不多，但后来我听说，其他的人也一样……"

"我们这星期工作五天，星期六和星期天都去郊外，这是一种家庭式的生活。就是说，要去郊外，就跟自己的家人一起去。"

"我们不能利用假期去探望朋友，因为一到假期，谁都不在家，除非朋友患病在床……"

"但我们常常和朋友通电话,这是我们唯一可以应酬朋友的方法,我们无事也打电话,哪怕是寒暄几句,或者讲些无关紧要的事。"

"但有事情时,我们会立刻聚在一起的。比方说上星期我儿子肚子痛,我急忙起来打电话给友人江医生想办法,他马上驾汽车从70公里外赶到,初步诊断,认定他患了盲肠炎,就用他的车子送孩子进医院做了手术……"

有事之时找朋友,人皆有之;无事之时找朋友,你可曾有过?

不知你有没有过这样的经历:当你遇到了困难,你认为某人可以帮你解决,你本想马上去找他,但后来想一想,过去有许多时候本来应该去看看他的,结果都没有去,现在有求于人就去找他,会不会太唐突了?甚至因为太唐突而遭到他的拒绝?

在这种情形之下,你就会有些后悔"闲时不烧香"了。

友情投资,宜走长线

做人做事,不可急功近利。友谊之花,须经年累月培养。

善于放长线钓大鱼的人,看到大鱼上钩之后,总是不急着收线扬竿,把鱼甩到岸上。因为这样做,到头来不仅可能抓不到鱼,还可能把钓竿折断。

他会按捺下心头的喜悦,不慌不忙地收几下线,慢慢把鱼拉近岸边;一旦大鱼挣扎,便又放松钓线,让鱼游窜几下,再又慢慢收钩。如此一收一弛,等到大鱼筋疲力尽、无力挣扎时,才将它拉近岸边,用提网兜拽上岸。

求人也是一样,如果逼得太紧,别人反而会一口回绝你的请求。只有耐心等待,才会有成功的喜讯。

有一位小公司的老板靠承包那些大电器公司的工程谋生,起初他的日子也过得很是困难。但后来在一位高人的指点下,这位穷老板很快掌握了制胜的秘诀。与一般企业家的不同之处是：他不仅奉承公司要人，对年轻的职员也殷勤款待。

谁都知道，这位穷老板并非无的放矢。

事前，他总是想方设法将电器公司中各员工的学历、人际关系、工作能力和业绩，作一次全面的调查和了解，认为这个人大有可为，以后会成为公司的要员时，不管他有多年轻，都会尽心款待。这位穷老板这样做的目的是为日后获得更多的利益作准备。

这位穷老板明白，十个欠他人情债的人当中总会有几个能给他带来意想不到的收益。他现在做的"亏本"生意，日后会利滚利地收回。

所以，当自己所看中的某位年轻职员晋升为科长时隔不久，他会立即跑上去庆祝，并送上礼物。同时还邀请他到高级餐馆用餐。年轻的科长很少去这类场所，因此对他的这种盛情款待自然倍加感动，心想：我从前从未给过这位老板什么好处，并且现在还没有掌握重大交易的决策权，这位老板真是位大好人！无形之中，这位年轻科长自然产生了感恩图报的意识。

正在受宠若惊之际，这位老板却说："我们公司能有今天，完全是靠贵公司的抬举，因此，我向你这位优秀的职员表示谢意，也是应该的。"这样说的用意是不想让这位职员有太大的心理负担。

这样，有朝一日这些职员晋升至处长、经理等要职时，他们还会记着这位老板的恩惠。因此，在生意竞争十分激烈的时期，许多承包商倒闭的倒闭，破产的破产，而这位老板的公司开得越来越火，究其原因就是由于他平常关系投资多的结果。

综观这位穷老板的"放长线"的手段，确有他"老姜"的"辣味"。从中也可看出，求人交友要有长远眼光，尽量少做临时抱佛脚的买卖，而要注重有目标的长期感情投资。同时，放长线，钓大鱼，必须慧眼识英雄，才不至于将心血枉费在那些中看不中用的庸才身上，以免日后收不回成本。

礼轻有时情意重

中国人送礼，最讲究面子，似乎只有礼物值钱，才能体现主人情意重。奇怪的是最讲究传统的中国人，似乎忘了"礼轻情意重"这句传统的教诲，往往是一味与他人比，似乎越贵重的礼物才越好，甚至有人信奉"办多大的事儿，送多重的礼"这样的原则。实际上送礼不一定要这样送，不必因为办一件难办的事儿而倾家荡产。善于送礼的高手，所挑选的礼物，总是经过细心的选择，同时把真情包装在礼物之中，因其独特的风格和浓浓的情意，使人觉得于情于理，实在是无法拒绝。

英国女王伊丽莎白访问日本时，有一项访问NHK广播电台的安排。当时NHK派出的接待人，是该公司的常务董事野村中夫。野村接到这个重大任务后，便找到有关女王的一切资料，加以详细研究，以便在初次见面时能引起女王的注意而给女王留下深刻的印象。

他绞尽脑汁，也没有想到好主意。偶然间，他发现女王的爱犬是一种长毛狗，于是灵感随之而来。他跑到服装店特制了一条绣有女王爱犬图样的领带。在迎接女王那天，他打上了这条领带。果然，女王一眼便注意到了这条领带，微笑着走过来和他握手。

野村送出的礼物是无形的，因为礼物还系在他的脖子上，"礼"轻得非同寻常，却使女王体会到了他的一片用心，感受到了他的情意，因此可谓是地道的"礼轻情义重"了。

西方人送礼，往往是一束鲜花、一本书、一篮水果。礼物虽小，却成敬意。也许在这一点上，我们要好好学习外国人的送礼艺术。

送礼，本身就是一种礼貌、尊重、感谢的表示，它本来要求是"礼轻情意重"。礼物应是小巧玲珑，不必价值过高，因为礼物不是给对方的物质援助或经济补贴。

人们通常出于面子的需要，觉得一件小东西拿不出手，要送，就得送货真价实的大礼。要送水果就称它10斤，要送香烟就送上两条进口的（更有甚者，黄金首饰、家用电器都敢送），钱虽然花了不少，但效果却未必好。特别是第一次见面，你一下子提了那么多的礼物，人家还可能认为你有什么不可告人的目的呢！谁还敢收。如果主人不肯收，你的处境就尴尬了，提走不是，不提走也不是。于是你推我让，最后难下台的还是你。

如果取消经济价值的标准，那么什么是合适的送礼标准呢？当然应是令对方高兴的，而价钱高低不应作为衡量的标准。

攀高结贵，不卑不亢

人的学识、修养、经历、地位不同，因而有平常与尊贵之分。这是人际关系的层次差别，也是一种自然秩序。尊贵者是相对的概念，每个人都是尊贵者，同时又有自己的遵从对象。交往对象不同，人们的位置会随之而来变化。尊贵者虽然与别人不属同交往类别，有着一定的沟通障碍，但人们却可以打破障碍与之正常交往，甚至发展友情。那么，怎样与尊贵者发展友情呢？

1. 尊重对方，严谨有致

与尊贵者发展友情，首先要准确把握双方关系，给其以相应位置，充分表现出对他的尊重和恭敬。这是对双方关系的确认和定位，也是对对方的一种希望被尊重愿望的满足，必须严谨有致，不可苟且。

小许很得一位教委领导的赏识。这位领导是老师出身，也很平易近人。他与小许并未谋面，但他赞赏小许的才华，便约请小许与他聊聊。小许在领导面前并没有得意忘形、忘乎所以，言谈举止都严谨得宜，很有分寸，注重距离。领导虽性情开朗，多次表示要小许随意些，但还是对小许的举动发自内

第9章 突破小圈子，升级人脉层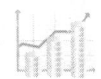

心地高兴，他觉得自己没有看错人。就这样，小许与那位领导逐步建立了很深的友情。

2. 切忌奉承，不卑不亢

尊重是有原则、见真情的。如果不顾原则，另有目的，人格沦丧，不知廉耻，对尊贵者就会表现出阿谀奉承来。这表面上似是尊重对方，其实它与尊重是有着本质的不同的。阿谀奉承，虚情假意，夸大其词，别有用心，只能让尊贵者反感、厌恶直至痛恨。本来可以建立友情，但因双方失去真情而无法发展下去。当然也不能排除个别尊贵者好大喜功，乐于听奉承话、看媚态的。但这样的尊贵者你还有必要与他发展友情吗？

3. 态度自然，不必拘谨

尊贵者无论地位还是阅历、学识，都高一般人一筹。与他们交往，往往会令你肃然起敬，有时你还会有一种威压感而在尊贵者面前噤若寒蝉。作为一个平常人，尤其是未见过世面的青年人，在这种情势下你往往会显得动作拘谨，言语嗫嚅，特别别扭、生硬。其实，尊贵者也是人们平等的交际对象，也是一种自然的交往关系，人们一方面要尊重对方，另一方面也要立足于自己，守住分寸，保持本色，对于自然而正常的交往，不必拘谨。如果你能做到这一点，这反倒能显示你的交际魅力，反而会赢得对方的认可和尊重，尊贵者还会乐于与你发展友情。

小斌就是有才华追求上进的青年人，他很想与一些德高望重的前辈交往，可最终结果都是以失败告终。究其原因，主要是小斌太拘谨了，一副窝窝囊囊、畏畏缩缩的样子，让前辈们大失所望，怎会与他发展友情呢？

4. 巧托会配，不可狂妄

从交往的过程来说，尊贵者是交际的主角，而你则是配角，处于次要地位。这是交际现状，也是交际规律，是由彼此交往的身份和交际能量决定的。你要积极支持尊贵者，热情配合对方，鞍前马后，服从需要，听候调遣。这是合乎交际现实的，不仅不会损害自己的"身价"，而且会取得尊贵者的信任。而如不能摆正这层关系，不恰当地显示自己的能耐，卖弄自己的"才华"，以致背弃、排挤尊贵者，这往往会适得其反。

小灿总希望展露才华让一位他最敬重的老人认可他。一次老人在晚会上唱京剧，虽然唱得不算好，但还是赢得了掌声，小灿又想，自己亮亮嗓子必会让老人有知音之感。于是一曲京剧唱得嘹亮高亢，虽然小灿是好意，但还是让老人在台下感到很不自然。如此不识时宜地展示自己，老人怎会与他发展友情呢？

5. 主动真诚，作出姿态

尊贵者的行为是要与自己的身份、地位保持一致的，他们一般不会主动与他人交往。而作为平常人，身份在下，地位比他低，自然要主动积极，充满真诚，先迈出一步，作出友好的姿态。这是尊敬长者的美德，也是交际的惯例。

小文在一次会议上认识了一位很有成就的作家，他十分珍惜这层关系，可他是个平常的人，又是小字辈，当然不太容易让作家注意到他。但小文视为自然，更没有赌气，他每逢节日必寄贺卡给这位作家。终于作家记住了小文，并与他有了不寻常的友情。

6. 求助求教，接受呵护

尊贵者是力量的象征，在他面前，别人总是显得很弱小稚嫩，所以要接受并求得他的呵护。一则，这是你与尊贵者交往所寻求和迫切需要得到的东西；二则，作为尊贵者，他也会从中获得施与和扶持之乐，是一种自我价值的实现。但寻找呵护，一要尊重尊贵者的意愿，二要适度得宜，不可仰仗、依附于尊贵者。这包括恰当的求助及一定程度上的求教。这会获得尊贵者的认可，并圆满获取他的友情。

小刚对本校一位知名教师十分敬重，主动拜他为师，经常请教一些问题，以求得帮助和扶持。由于小刚尊重他的作息习惯和癖好秉性，所以每次请教都会有收获。而在这一次次的请教中，那位教师也对小刚产生了浓厚兴趣，并逐渐产生了很深的友情。

多用暗示少出面

帕特丽夏·科克女士是马萨诸塞州智囊团的成员，她工作精干而颇有建树，但始终没有得到提升。终于在某一天，她为这事与上司争吵了起来。

"在争论中，我们互不相让，气氛十分紧张，"这位女士后来回忆说，"然而这场唇枪舌战之后，我就不得不离开这家公司。"

非常遗憾，科克没有遵守同上司打交道的基本规则：没有把握取胜，别轻易向上司开战。不过这并不意味着应当尽量避免与上司冲突。对一位不甘寂寞的下属来说，至关重要的恰恰不是唯唯诺诺，而是把自己的不同见解恰到好处地向上司表明。而避免矛盾，只能暂时奏效，如长此以往，下属吃不香睡不甜、人格受贬，上司则耳不闻目不明、指挥失当。

当你想要向上司说出某些话时，不管这样的话是好的还是坏的（当然，拍马屁除外），都尽量用暗示的方式去说，而不要当面与上司交涉，要给上司留下足够的余地。

具体来说，以下几种不同的情况要区别对待，并且采取不同的方法才能达到你的目的。

当上司的决策出现明显的错误时，可采用下列方法使之改正：

（1）让上司自己动摇信心。例如，你可以说："您真敢冒险！"或者"哇！您真是勇敢。"语气里带上点怀疑，比直说"你的计划太冒险"要好得多。

（2）不要怪上司而要怪客观原因。例如："要不是形势变化太快，您的计划一定会大获成功。"

（3）表面恭维，暗中出招。如跟上司说："换成我还真想不出您的办法来，我原来想……"表面上说上司比你聪明、经验丰富，实际上达到说出你自己想法的目的，上司听了也许会动心。

（4）询问上司还有没有别的办法。或许上司反问你有什么想法，也可能上司会产生一些新的构想，而看起来，这一切也是他想出来的。

（5）请上司把他的想法解释一下。在解释的过程中，他可能不必等你提出来，自己就能察觉出漏洞。

（6）采用假设性暗示。例如，你可以问："如果这种产品销路不好怎么办？"这既能说得不过火，又能使上司重新考虑。

借"贵人"之光，照亮前程

贵人也是人，他们同样有自己的关系。小人物要借贵人之光，唯一的方法就是在贵人的网上结上自己的扣子。

谁人不想得贵人相助，但小人物和贵人之间相隔何止十万八千里。何况即使有缘碰上个"不论好歹"的贵人，求他办事照样碰钉子。在无数小人物心中，也许对求贵人相助多半是想想而已，因为贵人实在难求呀。但也有小人物中的另类，凭着聪明智慧，求成了贵人，办成了大事。

清政府的官场中官员的升迁历来靠后台，走后门，求人写推荐信。左宗棠有个知己好友的儿子，名叫黄兰阶，在福建候补知县多年也没候到实缺。但左宗棠向来是不给人写推荐信的。

一日黄兰阶闲逛到琉璃厂看书画散心。忽然，他见到一个小店老板学写左宗棠字体，十分逼真，心中一动，想出一条妙计。他让店主写柄扇子，落了款，得意洋洋地摇回福州。

这天，是参见总督的日子，黄兰阶手摇纸扇，径直走到总督堂上，总督见了很奇怪，问："外面很热吗？都立秋了，老兄还拿扇子摇个不停。"

黄兰阶把扇子一晃："不瞒大帅说，外边天气并不太热，只是我这柄扇是我此次进京，左宗棠大人亲送的，所以舍不得放手。"

总督要过黄兰阶扇子仔细察看，一点不差，确系左宗棠笔迹。他将扇子还与黄兰阶，闷闷不乐地回到后堂，找到师爷商议此事，第二天就给黄兰阶挂牌任了知县。

单从借力的角度，寻求一些有作为有背景的人帮助自己，从而使自己尽快得到提拔，英雄有用武之地，也没有什么不可。如果实在得不到贵人的帮助，想办法沾沾贵人的光，也也可照亮自己的前程。

旁敲侧击，达到目的

生活中为人求情、代人办事儿常常会遇到令人不满意的情况，可是只要你学会委婉的表达方法，旁敲侧击，往往能起到意料不到的效果。

韩国修筑新城的城墙，规定限期完工。大臣段乔负责主管此事。有一个县拖延了两天，段乔就逮捕了这个县的主管官员，将其囚禁起来。这个官员的儿子设法解救父亲，就找到管理疆界的官员子高，让子高去替父亲求情。子高答应了这件事。

一天，见了段乔后，子高并不直接提及释人的事，而是和段乔共同登上城墙，故意左右张望，然后说："这墙修得太漂亮了，真算得上是一件了不起的功劳。功劳这样大，并且整个工程结束后又未曾处罚过一个人，这确实让人敬佩不已。不过，我听说大人将一个县里主管工程的官员叫来审查，我看大可不必，整个工程修建得这样好，出现一点小小的纰漏是不足为奇的，又何必为一点小事影响您的功劳呢。"

段乔见子高如此评价他的工作，心中甚是高兴，然后又听子高的见解也在情理之中，于是便把那个官员放了。

那个官员之所以能够获免，原因大多在于子高的求情。子高把一顶高帽子给段乔带上，然后就事论题，深得要领，不能不令人拍案叫绝。其实，一般人都存在顺承心理和斥异心理，对那些合自己心意的就容易接受。因此，顺应事物的发展规律，巧言游说，便容易成功。

这种方法不仅可用来求情，也可用来讽刺，虽不点入正题，却也侧重利害。

让"名人"效应来添彩

我们这里所讲的"名人"，是频繁出现在媒体，曝光在大家面前的，是大家众所周知的。甚至只要是你的周围，身边的圈子里小有名气的人都可以算作是"名人"，而借助"名人"效应，最主要的就是这个"名"。只要牢牢抓住"名"，巧妙地加以利用，对你的事业、人生会起到如虎添翼的作用。

北京北海公园琼岛北面有家名叫仿膳饭店的老饭庄，已有数十年历史。虽然这里的饭菜全是仿照清朝宫廷菜点的方法烹制，但生意一直很淡。后来他们通过调查，发现外国游客大都对皇帝的起居饮食怀有浓厚兴趣，于是决定以"皇帝吃过的饭菜"作为仿膳的特色，大张旗鼓进行宣传。他们搜集了许多关于宫廷菜点的传说和有关的轶事，编成故事，让服务员背下来，在点菜、上菜时根据不同顾客、不同场合加以介绍，生意一下子变得兴隆起来。

许多商业广告喜欢用名人而不惜重金，实际上也是借力的应用。有头有脸的人都喜欢用的东西，普通人心理上容易认同："我和某某用的是同一个品牌"。同样是消费，多一层攀龙附凤的光环，自然很多人愿意借这个光。

攀龙附凤之心大部分世人都有，谁不希望有个声名显赫的朋友：一个明星，或者随便什么大人物？如果能跻身于他们的行列，自己也便沾上了荣耀，在别人眼里也就身价大增了。

求助于名人也有技巧

一般而言，不管办什么事其实都是对某种利益的追逐。而要在社会上获得某种利益，首先就必须有所付出，而这种付出不限于物质上的，也包括精神上的，感情上的，即使名人也不例外。因此你借助名人办事的时候，应该对其进行充分的调查了解。从生活上、行为上、日常习惯上、个人喜好上下工夫，摸清名人的规律，这样就可以对症下药，投其所好。一旦你有求于他时，便可看清路数，名人才会欣然应允，帮你把事办好、办妥。

郑板桥擅长画竹、兰、石、菊，字写得也棒。他那幅"难得糊涂"的复制品，今天在大街小巷仍随处可见。当时，慕名上门来求字画的人络绎不绝。

不过，郑板桥恃才傲物，鄙视权贵，一些达官显贵想索求书画，哪怕推着装满银子的车来，也被拒之门外。有位大富豪新盖了幢宅院，豪华富丽，但就是缺少点斯文气息。有人建议，何不弄两幅郑板桥的字画，往客厅里一挂，岂不就高雅脱俗了吗？富豪一听，猛拍大腿，妙！拎着钱箱就往郑板桥家跑。名片送进去后，照例被挡在门外，理由无非是先生外出、不舒服、在练气功等，一连几次都是如此。

后来，大富豪与一位大官朋友闲聊时，提及此事，大官说："你怎么连郑板桥是什么样儿的人都不晓得？别说你啦，我想要他的画，要了好几年，都还没弄到手。"大富豪一听，来了精神，夸下海口道："瞧我的，不出几天，定能弄几幅字画来，上面还要让他写上我的大名。"

于是，大富豪派手下人四处打探郑板桥的生活习惯和各种爱好。功夫不负有心人，经过多方打听和观察，大富豪终于发现郑板桥的喜好：喜爱丝竹之声，特别爱吃狗肉。之后，大富豪就精心地设计了一个局。

这一天，郑板桥出来散步，忽然听见远处传来悠扬的琴声，曲子甚雅，不觉感到好奇，这附近没有听说有什么人会奏琴呀？于是，循声而来，发现琴声出自一座宅院，院门虚掩，郑板桥推门而入，眼前的情景让他大感惊讶：庭院内修竹叠翠，奇石林立，竹林内一位老者鹤发童颜，银髯飘逸，正在怡然抚琴。哎呀，这不分明是一幅图吗？

老者看见他，立即戛然而止，郑板桥见自己坏了人家兴致，有点不好意思，老者却毫不在意，热情地让他入座，两人谈诗论琴，颇为投机。谈兴正浓，突然，飘来一股浓烈的狗肉香，郑板桥感到很诧异，但口水已经忍不住要流下来。一会儿，只见一个仆人捧着一壶酒，还有一大盆烂熟的狗肉，送到他们面前。一见狗肉，郑板桥的眼睛就黏在上面，老者刚说个"请"字，他连客套话都忘了说，就迫不及待地狂喝酒、猛吃肉。

风卷残云般地吃完狗肉，郑板桥这才意识到，连人家尊姓大名还不知晓，就糊里糊涂地在人家这里乱吃一通。现在酒足饭饱，自己总不能就这么一甩袖子，说声再见就走吧！然而，又该怎么答谢人家呢？留点银子吧，不仅太俗，而且自己出来散步，也没带钱呀！于是，他对老者说："今天能与您老邂逅，实在是幸会，感谢热情款待，我无以为报，请您找来纸笔，我画几笔，也算留个纪念吧。"老者似乎还有点不好意思，连声说："吃顿饭不过是小意思，何必在意！"郑板桥以为他不稀罕书画，便自夸说："我的字画虽算不上极佳，但还是可以换银子的。"老者这才找来纸笔，郑板桥画完，又问老者的姓名，老者报了一个，郑板桥觉得耳熟，但又想不起来是怎么回事，还在落款处题上"敬赠某某某"。看到老者满意地笑了，他这才告辞离去。

第二天，这几幅字画就挂在大富豪别墅的客厅里，大富豪还请来宾客，一同欣赏。宾客们原以为他是从别处高价购买来的，但一看到字画上有他的大名，这才相信是郑板桥特意为他画的。消息传开后，郑板桥简直不相信自己的耳朵。他又沿着那天散步的路线去寻找，发现那原来是座无人居住的宅

第9章 突破小圈子，升级人脉层

院，这才意识到，自己贪吃狗肉，竟然落入了人家的圈套。

名人也是人，自然也就有着普通人所有的弱点。因此适当的恭维也能起到一定的作用，选择正确的恭维方式，对于找名人办事来说，甚至能起到决定性的作用。

有位政客，想在东北谋份美差，曾经请一个有势力的大老板，把自己推荐给张作霖，结果无功而返。有一次他遇到了一位旧友，此人正好是张作霖的顾问。这位政客把自己的处境告诉了他，请求他催催张作霖。

旧友见政客一脸失望，竟也为朋友想出一个主意。他说："我想到一计，老头子近来很喜欢打牌，我们请他来吃饭打牌，打牌时你只许输，不许赢。不妨连自己的底也输光，一定要让老头子赢得满意。到那时候，我自有妙计。"于是，一切照顾问的计划进行，这天，张作霖的牌很顺，要什么牌就来什么牌，要吃有吃，要碰有碰，坐庄就连庄。他高兴得一个劲儿地乐！

打过牌后，张作霖和顾问边吃边聊。顾问捧他："大帅，您这牌可打得太棒了！"张作霖笑着说："哪里，碰运气罢了！"那顾问话锋一转，说道："今天那一位可输苦了！他也不是个富有的人，这次到北京来，是想谋一个差事的。"张作霖听了，道："他是你的朋友，那就把支票还给他得了，咱们一千两千的也不在乎！"说着就去口袋里掏支票。

那顾问连连摆手道："使不得，他也是个要面子的人，输了的钱，他绝不会收回的。大帅要是可怜他，不如给他一个什么职司，他就感激尽啦！"张作霖突然想起了什么，拍拍脑袋道："噢，想起来了，某老也曾经推荐过他的，我成全了他吧！"那顾问忙道："那我先替他向大帅谢恩啦！"不出一个星期，那个政客就到东北去做官了。

这位政客的经历也许对你会有所帮助，有所启发。要找名人办事，一定要学会适当地恭维，并且一定要采取恰当的恭维方式，要清楚地掌握名人的喜好，投其所好，在其心情愉悦的情况下，寻找合适的契机，把你的要求提出来，这样才容易把事办成。拥有名人的帮助，再难办的事也会变得水到渠成。

改变人生抓贵人

找贵人办事，是许多人办成大事的成功秘诀。对于一般人来说，贵人很难遇到，然而一旦遇上，就要紧紧地抓住，直到帮你办完事为止。

在攀向事业高峰的过程中，贵人相助往往是不可缺少的关键环节。有了贵人，不仅能缩短走向成功的时间，还能加大你的筹码。如果你自知能力缺乏，毅力有限，那就更需要"贵人"的相助。

不论在何种行业，"老马带路"向来是传统。目的不外乎是想栽培后进者，储备接棒人才。这些例子在运动界、艺术表演界、政治界颇多。

著名评书表演艺术家单田芳的成长经历就很好地证明了这一点。

单田芳是一位深受广大听众喜欢的评书表演艺术家，调查统计表明，他在海内外的听众已达6亿之众，这确实令人惊叹。

然而单田芳走上评书事业的道路却是与他善于接受别人的帮助分不开的。单田芳出生在一个评书世家。在旧社会，曲艺演员被视为一个卑贱的职业。为此，他的父母痛下决心，决定改换门庭，以读书续世。

1953年，单田芳顺利地考入了大学。这时，风华正茂的他却患上了严重的痔疮，先后动了3次手术，耽误了许多功课，怎么办？单田芳陷入了深深的迷惘和懊恼之中。

这一年是新中国成立的第四个年头，新中国的诞生也使人们的观念发生巨大转变。曲艺演员在当时不仅收入丰厚，而且社会地位也在不断提高，单田芳的母亲王香桂就曾相继受到周恩来等高层国家领导人的接见。于是，单田芳的父母又萌动了栽培他学艺的念头，并动员了评书界的几位前辈，每日以理晓之，以情动之。

虽然单田芳当时并未料到他将会有辉煌的未来，但鉴于形势，他还是明智地听从了劝告，改弦易辙，并于1954年正式拜著名评书艺人李庆海为师，走上了从艺之路。不久，他便声名远扬。

"文化大革命"开始后，率真耿直的单田芳因口吐真言而受到批斗，造反派打碎了他满嘴的牙，窝火带憋气毁坏了他的嗓音，以至于"文化大革命"结束时，单田芳已不得不面临再次改行的问题。

然而，命运又给了他一次绝处逢生的机会。20世纪80年代初，著名女评书演员刘兰芳的一炮走红使得鞍山曲艺团的领导想到了单田芳。在他们的帮助下，单田芳很快被送进医院，经过手术终于又发出了现在人们再熟悉不过的沙哑的声音。

古今中外，在名人的成功历程中，总有一些至关重要的人物在其中发挥着巨大的作用。在接受别人帮助的同时施展出自己不负栽培的好手段、真本事，这才是他们把握历史性机遇的关键性一步，也是他们最终成名的要素之一。

唐代文学家韩愈说："世有伯乐，然后有千里马，千里马常有，而伯乐不常有。故虽有名马，只辱于奴隶人之手，骈死于槽枥之间，不以千里称也。"所以，假如你是一匹良驹，一定要找到可以相助自己驰骋千里的伯乐——贵人。

学会寻找贵人相助

一个人要想成大事，固然要靠实干，但有人一辈子实干也未必成功。这可能是缺少贵人相助。贵人可能是身居高位的人，也许是令掌权人物崇敬的人。这些人的经验、专长、知识、技能等在那个圈子里"名头"响，说话管用。让贵人扶上一把，有时可以省很多力。

李鸿章早年屡试不第，"书剑飘零旧酒徒"，为此他一度郁闷失意，然而1858年他却受到了命运之神的眷顾，从一个潦倒的失意客一跃而成为湘系首脑曾国藩的幕宾，从此他的宦海生涯翻开了新的一页。李鸿章拜访曾国藩，牵线搭桥的是其兄李瀚章，李瀚章是曾国藩的心腹，当时随曾国藩在安徽围剿太平军。有了这层关系，曾国藩把李鸿章留在幕府，"初掌书记，继司批稿奏稿"。李鸿章素有才气，善于掌管行文，批阅公文，起草书牍、奏折甚为得体，深受曾国藩的赏识。

有一次曾国藩想要弹劾安徽巡抚翁同书，因为他在处理江北练首苗沛霖事件中决定不当，后来定远失守时又弃城逃跑，未尽封疆大吏守土之责。曾国藩愤而弹劾，指示一个幕僚拟稿，总是拟不好，亲自拟稿也还是拟不妥当，觉得无法说服皇帝。因为翁同书的父亲翁心存是皇帝的老师，弟弟是状元翁同龢。翁氏一家在皇帝面前正是"圣眷"正隆的时候，而且翁门弟子布满朝野。怎样措辞才能让皇帝下决心破除情面、依法严办，又能使朝中大臣无法利用皇帝对翁氏的好感来说情呢？曾国藩为此大费踌躇。

最后，这个稿子由李鸿章来拟。奏稿写完后，不但文意极其周密，而且有一段刚正的警句，说："臣职分在，例应纠参，不敢因翁同书之门第鼎盛，瞻顾迁就。"这一写，不但皇帝无法徇情，朝中大臣也无法袒护了。曾国藩不禁击节赞赏，就此入奏，朝廷将翁同书革职，发配新疆。通过这件事，曾国藩更觉李鸿章此才可用。

话又说回来，如果一个人一无所长，是很难得到贵人赏识的。即使侥幸获得高位，也肯定有一堆人等着看笑话。贵人也会比较谨慎，选择一个"扶不起的阿斗"，那不明摆着往自己脸上抹黑吗？"相马相出一个癞蛤蟆"，那可是天大的讽刺。"伯乐相马"，同时"良禽择木而栖"，所以双方最好各取所需，以诚相待，投桃报李。

受贵人相助，有利也有弊。因为有些贵人提携新人，是出于爱才，出于公心，但也有人是有私心的，是为了培养班底，增强自己的实力。如果贵人倒台，身败名裂，你作为他的党羽，也要小心受到牵连，影响仕途、财运或名誉。

千里马没有伯乐赏识永远只能是一匹普通的马。一个人光有才能还不行，还需要有人来给你提供发挥才能的平台。因此，结交贵人，借梯登高，是想要成功的人必须学会的一门学问。

找到"大树"好乘凉

人生之旅充满了艰辛的风风雨雨，光靠一个人的努力有时未免显得有点孤单，因此，如果能够为自己找到一棵可以遮风避雨的大树，取得成功便易如反掌。

烈日当头，为自己找到一棵乘凉之树，可以避免很多不必要的挫折与烦恼。当然，如果你本身天资过人，勤奋有加，那你可以说，我不必依靠他人，我要靠自己的努力来获得成功，这当然是最好的了。倘若你自认本领不强，同时也想减少挫折，那不妨找棵树靠靠，靠久了自然能够出头。很多成功人士都是如此走向成功的。

晚清商人胡雪岩可以说是富可敌国，他之所以取得惊人的财富，归根结底就在于他找了两棵坚实的"大树"。

一个是王有龄，在他创业之初给了他很大的关照和帮助。在地方上，胡雪岩依靠王有龄的权势，获得了大量的订单和机会，生意越做越大。

另一个则是左宗棠，左宗棠出自世家，以战功谋略闻名，权高位重。胡雪岩为了结交左宗棠，靠上这棵"大树"，费尽心思。他主要采用了两个手段：

第一，对左宗棠进行充分的调查了解。

胡雪岩知道左宗棠的脾气，倔犟固执，难以接近；同时因其战功彪炳，颇为自得，喜欢听褒扬之词。并且他对左宗棠与曾国藩以及李鸿章等人之间的矛盾了如指掌，因而胡雪岩说话的言辞能正中左氏之心怀。

第二，善急人之所急。

光说不做是不行的，胡雪岩打动左宗棠还体现在行动上，他为左宗棠解了燃眉之急，了却了左宗棠的心病，自然也就换取了左宗棠的感谢和信任。

不过，要找到一棵可以依靠的大树，并不是轻易就能够做到的，而是需要一段时间，因为虽然你看上了某个靠山，可对方却不一定愿意提拔你、照顾你。你必须在和他往来之间，让他了解你的能力、上进心、人格、家世和忠诚，也就是说，要他能够信赖你！这就需要一个过程，而这一过程可能需要半年、一年，也有可能更漫长，而你不仅要好好表现，还要在难熬的岁月中等待机会，应付"大树"对你的考验！

老江创业多年，然而命运似乎总是在跟他开玩笑，辛苦奔波却收获甚微。一次，他所在的城市要进行基础设施建设改造，他感到这是个机会，可是同一个城市里符合要求的公司多达十几家，怎样才能获得这个机会呢？他绞尽脑汁，针对专门管理此工程的负责人，想出了一个好点子。

该负责人有个习惯，每逢周末都要到郊区的鱼塘钓鱼。于是老江探明地点，也带上渔具，跑到该鱼塘。他先在旁边看着负责人垂钓，每当负责人钓上鱼的时候，老江都表现得很羡慕。负责人自然就觉得很得意，看见老江带着渔具却没钓鱼，便好奇地询问。老江装作不会钓鱼，借机请教。负责人一下觉得遇到知音，便告诉老江一些钓鱼的窍门。两人越聊越投机，不知不觉就谈到了各自的职业，老江一副很委屈的样子，说着自己的行业竞争激烈，向负责人大吐苦水。等到负责人表露身份的时候，老江也就顺理成章地提出了要求。

可想而知，老江的公司自然拿到了工程招标，从此以后老江的事业上了一个新台阶，人生也进入了一个新的平台！

由此可见，在一些关键的问题上，找一棵"大树"是多么重要。为自己寻求一些大人物作为背景，依靠其权势或者影响力，使自己尽快得到提拔，英雄有用武之地，确实很值得研究。就现代社会而言，有以下四项建议具体可行。

第9章 突破小圈子，升级人脉层

1. 找寻大人物

大人物往往是指在层级组织中职位比你高且能帮助你晋升的人。有时你得煞费苦心地去分辨谁具有这种能力。只要深入观察，你将会找到能帮助你晋升的大人物。

2. 激励大人物

不激励大人物等于没有大人物。值得注意的是，在层级组织里，大人物帮助你往上晋升后他有什么好处，如果他不帮助你晋升，他有什么损失，这一点会影响到他对你的态度。

3. 以退为进

在人生奋斗的过程中，你努力地往高处爬，可是当你爬到半途时，前面却有无数人挡住了你的去路。他们爬到一半便已失去勇气，双眼紧闭，死命地抓住栏杆，既不会掉下来，也不再向上爬，而你就是无法超越他，这时，有人虽然拼命为你呐喊加油，结果还是无济于事。

同样的，在工作上的层级组织中，如果你的上一层职位被某一个不胜任者占住，那么你花再多力气或你的贵人再有心提拔你，也都将徒劳无功。

为了到达人生的顶峰，你必须爬过那被堵塞了的阶梯，横越到另一侧没有障碍的阶梯，然后再顺利地爬上顶端。在层级组织中，你必须离开有障碍的那条升迁管道，然后从另一条没有阻碍的管道往上晋升。如果那人仍有资格获得晋升，他便不算是挡路人，而你也不必躲开他。只要稍加忍耐多等一些时日，你将获得晋升的机会，届时出现空缺，你的贵人便能立即提拔你。

4. 争取多位重要人士的提拔

多位大人物的共同提拔，可产生乘数的提拔效果（指大人物人数乘以个别提拔效果）。乘数效果的产生，是由于这些大人物在他们的谈话里，不断地互相强化你的优点，因而使他们决心提拔你。假使你只有一个大人物可以依靠，你便得不到这种强化的效果。

所以，拥有多位大人物便容易获得晋升的机会。这亦是小人物借"大树"相助办事的智慧。

第10章 绘制你的朋友关系图

数数你身边的朋友

《聊斋志异》里有个河间生的故事，说的是河间生不务正业，交了个狐狸精做朋友。狐狸精天天带他去吃喝玩乐。一次，他和狐狸精下楼任意取酒客的酒食，唯独对一个穿红衣的人避得远远的。河间生问狐狸精："为什么不去取红衣人的酒食？"狐狸精顺口说："这个人很正派，我不敢接近他。"这时，河间生恍然大悟，他想：狐狸精和我交朋友，一定是我已走上邪道了，今后必须得正派才是。他才一转念，狐狸精就跑掉了。从此他果然走上了正路。

河间生的故事生动地说明了选择正派的人交朋友的重要性。"近朱者赤，近墨者黑。"朝夕相处或形影不离的好朋友，在思想、言论、行动等各方面相互影响，这种耳濡目染的力量是绝不能低估的。

在你的生活中，特别是在你为成功而奋斗之初，你可能需要寻找朋友。但是你要注意不要结交那些对你有害无益的朋友，不要被他们拖入浑水之中。

第10章 绘制你的朋友关系图

我们所处的环境和结交的朋友，对我们的一生会产生很大的影响，可以说，交上怎样的朋友，就会有怎样的命运。

在选择朋友时，你要努力与那些乐观正直、富于进取心、品格高尚和有才能的人交往，才能保证你拥有一个良好的学习和生活环境，获得丰富的精神食粮以及朋友的真诚帮助。这正是孔子所说的"无友不如己者"的意思。

相反，如果你择友不慎，恰恰结交了那些思想消极、品格低下、行为恶劣的人，你会陷入这种恶劣的环境难以自拔，甚至受到"恶友"的连累而无辜受难。

在此，你不妨细数一下你周围的朋友，检视他们的为人表现，看其是否可交。

佛说："友有四品，不可不知：有友如花，有友如秤，有友如山，有友如地。"

有友如花，好时插头，萎时损之，见富贵附，见贫贱则弃。这类朋友对待你像花一样，当你盛开时，将你插于头鬟、供奉桌上；假如你凋谢了，他便毫不怜惜地将你丢弃。当你拥有权势和富贵时，他把你捧到高处，凡事奉承、随顺；一旦你功名富贵随风而去，失去了利用的价值，他就背弃你、离开你。

有友如秤，物重头低，物轻则仰，有与则敬，无与则慢。这种朋友像秤一样，如果你比他重，他就低头；如果你比他轻，他就高起来。当你有名位有权力时，他就卑躬屈膝，阿谀谄媚；等到你无权无名一身轻，他就昂起头来，瞧不起你了。

有友如山，譬如金山，鸟兽集之，毛羽蒙光，贵能荣人，富乐同欢。有的朋友像高山一样，高山能广植树木，养育各种飞禽走兽，任凭它们聚集其中，自由自在。所以，益友像山，心胸广阔，正直高耸，宽厚待人。

有友如地，百谷财宝，一切仰之，施给养护，恩厚不薄。所以，益友如地，泽被万物，毫无怨尤，可以担待我们的过错，帮助我们不断成长。

因此，朋友并不一定越多越好，多交益友，少交损友，才能真正从朋友身上学到为人处世的道理。

交友分等级

俗话说，多个朋友多条路，朋友多了路好走。朋友相交以诚相待，此乃至理，那为何又要将朋友分等级？那不就不诚了吗？

有个地方官员，朋友无数，三教九流都有，他也曾向人夸耀说他朋友之多天下第一。曾有人问他，朋友这么多，你都同等对待吗？他沉思了一下，说："当然不可以同等对待，要分等级的。"

他说他交朋友都是诚心的，不会利用朋友，也不会欺骗朋友，但别人来和他做朋友却不一定是诚心的。在他的朋友中，人格清高的朋友固然很多，但想从他身上获取一点利益的朋友也不少。

"不够诚恳的朋友，我总不能也对他推心置腹吧，那只会害了我自己呀。"

所以，在不得罪朋友的情况下，他把朋友分了等级，有"刎颈之交级""推心置腹级""可商大事级""酒肉朋友级""点头哈哈级""保持距离级"等。

他就根据这些等级来决定与对方来往的亲密度和自己心窗打开的程度。

他曾说："我过去就是因为把人人都当成好朋友而受到了不少伤害，所以今天才会把朋友分等级。"

看了这位官员的话，你是否也觉得将朋友分等级的确有其必要，因为这可以保护自己免受别人的伤害？

要把朋友分等级其实不容易，因为人都有主观的好恶，因此有时会把一片赤诚的人当成一肚子坏水的人，也会把凶狠的狼看成友善的狗，甚至在旁人提醒时还不能发现自己的错误，非得到被"朋友"害了才大梦初醒。所以，要十分客观地将朋友分等级是十分困难的，但面对复杂的人性，你非得勉强自己把朋友分等级不可。心理上有分等级的准备，交朋友就会比较冷静客观，可把受伤害程度减到最低。

分等级，可像前述那位官员那样分，也可简单地分为"可深交级"及"不可深交级"。

可深交的，你可以和他分享你的一切；不可深交的，维持基本的礼貌就可以了。这就好比客人来到你家，真正的客人请进客厅，推销员之类的在门口应对一下就行了。

另外，也要根据对方的特性，调整和他们交往的方式。但有一个前提必须记住，不管对方智商多高或多有钱，一定要是个好人才可深交。也就是说，对方和你做朋友的动机必须是纯正的。不过，人常被对方所迷惑，结果把坏人当好人，这是很多人无法避免的错误。

如果你目前平平淡淡或失意不得志，那么不必太急于把朋友分等级，因为你这时的朋友不会太多，还能维持感情的朋友应该不会太差。但当你有成就了，手上握有权和钱时，那时你的朋友就非分等级不可了，因为这时的朋友有很多是另有所图，不是真心的。

要知道哪些人不可交

每个人都需要朋友。我们交朋友的目的：一是让生活充实、丰富，能在工作之余有人一起娱乐、一起聊天；二是有利于工作，希望在工作上能得到朋友的帮助。很显然，朋友太多就不可能有太多时间去了解、交流，也就不可能建立真正的友谊。朋友之间没有一定的感情基础，那么就很难谈得上互相帮忙。没有一定的交往基础，别人是肯定不会帮你的，除非你自己有权有势,别人帮你是想得到回报。所以,能结识一些相互欣赏、有情有义的朋友对一个人的事业、生活是极其重要的。然而,人心有异,在交朋友之前,也应洞察其是否有真朋友的心怀。

波尔美上大学后便违背了父母的意愿,放弃了医学专业,专心于创作。值得庆幸的是,一次偶然的机会她遇到了知名的专栏作家郝嘉,她们成了知心朋友,无所不谈。郝嘉悉心指教,波尔美不久便寄给了父母一张刊登自己文章的报纸。一个人在挫折时受到的帮助是很难忘的,更何况是朋友,波尔美与郝嘉几乎形影不离了,一同参加鸡尾酒会,一同去图书馆查阅资料。波尔美把郝嘉介绍给她所有认识的人。

但这时的郝嘉却面临着不为人知的困难,她已经拿不出与名声相当的作品了,创作源泉几乎枯竭。

波尔美把她最新的创作计划毫无保留地讲给郝嘉听时,郝嘉心里闪过了一丝光亮。她端着酒杯仔细听完,不住地点头,罪恶想法就产生了。

不久,波尔美在报纸上看到了她构思的创作,文笔清新优美,署名是郝嘉。波尔美谈到她当时的心情时说:"我痛苦极了,其实,如果她当时给我打一个电话,解释一下,我是能够原谅她的,但我面对报纸整整等了3天,也没有任何音讯。"

半年之后,波尔美在图书馆遇到了郝嘉,她们互相询问了对方的生活,以免造成尴尬,然后,很有礼貌地握手告别。

自那件事以后,她们两个人都停止了创作。

可见,交友时要有一定戒心,要有一定的识别能力。和一个人交往时要判断对方和你交往的动机是什么。如果纯粹看重你的钱和势或其他利益,那么就不必深交,如果能达到互利互惠,当然也不妨交往一下。

应该明确一点:朋友的甄选并不能单凭你感情上的好恶作为标准。因为如果你只是凭自己喜欢与否来选择朋友,那会使你失去很多有价值的朋友。有的人可能你第一眼看上去感觉就不舒服,或者因为他模样长得怪,或者因

第10章　绘制你的朋友关系图

为他不卫生，或者因为他语言不雅，但这只是你的第一印象，也许在你了解他以后，会觉得他是你最可信赖的朋友。

物以类聚，人以群分。看看对方周围的都是些什么人，即可知道他是否值得你交的朋友。如果对方的朋友都是些不三不四不伦不类的人，他的素质不会太高；如果他结交的都是些没有道德修养的人，他自己的修养也不会太好。所以，了解一个人的朋友也就了解了这个人。

想了解一个人，还可以观察他是怎样对待别人的。

人在得意时，特别爱诉说他与别人在一起交往的情景，他说的时候是无意的，不会想到他与被说人有什么关系，所以，一般比较真实。如果对方当着你的面说自己如何沾了别人的便宜，如何欺骗了对方等，那你以后就得对他注意一点儿，有可能他也会这么对待你。

还有一种人比较圆滑，好像很会处世，往往是当面一套，背后一套，当着你的面说你如何如何好，别人如何如何不好。聪明的人就得注意这种人了，因为他在背后说别人坏，就有可能在你背后说你坏话。

而有一种人可能当面批评你，指出你的缺点来，也在你面前夸奖别人的优点。你也许不愿接受他这种直率，但这种人却是值得信赖的人，可以做你的好朋友。

要知道哪些人不可交的关键是要在生活中分清一些人的行为，对其行为要有比较理性的判断，如此你便会交上真正的朋友。

看清"朋友"的真面目

你的周围也许有很多朋友，他们与你有亲有疏，有近有远，有蜜有苦，你是否都了解他们的真心？

有一个朋友向你借一笔钱应急，你倾囊而出，因为相信友情的真挚，你没有让对方给你打欠条。不久以后，你因为某种原因，需要一部分资金，因而前去索要对方的欠款，而你也相信对方已经有了偿还能力，但令你气愤和吃惊的是，对方矢口否认曾经借过你的钱。面对这种情况，你对你的朋友有何感想？

或者是这样的一番情景：你和一个朋友都是跑同一产品的销售员，不同的是，你为甲厂服务，而你的朋友却为乙厂服务。某一天，你和朋友同时获悉某大企业急需大量你们所推销的这种产品，于是你们同时前往该企业进行洽谈。为了友情，你们相约对方的订货量每人分一半，也好向自己的企业有个交代，反正一半的数量也非常大。通过洽谈，该企业觉得你们所推销的产品都符合要求，而且同意了你们一人分一半订货量的建议，三方原商于某日签订正式供货合同。届时，你如约而至，但该企业却说早已与人签订了合同，而供货方正是你的朋友所代表的企业。

我们希望友情能够永久，能够愈经患难愈显真诚，但是友情还是经常遭到无情的践踏和破坏。是我们的友情不值得珍视吗？不！是实际利益让那些人丧失了对朋友应讲的道义！社会中的人越来越复杂，而我们也要努力使自己能够适应这种变化。我们会无比怀念困厄之中朋友伸过来的坚实的手臂，也同样不会忘记自己付出的真挚友情被某些人无情地遗弃，甚至加以利用。我们珍视真正的友情，同时也要有效地防止某些人对友谊的不良企图、利用或者欺骗。

那么，我们怎样才能做到这一点？不要忘了这句话："害人之心不可有，防人之心不可无。"对那些缠在你身边的朋友，你要充分了解他们的内心，特别要看清以朋友的名义随时准备利用、加害你的人，洞悉他的意图，才能不为"朋友"所伤。

如果你一时无法确定一个人是敌还是友，而对方又一直将自己的感情掩藏得非常好，那么就给对方充分的时间和空间表现自己。时间是判断一个人对你的感情真假的最好凭证。不管对方多么擅长伪装，多么擅长掩饰自己的感情，他也会有失误的时候。对方的失误，是你最好的契机，抓住了，对方便会渐露端倪,并最终露出狐狸尾巴。如果你无法抓住,或者你一直在寻求与对方共同表演的机会,那么你不但无法看到对方的感情,反而会变成对方眼中的透明物。

如果你足够细心,你就能从别人对你说话的态度上判断他的真心,从而能够将人群加以区分。记住,如果你足够老练,如果你细心体会,不管对方多高明,你都会有制敌之术,从而免受伤害。

如果我们能够很好地修炼自己,提高自己的洞察力,那么就能更好地穿透对方的心灵,寻找到自己真正的、能够肝胆相照、患难与共的朋友。

须提防的5种"朋友"

虽然说每个人都有自己的长处,交朋友可以吸收别人的长处,但这些话都是相对的,而非绝对的。因为每个人都有自己的缺点,有些缺点是可以原谅和宽容的,但有些缺点是不可原谅的。你周围的朋友有着一些不可原谅的缺点时,与他们交往,还得多加提防。

1. 酒肉朋友

现在有些人喜欢交酒肉朋友。我们周围有些人乍看有很多朋友,其实都是一些酒肉朋友,整天吃吃喝喝,一旦真的需要帮忙了,却都跑得无影无踪了,因此酒肉朋友是靠不住的。

酒肉朋友是贪利之人,处处贪小便宜。他们往往以钱财论亲疏,如果说得严重一点,是"有奶便是娘"的卑贱小人。他们交朋友图的是"利",有利可图则与你亲近,无利可图则与你疏远。酒肉朋友不长久,有还不如没有。交一百个酒肉朋友还不如交一位志趣相投的知己。

2. 两面三刀的朋友

俗话说:"人心隔肚皮,做事两不知。"有些人居心不良,当面一套,背后一套，对这样的人应慎之又慎，更谈不上与之结交为朋友了。

至于某人是不是两面三刀，如果没有先见之明，在短时间内是很难分辨的。这样的人当面说的都是一些忠贞不二的话，表现出的是忠诚老实相，其实是用心险恶图谋不轨。

具有两面三刀性质的人善于搬弄是非。在你面前说别人的坏话，在别人面前说你的坏话，不闹出矛盾，绝不罢休。因此两面三刀的人不可交，不然你就会吃大亏。

3. 太注重个人利益的朋友

世界上不可能有完全不为自己打算的人，这是一个人所共知的常识。但一个明事理、有道德的人，不可能只想到自己，不顾脸面的为自己谋私利。那些只考虑自己的人，只想到个人利益的人，最易伤害的不是跟他生疏的人，而是和他比较熟悉、比较亲近的人。因为和生疏的人本来就没有交往，他想跟人家计较是没有条件、没有基础的；而熟悉的人、亲近的人和他有较多的接触、较多的交往。在接触和交往中，他们为了个人利益，处心积虑、想方设法占熟人的便宜。为了一点蝇头小利，他们甚至不惜背叛亲友。这样的人，如果把他当作朋友，便会吃亏上当，给自己带来麻烦。

4. 鸡蛋里挑骨头的朋友

这种人的特点是看什么都不顺眼，看什么都不如意，看别人不是这里有问题，就是那里有毛病，他们能在最完美的东西中发现不完美，他们能在没有问题的地方找出问题，他们能在让人尊敬的人身上发现不能让他满意的蛛丝马迹。他们表面看来和你关系好像不错，但是只要一转身，他们马上便会伤害你。

5. 忘恩负义的朋友

滴水之恩，当涌泉相报，这是做人的基本常识。如果与知恩不报、忘恩负义的人为友，就等于是自掘坟墓。这样的人，你敢和他交往吗？

你不一定要有很多朋友，却一定要有真正的朋友。将那些别有所图的人挑出来，远离他们。否则把这类人当作朋友，只会深受其害。如果不能避免与之交往，平时就要多加提防，以免受害。

多留心眼，提防被朋友"杀熟"

有些看似是你的朋友的人有时往往是你最危险的敌人，在你以之为友，放松戒备的时候，对方却已经早早为你设下了圈套。

张医生就被一位"朋友"坑了。自己以之为友，没想到却落得个"人为刀俎，我为鱼肉"的境地，被狠狠地"宰"了几次。

某年8月份，张医生去进修，碰到一个叫毛玉凤的女人心脏病发作。救死扶伤是张医生的信条，她马上组织抢救。这以后，两人自然结成朋友。毛玉凤戴金丝眼镜，文质彬彬，常说要报救命之恩。毛玉凤说自己所在的深圳公司给她分了4个股份，每股2 500元，3个月后可获利2万元，并表示让两股给张医生以示谢意。此等朋友、此等友情，张医生不由不信，立即将5 000元交给毛玉凤。

春节后，毛又对张医生说："上次股红没分，是公司用股红做了一笔大生意，3个月后每股回报3万元。因为是老朋友，亲戚我都没给，再让两股给你，每股3 000元。"话与情热乎乎的，张医生又把自己积攒的6 000元交给毛，毛说她这个朋友"爽"，不久，又把她介绍给自己的儿子小李。

小李对张医生说："你是我妈的朋友，我就算是你的干儿子，我一定要在经济上帮你。"又说："我和北京一个朋友在内蒙古办了个山羊养殖场，做羊皮出口生意，年纯利几十万元，冲你是妈妈的朋友，把一个3万元的股份给你吧，半年赚10万元。"

张医生心想盛情难却，况且利大，便借了3万元交给了小李。

她天天盼分红，不料，这年7月的一天，得到的消息是双方的生意都亏了，张医生只觉得五雷轰顶。

莫非毛玉凤是骗子？不像，因为她的儿子小李又来了，晃一晃100元一扎的现金，拿出一张4万元的欠条，说马上要去买一只价值连城的古瓶，买回后卖150万元，足够还给张医生的了。

张医生再次为朋友之情感动，跟着小李去取那价值连城的古瓶。哪知取到手后小李说有事要先走，走后她又给自行车撞了一下，古瓶应声粉碎。到小李那里去时，小李拿着菜刀要她赔偿古瓶，张医生因此分文未得，还给小李开了20万元的欠条。

张医生因此病倒卧床，好在病后向公安局报了案。

公安局说这叫"杀熟"，一种极其普遍的宰朋友手段。"杀熟？"张医生闻所未闻，她不懂朋友之道何以变得这样险恶。

对付"朋友"的欺骗比较困难，因为都没有什么戒心，不妨从以下几个方面预防：

首先，如果借钱要立下字据。如签订合同要具体明确，将事情考虑全面，用法律维护自己的权益。

其次，对于多年不见的或者没有任何音讯的朋友应小心应付，同时打探他的底细。

最后，朋友遇到经济上的问题需借钱，可以先少付款，分多次付。

当然，并非所有的朋友都是假仁假义之徒，只要你细心观察，仔细体会，就能剔除朋友中的唯利是图的小人，找到你真正的朋友。

正确认识诤友的价值

真正的朋友是一生的财富，诤友之所以可贵，就在于他们能以高度负责的态度，坦诚相见，对朋友的缺点、错误绝不粉饰，敢于力陈其弊，促其改正。诚如古人云："砥砺岂必多，一璧胜万珉。"其意是说，交朋友不在多，贵在交诤友。如果人们能结交几个诤友，那么前进的道路上，就会少走弯路，多出成果，事业发达。然而，在各种各样的朋友中，最难结交的便是诤友。

敢于说批评话，勇于指出朋友的不足，是诤友的显著特征。或许这样可能让朋友不高兴，甚至得罪朋友。故此，有些人不敢也不太愿意做诤友。当他们面对朋友的缺点、不足时，即使看到了，也很少有勇气直言指出，或者佯装不见，睁一只眼闭一只眼，采取"多一句不如少一句"的态度，特别是对于那些讳疾忌医的朋友更是如此。

可见，要做诤友必须首先战胜自己，抱着对朋友负责任的信念，而不怕一时得罪朋友，树立仗义执言的大无畏精神。

人们接纳诤友也很难，听到刺耳诤言，人们会心里难受，面子上难堪。有的人对诤友批评不予理睬，甚至十分反感。特别是那些有成就有地位的人，听顺耳之言多了，逆耳之言往往听了很不舒服。这种态度只会伤诤友的心，破坏彼此的关系，最终失去诤友。

面对诤言有时人们也会控制不住情绪，对诤友发火，但事过之后马上道歉，挽回局面，仍不失风范雅量。诤友的诤言也应仅限于大是大非的原则性问题，不宜事事指点评说。此外，进诤言的策略方式稍加讲究也是诤友真正有责任感的表现。

好朋友要互相安慰

人生的道路不平坦，逆境常多于顺境。身处逆境，面对不幸，当事者不仅需要本人自勉，也迫切需要别人的劝慰。安慰如雪中送炭，能给不幸者以温暖、光明和力量。给予不幸者以安慰是为人处世的一种美德。当好友遭受不幸时，及时送上真诚的安慰更是你应尽的义务。

探望身患重病的朋友，不必过多谈论病情。有关的医疗知识，医生已有交代说明，无须你再多言。如果对方本来就背着重病的精神包袱，你再谈及过多，势必使包袱加重。你应该多谈谈病人感兴趣的事，以转移对方的注意力，减轻其精神负担。

对于因生理缺陷或因出身、门第被人歧视的朋友，劝慰时应多讲些有类似情况的名人的成功事例，鼓励对方不向命运屈服，抵制宿命论思想的影响。

安慰丧亲的朋友，不要急于劝阻对方的恸哭。强烈的悲痛如巨石压在心头，愈久愈重，不吐不快，让其宣泄、释放出来，反而有利于较快恢复心理平静。应当注意倾听对方回忆、哭诉，并多谈谈死者生前的优点、贡献等。对生老病死之类的突发事件要注意及时安慰，时过境迁不仅失去意义，而且会使对方已经平复的心灵勾起伤心的回忆，这是很不妥的。

当然，也不是说一定要在对方情绪激动的时候去安慰。一个人的情绪处于失控的情况下，任何人的安慰都难以入耳，只能火上加油。还是等他冷静下来，恢复了理智，再同他交谈为好。

有时，谎言不一定全是坏话。

比如，对于身患绝症的朋友，只能把病情如实告诉其家属，而对其本人，仍应重病轻说。如果谎言唤起了他对生活的热爱，增强了他对病魔斗争的意志，就有可能使生命延续得更长久，甚至战胜死神。

善良的谎言其用心当然也是善良的，即为了减轻朋友的精神痛苦，帮助其重振生活的勇气。当事人以后明白了真相，只会感激，不会埋怨。如果明知会加重对方的精神痛苦，仍要实话相告，即使不算坏话，也该算是蠢话。

第11章 一个没有陌生人的世界

初次见面如何缩短距离

初次见面,交际双方都希望尽快消除生疏感,缩短相互间的感情距离,建立融洽的关系,同时给对方一个良好的印象。那么,怎样才能通过交谈较好地做到这一点呢?

1. 通过亲戚、老乡关系来拉近距离

由于亲戚、老乡这类较为亲密的关系会给人一种温馨的感觉,使交际双方易于建立信任感。特别是突然得知面前的陌生人与自己有某种关系,更有一种惊喜的感觉。故而,若得知与对方有这类关系,寒暄之后,不妨直接讲出,这样很容易拉近两人的距离,使人一见如故。

毛泽东同志就常用这种"拉关系"的技巧。新中国成立后接见民主人士时,凡是与他有点亲戚关系的,以及通过师生、故友的关系有些瓜葛的,往往是刚一见着面,没出两三句话,他就爽直地和盘托出其间丝丝缕缕的关系,在"我们是一家子"的爽朗笑声中,气氛亲热了许多,使被接见者倍感亲切。

2. 以感谢的方式来加强感情

有一位同学在跟一个高年级学生接触时的头一句话就是："开学时就是你帮我安置床铺的。""是吗？"那个高年级同学惊喜地说。接着两人的话题就打开了，气氛顿时也热烈了许多。那个高年级同学的确帮过许多人，不过开学初人多事杂，他也记不得了。而这个新来的同学则恰到好处地点出了这些，给对方很大的惊喜，也使两人的关系拉近了一层。

一般来说，每个人都对自己无意识中给别人很大的帮助感到高兴，见面时若能不失时机地点出，无疑能引起对方的极大兴趣。因此，初次见到曾帮过自己的人时，不妨当面讲出，一方面向对方表示了谢意，另外无形中也加深了两人的感情。

3. 从对方的外貌谈起

每个人都对自己的相貌或多或少感兴趣，恰当地从外貌谈起就是一种很不错的交际方式。有个善于交际的朋友在认识一个不喜言谈的新朋友时，很巧妙地把话题引向这个新朋友的相貌上。

"你太像我的一个表兄了，刚才差点把你当作他，你们俩都高个头、白净脸，有一种沉稳之气……穿的衣服也太像了，深蓝色的西服……我真有点分不出你们俩了。""真的？"这个新朋友闪着惊喜的眼神。当然，他们的话匣子都打开了。

我们不得不佩服这个朋友谈话的灵活性。他把对方和自己表兄并提，无形中就缩短了两人之间的距离，接着在叙说两人相貌时，又巧妙地给对方以很大的赞扬，因而使这个不喜言谈的新朋友也动了心，愿意与其倾心交谈。

获得好感的简单方法

一个高明的谈话者，不仅能体察别人的内心世界，而且还能听取别人的意见，体谅别人各种复杂的情感，从而获得别人的好感。比如，他会以饶有

第11章 一个没有陌生人的世界

兴趣、欣赏、友善的目光看着对方，观察对方的动作和表情。对方看到他那种友善的目光时，就会像春风解冻一样，浑身上下都有一种轻松的感觉。

法利先生是一个知道如何让人喜欢自己的专家。有一次，费拉德菲尔城举办"读书和读者"联谊会。当法利先生和其他演讲者到宾馆去吃午饭的时候，在走廊遇到了推着餐车的女服务员。他们绕过餐车走了进去，这位服务员丝毫没有注意到他们。这时，法利先生却向她走了过去，并且伸出手说："嗨，你好，我是詹姆士·法利。能告诉我你的名字吗？很高兴认识你。"当这群人走过大厅回头看时，她嘴巴仍然张得大大的，显得十分惊讶，随即，她的脸上绽开了甜美的微笑。这是一个成功人士在社交场合中平易近人，善于营造舒适、自然、轻松的气氛，从而拥有良好人际关系的绝妙例子。

在开口交谈之前，不要冷不防地与人搭讪，这样无法获得自然的沟通。此外，如果一开口便说些讨好的话，对方反而会感到紧张。在坐席上安定下来之前，趁着忙乱时说些不经意的话，能使对方以轻松的心情回应攀谈。总而言之，你最初开口寒暄的目的，是为了向对方表明自己没有敌意。

美国一位学者曾经说过："一种既简单但又最重要的获得好感的方法，就是牢记别人的姓名，并且在下一次见面时喊出他的姓名。"

姓名是人的标志，人们出于自尊，总是最珍爱它，同时也希望别人能尊重它。如果你与曾打过交道的人再次见面，能一下叫出对方的名字，对方一定会感到非常亲切，对你的好感也油然而生；而如果只是觉得"眼熟"，再次向对方请教"贵姓"，双方一定觉得非常尴尬。

向人们表示你对他们的尊重，是获得人们的好感、建立和谐的人际关系的关键。

你尊重别人，别人才会尊重你；你去喜欢别人，别人才会喜欢你。美国著名学者威尔罗杰斯曾说过一句很有名的话："我从没遇到过一个我不喜欢的人。"这句话或许有一点夸张，但对威尔罗杰斯来说并不为过。

当然，有时也会因为彼此意见不同，使得你喜欢某个人格外困难。但是，每一个人确实都有他值得尊重的、甚至可爱的品性。

现在，越来越多的人忽视礼貌在沟通中所起到的重要作用，而事实上，它却是表述友好不可缺少的。在日常生活里，一个简单的"请"字，一个热情的"谢谢"，一个亲切的"招呼"，即使在熟人中间，也不是多余的"形式"和"客套"，而是对人尊重、诚挚的一种感情流露，它能使人感受到亲切、温暖和愉快。这小小的细节，往往可以反映一个人的内心世界，如品德的优劣和文化修养的高低。

让陌生人感觉到被认同

哈佛大学校长查尔斯·伊里特博士是一个杰出的大学校长。一天，一个名叫克兰顿的大学生到校长室申请一笔学生贷款，被批准了，克兰顿万分感激地向伊里特道谢。正要退出时，伊里特说："有时间吗？请再坐一会儿。"接着，克兰顿十分惊奇地听到校长说："你在自己的房间里亲手做饭吃吗？我上大学时做过。我做过牛肉狮子头，你做过没有？如果煮得很烂，这可是很好吃的菜呢！"接下去他又详细地告诉克兰顿怎样挑选牛肉，怎样用文火慢煮，怎样切碎，然后放冷了再吃。"你吃的东西必须有足够的分量，才能保证身体的成长发育。"校长最后说。那一刻，克兰顿的心情非常激动，原来校长也有这样的经历，真是太美妙了！

校长伊里特向克兰顿讲述了自己曾经在宿舍里做过牛肉狮子头的事情，这让克兰顿觉得很亲切，赫赫有名的校长原来也和自己一样有过类似的经历。

如果在聚会中看到一个很想认识的人，你怎样去结交他？你在与陌生人交谈时很愉快还是很沮丧？你知道为什么跟对方交谈时他却没有兴趣？

第11章 一个没有陌生人的世界

　　一些人在与陌生人的交往中，会遇到如上所述的问题，这些人是否因为这些问题而苦恼万分呢？不必盲目悲观。告诉大家一个能与陌生人愉快相处的方式。开始与陌生人交往的时候，总会心存芥蒂。那么这就需要我们打破这个局面，需要让对方感觉到被认同。这样，对方一下就会与你亲切不少，你们之间的交往便是水到渠成的事了。

　　小刘与小杨是一对好朋友。小刘很有人缘，他走到哪儿，就会给哪儿带来生气与活力。当别人讲话时，他会全神贯注地倾听，让人感觉自他听自己说话的那一刻起，自己的身份就比以前更加重要了。人们都喜欢接近他，愿意与他在一起工作、学习和聊天。

　　一天，小刘与小杨坐在办公室里闲谈。小杨向窗外望去，注意到他很讨厌的一个人正在向他们走来。

　　"讨厌的人过来了，我可不想碰到他。"小杨说着，想出去避开一下。

　　"为什么？"小刘问。

　　小杨解释说，他自从到这个单位以来，就觉得那个人不顺眼。他跟别人说话时态度非常蛮横，是一个没有礼貌的家伙。

　　小刘看着那个人说："看上去他没有那样讨人厌烦啊，至少不像你说的那样。或许你想错了。"他接着说："或许是你逃避他。你这样做，只因为你讨厌他。而他可能也觉得你不喜欢他，因此他对你也就不那么友善了。人们都喜欢那些喜欢自己的人，如果你对他表示好感，他就会以同样的方式对待你，去跟他说说话吧。"

　　小杨半信半疑，想了一下后走到那个人面前，微笑着问他："你好，看你装扮，好像是刚休假回来？"那人看着小杨，表现出十分惊奇的样子："你好你好，是啊，假期一结束，我马上赶回来了。""假期过得还愉快吗？做咱们这行的就是这样，压力很大，你应该在家休息两天再过来也不迟啊。""呵呵，压力肯定有。听说你这个月联系到了一个大客户？恭喜你啊！"……

小杨没有想到的是,那个人完全不是他所想象的那样,跟他交谈很愉快。

大部分年轻人都一样,与人交际时总以自己的想法去衡量别人。每一次接触,我们都担心别人会如何看待自己,其实与此同时,别人也在担心我们会如何看待他们。如果我们不去以自己的想法衡量对方,而是从对方角度考虑问题,认同对方,那么,我们也会得到对方的认同。

建构良好人际关系的重点就是提高对方的"希望被认同存在"的自我重要感,因为任何人难免都会抱有"希望自己被别人关心"的欲求。因此,让陌生人感觉到被认同也就很容易打开你与陌生人交往的局面。

学会与陌生人搭讪

有一家公司要招聘一名经理,在应聘者之中,有两个人的表现非常好,公司有意从他们中间聘请一位。在等待结果的时候,其中一个应聘者并没有安静地坐下来,而是走到前台跟一位小姐搭讪,说了一会儿话。那位小姐跟他说了一些公司的事。

当两个应聘者再次坐到面试官前面的时候,那个跑去跟前台搭讪的人根据自己掌握的情况对公司提出了一些新的看法并说了几点建议。

结果可想而知,那个提出了新的看法并说出建议的人被聘用了。

由此可见,学会和陌生人搭讪是多么重要。有很多人都有这种想法:跟一个陌生人说话,如果他能回应还好说,如果不理会的话该多丢人啊!可能他会笑话我的,或者他会不会以为我有不良企图啊……其实,这些都是我们多想了,跟陌生人说话远没有这么复杂。专家曾经做过调查,证实我们主动与陌生人说话时,对方通常表现出友好的态度,总体成功率在80%以上。

结交陌生人除了要有勇气外,还需要一定的技巧,就像前面我们讲述的

第11章 一个没有陌生人的世界

那样,"引起好奇""攀亲认友""投其所好"等。但是,有时因为各种原因我们可能想不到该使用哪一种方法跟陌生人交谈,这时,我们就可以"没话找话",先引起对方的注意,然后再根据情况找到双方共同的话题。

张力明在一家公司做销售,因为是第一次做这行,经验不够,所以业绩很差。其实他也明白,自己的性格有点内向,面对陌生人时不知道该如何跟他们交谈,业绩差是情理之中的事。为此,他看了不少书,专门研究怎样跟陌生人打交道。

几天以后,张力明出差住在一家旅店,亲眼目睹了一场结交陌生人的活剧:

一个先他住进来的人悠闲地躺在床上欣赏电视节目,后来又有几个人住进来。其中有一个人放下旅行包,稍拭风尘,冲了一杯浓茶,然后环顾了一圈,目光落到了先来的人身上:"师傅来了好久了?""哦,我是最先住进来的,不过也只比你们早了一刻钟。""听口音是山东人啊?""噢,山东枣庄人!""啊,枣庄是个好地方啊!我在读小学时就在《铁道游击队》连环画上知道它了。3年前我因为生意上的事还去了一趟枣庄呢。"

听了这话,那位枣庄客人马上来了兴趣,两人从枣庄和铁道游击队谈开了,那亲热劲儿,不知底细的人恐怕要以为他们是一道来的呢。接着就是互赠名片,一起进餐,睡觉前双方居然还在各自带来的合同上签了字:枣庄客人订了苏南某厂的一批货;苏南客人从枣庄客人那里弄到一批价格比较合理的煤。

张力明有些惊讶:人与人之间从陌生到熟悉就是这样简单啊!看来,我之前对陌生人的一些想法真是太多余了。

的确,那两个人从相识到交谈与成功,只是因为一个人没话找话,继而引出了"枣庄""铁道游击队"这两个双方都熟悉的共同点。

搭讪,也就是平时我们所说的没话找话说。"没话找话"说起来也算是一个小技巧,北京话叫"套瓷"。搭讪的人,有机会把陌生人变成自己的朋友；而不搭讪的人，在受了传统社会僵化思维的影响，把"搭讪"这个结合了勇气和良好沟通能力的行为给妖魔化后，却永远只能停留在无尽的懊悔之中。其实，把与陌生人搭讪看得这么复杂是根本没有必要的。没话找话总比无话可说要强得多，至少可以给双方一个机会，而无话可说根本没有机会。结交陌生人，我们至少要给自己一次机会。

有效接近陌生人

跟陌生人见面，如何在最短的时间内有效地接近对方，可以从以下几个方面着手。

1. 投其所好

初次见面的人，如果能用心了解与利用对方的兴趣爱好，就能缩短双方的距离，而且加深给对方的好感。例如，和中老年人谈健康长寿，和少妇谈孩子、减肥以及大家共同关心的宠物等，即使对自己不太了解的人，也可以谈谈新闻、书籍等话题。

2. 说话平实

著名作家丁·马菲说过："尽量不说意义深远及新奇的话语，而以身旁的琐事为话题做开端，是促进人际关系成功的钥匙。"一味用令人咋舌与吃惊的话，容易使人产生华而不实、锋芒毕露的感觉。受人爱戴与信赖的人，大多并不属于才情焕发，以惊人之语博得他人喜爱的人。尤其对于初识者，最好不要刻意显出自己的显赫，宁可让对方认为你是个善良的普通人。因为一开始你就不能与他人处于同等的基础上，对方很难对你产生好感。如果你摆出一副超人一等的样子，别人也会用同样的态度对待你。

3. 避免否定对方

初次见面是建立良好人际关系的重要时期，在这种场合，对方往往不能冷静地听取意见、建议并加以判断，而且容易产生反感。同时，初次见面的对象有时也会恐惧他人提出细微的问题来否定其观点，因此，初次见面应当尽量避免有否定对方的行为出现，这样才能形成紧密的人际关系。当然，这并不是让你不提相反意见。你应尽可能地避免当着他的面提出，或者可以借用一般人的看法以及引用当时不在场的第三者的看法，这样就不会引发对方反射性的反驳，还能够使对方接受并对你产生良好印象。

4. 注意细节

在初次见面的场合中，如果有一方想结束话题，往往会有看手表等对方不易察觉的无意识动作。因此，当你看到交谈的对方突然焦躁地看着手表，或者望着天空询问现在的时刻，就应该及早结束话题，让对方明了你不是一个毫无头脑的人。你清楚并尊重他的想法，必能留给对方一个美好的印象。

让陌生人在你面前敞开心扉

有一种人，在容貌、才能、说话方面并没有什么卓越之处，可是与人交往却堪称能手，能够迅速地和一些陌生人成为朋友。"若论长相，我还比他英俊几分呢，可是，为什么他的交际能力胜我一筹？"你是不是偶尔在脑海中闪现过这个疑问？

其实，他之所以受欢迎，关键不在容貌、才能，而是在他是个能够衷心与朋友在一起而感到快乐的人。任何人都希望自己被爱、被认定自己的价值。再小的愿望，只要获得满足，一个人的心就会平静、祥和。你如果想得到这些愿望，首先要学会爱朋友，就像爱自己一样去爱朋友，为朋友奉献。爱朋友的人，最终会得到朋友的爱。善于让朋友倾情相诉的人，最容易获得朋友的衷心爱戴。随便打断他人谈话最不礼貌。我们把打断他人讲话的作为，叫作插嘴。插嘴起着很坏的干扰作用。下面，让我们看看插嘴在讲话时充当一个什么样的角色吧。插嘴作为交流混乱状态的副产品,是一种自发性的毛病。人们的讲话,大致上是按照自己的思维顺序先后表达出来的,各种各样的想法,心里怎么想的,嘴巴就怎么说。

可是,这个事实对于作为听者的你来说,却是大问题。因为你必须按照对方的思路,收集对方思考的片断,把它们理顺,看看对方要表达个什么意思。有时,要耐心地听,才能得到几句有意义的话,有时,还要核实对方的话。这就像用拼图玩具制作巨型图画那样,不耐心、不认真是难以完成的。不懂这个道理的人,总是胡乱打乱他人的讲话。在他人讲话时插嘴,打断人家的讲话,突然发问,抢他人的话头,不让对方往下说,硬要他人沿着自己的思路说话。这样插嘴分散了讲话者的注意力,混乱了讲话者的思路,扰乱了有条有理的讲话内容,因而使人讨厌。

如果你不同意他的话,你也许很想打断他。但是不要那样做,那样做很危险。当他有许多话急着要说的时候,他不会理你的。因此,你要耐心地听着,抱着一种开阔的心胸,诚恳地鼓励他充分地说出自己的看法。事情常常是这样:即使是朋友,也宁愿对我们谈论他们的成就,而不太喜欢听我们大摆自己的成就。

让陌生人亲近、认同你

在陌生人敞开心胸和我们说话后,如果你要想得到他们的支持,那么你应该接下来思考这样一个问题:怎么能够让他认同我?问题的答案很简单:恰到好处地适应陌生人的情感需求。你只有打通了陌生人的情感需求通道,才能让他彻底放下戒心,才会从心底里认同你。

1. 关心他最亲近的人

任何人总是关心着自己最亲近的人,如果一旦发现了别人也在关心着自己所关心的人,大都会产生一种无比亲近的感觉。交际就可以利用人们这种共同的心理倾向,从关心他最亲近的人切入,拉近交际的距离。

曾和日本前首相佐滕荣作实力相当的河野一郎,最会利用人们的这个微妙的心理。有一次河野一郎在欧美旅行时,在纽约遇到了多年不见已显生疏的朋友米仓近先生。两人在互道近况后,都留下了在国内的住址和电话,知道彼此都成了家。当晚,河野一郎回到旅馆第一件事,便是挂了个长途电话给米仓近太太:"我是米仓近的老朋友,我叫河野一郎,我们在纽约碰面了,他一切都很好。"

米仓近太太没想到丈夫的这位朋友会对丈夫这么关心、体贴,感动得热泪盈眶。米仓近后来知道了,专程去看他表示感谢。

2. 在他心中建起同胞意识

同胞意识也就是亲情意识。《三国演义》里,关羽、张飞何以对刘备如此忠贞不渝呢?主要原因就是刘皇叔在与关、张相识之初就和他们义结金兰,结拜为同胞兄弟了,同胞意识在关、张心目中牢牢地扎下了根。如果能在交际之初迅速建立起同胞意识,就可以使对方放松对自己的警戒之心,而把自己接受为"自己人"。

田中义一是日本很有名气的政治家,他非常善于利用人们的亲近心理,营造温馨的交际环境,来取得预期的交际效果。有一次,他到北海道进行政治游览,有位穿着考究看来很像当地知名人士的男子走出欢迎行列向他表示问候。田中义一急忙走上前去,紧紧握住那人的双手,十分热情地说道:"啊,您辛苦了。令尊还好吗?"那个男子感动得一时说不出话来。田中义一的政治游览,也因此大获成功。事后,田中义一的随从对主人的亲密举动十分不解,忍不住问道:"那人是谁?"田中义一的回答出人意料:"我怎么知道,但谁都有父亲吧!"

田中义一的交际成功,无疑在他选择了一个比较好的交际切入点,即在男子心目中迅速建立了亲情意识,使男子觉得他是一个值得信赖、和蔼可亲的人，从而在心理上对田中义一产生了认同感。

3. 为他人助上一臂之力

热情相助最能博得人的好感。在日常生活中，那些具有古道热肠、为人厚道、不吝啬、好助人的人总能在邻里之间、同事之间获得好名声。因为人们一般都乐意与这些热心肠的人相识相交。比如你帮正在上楼的邻居抬一罐煤气，你就可以成为他家中的常客；替一个刚刚上车的旅客摆放好行李，你的旅途就多一个伙伴；为忙碌的同事沏一杯茶，你就会得到善意的回报。

4. 用温情暖化他人心中的坚冰

人们一般都认为，双方的矛盾爆发之后的一段时间，是交际的冰点。但如果此时一方能主动作出一个与对方预期截然相反的善意举动，就会使对方在惊愕、感叹、佩服、敬意之中认同你，从而化敌为友。交际的冰点就成了成功交际的切入点。

在美国开国总统华盛顿还是一位上校的时候，他率领着部队驻守在亚历山大历亚。在选举弗尼亚议会的议员时，有一个名叫威廉·佩恩的人反对华盛顿所支持的候选人。同时，在关于选举问题的某一点上，华盛顿与佩恩形成了对抗。华盛顿出言不逊，冒犯了佩恩；佩恩一怒之下，将华盛顿一拳打倒在地。华盛顿的部下闻讯，群情激愤，部队马上开了过来，准备教训一下佩恩。华盛顿当场加以阻止，并劝说他们返回营地，就这样一场干戈暂时避免了。

第二天一早，华盛顿派人送给佩恩一张便条，要求他尽快赶到当地的一家小酒店来。佩恩怀着凶多吉少的心情如约到来，他猜想华盛顿一定要和他进行一场决斗，然而出乎意料，华盛顿在那里摆开了丰盛的宴席。华盛顿见佩恩到来，立即站起来迎接他，并笑着伸过手来，说道："佩恩先生，犯错误乃人之常情，纠正错误是件光荣的事。我相信昨天是我不对，你已经在某种程度上得到了满足。如果你认为到此可以解决的话，那么握住我的手，让我们交个朋友吧。"华盛顿热情洋溢的话语感动了佩恩。从那以后，佩恩成为一个热烈拥护华盛顿的人。

初次交谈的最佳说法

初次交谈，一般是指与陌生人或新结识的朋友的第一次交谈。这是社交谈话中的一大难关。因为与陌生人相会，双方互不了解；即使了解也是浮光掠影，不深不透，就很难激起交谈的热情，也找不准交谈的话题，更缺少一种亲切、自然、热烈的气氛。弄不好很容易导致四目相对，局促无言，令人尴尬。那么，怎样才能使你的第一次交谈获得成功，使自己与陌生人和新交一见如故、感觉相见恨晚呢？关键是要找到以下三点。

1. 共同点

人与人之间有许多共同的地方，如：共同的兴趣、共同的爱好、共同的职业、共同的背景、共同的利益、共同的朋友等。初次交谈如果找到了对方与你的共同点，就可以消除陌生感、疏离感，彼此会打开话匣子，轻松自如地交谈，犹如相识已久。以下的四种方式，会帮你很快地找到"共同点"。

（1）以话试探，侦察共同点。两个陌生人之间为了打破沉默的局面，开口讲话是首要的。有人以问话开场，询问对方籍贯、身份，从中获取信息；有人则细听说话口音、言辞，侦察对方情况；有的以动作方式一边帮对方做某些急需帮助的事，一边以话试探；有的人借火吸烟，也可以发现对方特点，打开口语交际的局面。

两个年轻人从某县城上车，坐在一条长椅上。其中一人问对方："在什么地方下车？""南京，你呢？""我也是，你到南京什么地方？""我到南京山西路，找人有事，你就是本地人吧？""不是的，我是到南京走亲戚的。"经过"火力侦察"，双方对南京都了解、都是走亲戚的共同点就清楚了。两个人发现对方共同点后谈得很投机，下车后还互邀对方做客。这种融洽的效果看上去是偶然的，实际上也是一种必然：因为先有了"火力侦察"，从而发现了双方的共同点，因此才会产生向交际深处拓展的效应。

（2）听人介绍，猜度共同点。你去朋友家中，遇到有陌生人在座，这时作为对于双方都很熟悉的主人，就应马上出面为双方介绍，说明双方与主人的关系、各自身份、工作单位，甚至个性特点、爱好等，细心人从介绍中马上就可以发现对方与自己有什么共同之处。

一个县物价局的股长和一位县中学的教师在一个朋友家见面了，主人把这对陌生人作了介绍，双方马上发现原来都是主人的同学（中学和大学）这个共同点，马上就围绕"同学"这个突破口进行交谈，很快就加强了相互认识和了解，以后就很顺利地变得亲热起来。这当中重要的是在听取介绍时要仔细地认识对方，发现共同点后再在交谈中延伸，不断地发现新的共同关心的话题。

（3）揣摩谈话，探索共同点。为了发现陌生人和自己的共同点，可以在需要交际的人同别人谈话时分析、揣摩，也可以在对方和自己交谈时揣摩对方的言语，从中发现共同点。

在广州的某百货商店里，一位南海舰队服役的战士对服务员说："请你把那个东西拿给我看看。"还把"我"说成字典里查不到的地道的土语。另一位也是苏北人，在广州某陆军部队服役，听了前者这句话，也用手指着货架上的某一商品对营业员说了一句相同的话。一听这话，前边那位战士眼前一亮，就用苏北话问了一句："你是苏北人？"听着这浓郁的渗透苏北乡土气息的话，在广州参军的战士也回了句："那是当然啦！"说罢，两位陌生人相视一笑，买了各自要买的东西，出了门就谈了起来，从老家问到部队，从眼下任务谈到几年来走过的路，介绍着将来的打算。看着身在异乡戍边的一股老乡的亲热劲，不知情的人怎么也不会相信他们仅仅是因为听到了对方一句家乡话而发现了共同点，因而变得熟悉起来。可见，细心揣摩对方的话确实可以找出双方的共同点，使陌生的路人成为熟人，并极有可能发展成为要好的朋友。

（4）步步深入，挖掘共同点。发现共同点是不太难的，而这只能是谈话的初级阶段所需要的。随着交谈内容的深入，双方的共同点会越来越多。为了使交谈更有益于对方，只有一步步地挖掘深一层的共同点，才能如愿以偿。

一个大学生和一位在法院工作的同志，在一个共同的朋友家聚餐，经主人介绍认识后，两个陌生人谈了起来。谈话时两人发现双方对社会上的不正之风的看法有共同点，不知不觉地展开了讨论，他们从令人发指的社会腐败现象谈到产生的土壤和根源，从民主与法制的作用，谈到对党和国家的期望。越谈越深入，越谈双方距离越短，越谈双方的共同点越多。事后双方都认为这次交谈对大学生认识社会，对法院同志了解外面的信息和群众要求，增强为纠正不正之风尽力的自觉性都是有益处的。

寻找共同点的方法还有很多，比如面临的共同的生活环境、共同的工作任务、共同的行路方向、共同的生活习惯等，只要仔细发现，陌生人无话可讲的局面是不难打破的。

2. 相似点

相似点是通俗的说法，心理学上称作相似性因素，也叫类似性因素，即人与人之间大致的相似之处。

社会心理学研究表明，人们都乐于同与自己有相似点的人交往、谈话。因为相似性因素，既能有效地减少对方的恐惧与不安，解除戒备，缩短彼此的心理距离，启发与你交谈的愿望，又能发出可以共同接受的信息，能有相同、相似的理解，产生相同、相近的情绪体验，进而在感情上产生共鸣。

人与人之间存在的相似性因素很多，有的是明显的，有的是隐蔽的。两个人初次见面，只要留心对方的举止言谈，就不难从中发现一些明显的相似性因素，及时捕捉，便成了初次交谈的常见的相似因素。

（1）地域相似。这里的地域是指人们居住、工作的地方。小至一村一乡一个单位，大至一县一省一个行政区。有些人是不相识，却或先或后地在同一个区域里居住、学习、工作过，这就是陌生人之间的地域相似性因素。这一地区的山水、人物、风情、世态……都是他们的共同话题。

在某学会上，一位从沈阳来的教授与丹东市一位同志相遇了。

王同志："陈教授，听你的口音是本地人。"

陈教授："是。老家住岫岩县牧牛乡。"

王同志："今年春天我去过一次。那个地方偏僻一点，但山楂种植业发展很快，很有前途。"

陈教授："我去年回去一趟。山楂是栽了不少，但技术不行，管理也跟不上。"

于是，两个人从岫岩的山楂种植谈到玉石制品，从一个小山乡谈到全县的城镇建设，亲亲热热的。古诗云："停船暂相问，或恐是同乡。"如果能在陌生人之中找到一位同乡，即使从未见面，也会唠个没完没了。

（2）经历相似。相似的社会经历，会使人产生相同或相近的切身感受，容易互相理解，产生感情上的共鸣。一方讲述的生活经历，能引起另一方对往事的回忆联想；一方吐露的心声，会成为双方共同的感慨。这样，就有了许多共同的语言，愈谈愈亲近。

刚粉碎"四人帮"那几年，老干部们相见，不管认识不认识，只要都"插过队"，就称为"五七战友"，都有说不完诉不尽的愤慨之情。青年人相见，不管认识不认识，只要都"下过乡"，就是"知青战友"，都能滔滔不绝地讲一通乡间生活的奇闻轶事。唐代诗人白居易身为江州司马，琵琶女地位低下，他们邂逅相逢，能很快地倾心交谈，并为之挥泪，沾湿司马青衫，就是因为"同是天涯沦落人"，经历、遭遇上的相似，使他们暂且排除了地位上的差别，有了共同的语言。

（3）职业相似。俗话说："隔行如隔山，同行易相知。"初次见面，彼此之间人不熟，但对共同从事的职业的性质、特点、工作方法、个中甘苦，都了如指掌,谁也不会感到陌生,谈起来都有话可说。

在火车上,常常看到这样的情形:两个农民打扮的人,抽着老旱烟,谈得热火朝天,从旱涝风情、庄稼长势、土质肥力、耕作方法……一直谈到化肥农药涨价、粮食收购价格太低、养猪不如养狗……直到其中一位下了车,他们之间的马拉松式的谈话才终止。这时,你问没下车的那一位:"你们早就认识吧?"他会很干脆地告诉你:"我不认识他,听口音不是本地人。"这就是因为职业上的相似因素,使他们之间有了共同话题,偶然相遇就谈得这么火热。

(4)年龄相似。发展心理学研究结果表明,同一年龄组的人具有相同或相近的生理和心理特征,即在思想感情、行为方式、兴趣爱好等许多方面存在着相似性因素。两位老人初次见面,通过观察、自我介绍或询问,便知道了对方的准确年龄。这时,年龄上的相似因素就可能成为他们的热门话题。

甲:"你比我还大一岁,看上去却比我年轻多了。"

乙:"你虽说头发白了,但身子骨蛮硬朗。"

甲:"硬朗啥呀,高血压。"

乙:"这不打紧,前几年我也高血压,后来天天做气功,血压就降下去了。"

甲:"你练的是哪家气功?那么见效。"

乙:"鹤翔庄。"

很显然,这两位老人是由于年龄相近,对健康状况和养身之道都特别关心,所以,刚刚见面就像老朋友似的交谈起来。

(5)处境相似。如果说两个人未见面之前各不相干,境遇不同,一旦见面,便生活在同一环境里,这就有了共同关注的目标,共同感知的人物、事态,相同或相近的际遇。这样,在对周围环境的第一印象上很容易出现相似性因素。

参加一次会议,两个互不相识的人住在一个房间里。一位口渴了,一看，暖瓶里没有水，愤愤地说："一宿15元住宿费，连开水都不给送。"另一位接过话茬："岂止是不给送，连自己去打都没有，茶炉是凉的。"于是，两个人你一言我一语地对宾馆的服务工作议论开来。这是相同的环境、际遇作用于人的感官，产生了大体一致的感受，大家就都有感而发了。

以上五个方面，是直接的相似性因素。初次相见，只要能及时地发现彼此的相似性因素，哪怕是只发现了其中的一个方面，也就有了共同感兴趣的话题。

3. 兴奋点

兴奋点是指那些能够刺激人们的大脑神经中枢、激发人们的兴奋、激情与兴趣、欲望的事情。陌生人之间初次交谈，如果能抓住对方的兴奋点，就可以迅速地引发对方的表达欲与兴奋感、亲近感，彼此达到一种不吐不快、非说出不可的境界，双方的交往与沟通也就水到渠成了。

在一节硬座车厢里，王力一直在逗一个小女孩开口说话，可是小女孩在陌生的环境里，面对这么多陌生的面孔，怯生生地偎在妈妈怀里，无论妈妈、爸爸怎样鼓励也不说半句话。后来王力有意给她妈妈、爸爸出一道题：一个方桌子总共四个角，砍去一个角，还剩几个角。就在这个时刻，奇迹发生了，一直不说话的小女孩突然显得异常兴奋地说："剩五个。"然后用小手在茶桌上边划边讲解，就像一个出色的老师或演讲家。待她确认把这个讲清楚了，又勇敢地冲着王力问："叔叔我也有个问题，一棵大树上有三只鸟，猎人打下一只还剩几只？"王力故意说成是还剩两只，目的是让她继续保持兴奋，开口说更多的话。

小女孩之所以由默默无语到"长篇大论"，就是兴奋点发挥了鼓舞勇气的作用，调动了她的参与意识。除了适合某个人或某些人的兴奋点以外，一个特定的历史时期或时间段几乎都有特定的焦点、热门话题，这些话题往往让大多数人兴奋，产生强烈的谈话欲。

生活中能令人产生兴奋感、表达欲的话题有很多，如时事新闻、轶闻趣

第11章 一个没有陌生人的世界

事、旅行见闻等，这些都需要我们针对不同的对象去发现和发掘。

双赢：给陌生人一些好处

一个身材魁梧、五大三粗的酒鬼，有一天在酒吧里喝醉了，他晃悠悠地站起来，走到台上，挥舞着拳头，吼叫着说："你们谁敢来挑战我？"

酒吧里没有一个人应声。偏巧，这时拳王霍利菲尔德也在场，他沉着地站起来，慢慢朝酒鬼走过去，说："我敢！"

酒鬼认出了拳王，于是——

他伸出手，搂住了拳王的肩膀，又冲着全场的人喊："你们谁敢来挑战我们俩？"

这就是人际交往中的一条黄金法则：双赢。让陌生人和你享有共同的利益吧！

在交友做生意的过程中，如果让对方知道你和他有着共同的利益，双方必须结成利益同盟，才能取得共同的利益，那事情就好办多了。

交友办事，如果让对方觉得他与你有共同的利益，对方办事就会更主动，就会收到更好的效果。这就好比战场上同一个战壕的战友一样，战友之间有着共同的利益，共生死同存亡，每一个人都要勇敢地去战斗，才能取得共同的胜利。

做生意也是如此，合作双方在沟通与合作上，只要让对方感觉到你与他有共同的利益关系，往往可以迅速地拉近彼此间的距离，使对方努力去做。这一技巧如果应用得好，往往会获得意想不到的好效果。

1. 找到你和陌生人之间利益的共同点

有一家工厂效益不是太好，工人们的工资很低，当工人们要求增加工资时，老板就对他们说："各位，你们希望公司倒闭吗？"当然没人希望自己的工厂倒闭,如果倒闭了,就会失业,连眼前的低工资都拿不到了。

老板继续说:"如果工厂倒闭了,大家一分钱工资也拿不到了,我也不希望工厂倒闭。我与你们有着共同的利益。工厂倒闭对你我都没有好处。如果我们团结一致,共同渡过难关,工厂办好了,大家才会有饭吃。"

工人们听了老板的话,感觉到老板与自己有着共同的利益关系,觉得工厂办好了,老板发财了,自己工资收入就会提高。结果这些工人齐心协力,个个努力工作,果真把工厂搞得有声有色,老板和工人们都实现了自己的愿望。

和陌生人交往也是如此,只要让对方感觉到你与他的利益是一致的,就会主动去帮助你,为你提供支持。

2. 让对方看到好处

再倔强的人只要有利可图,也会看到好处而"上钩"的。要想达到自己的目的,就必须刺激对方的欲望,让对方知道,只要能办成事,他就能够得到回报,得到好处,让人相信你所说的并非空话。

在和陌生人谈生意,谈合作,却让对方看不到好处,对方自然不会去干,你说一百句动听的话,还不如让对方得到一点实实在在的好处。

有一位写小说多年的作者,其小说总是难以发表。他通过有关途径认识一个刊物的编辑,两年的时间给这个编辑送了10多篇小说稿,可每一次这位编辑看了都说,稿子还没有写到位。一会儿说小说的题材太陈旧了,一会儿说稿子已经排满了;不是这儿有问题,就是那儿有问题。总而言之,就是发不了。

一个星期天,这个作者又到那位编辑家里送稿,正巧碰上这个编辑的电脑显示屏坏了要拿去找人修理。这个作者是个文人,平日脸皮薄,羞于给编辑送些礼物或好处什么的。这次他就逮着了机会,他对编辑说,我家里还多余一个显示屏,我拿来你先用吧。于是编辑没有推托。这个作者赶紧回家去,把自己电脑的显示屏拆下来送给了这位编辑。事实上,这位作者并没有

多余的显示屏,他不过是把自己买了还不到一年的显示屏拿过来送人而已。

果然,这位编辑拿到他送的显示屏,立即热情起来,当即认真地把他送来的小说稿看了一篇,马上肯定这篇小说稿不错,并说没想到他的小说写得越来越入神了,决定把小说发表在当期的刊物上。

这位作者巧妙地给编辑送上了好处,轻松地把自己多年没有办成的事情办好了。

要想得到陌生人的支持和帮助,道理也同样如此。好处是合作的天平。让双方知道合作后会得到好处,得到回报,让对方觉得与你合作值得,那么,你就能轻松地达到自己的目的了。

与陌生人坦诚相待

某电台"青年信箱"的播音员曾收到3位青年听众的来信,说他们听了优美动听的播音,很想见播音员一面,但他们知道这不可能,所以希望能得到播音员的照片。播音员理解听众的心情,说了一番既动情又恰如其分的话:"3位听众朋友,首先,我非常感谢你们的好意。你们也许听过这句格言'知人知面难知心',看来,交朋友最难的是交心。因此,能不能看到我不要紧,我最希望的是能与你们成为知心朋友!"

可以想象得到,这3位听众听后一定会喜形于色,倍感亲切,虽然没有见过播音员的面,但却见到了他的真心。我们结交陌生人的目的无非是把他变成我们的朋友,而交友贵在交心,它讲究的不仅仅是表面上的情投意合,而更多的是人生道路和事业上的志同道合。所以,交友之人,一定要是真性情,真自我。这样的人才能交心至性,成为知己。

一个人可以没有财产,但他绝不可以没有朋友。拿出你的真心,与陌生人坦诚相对,他一定会被感动的,一定能与你成为朋友的。

原一平在事业开始的时候并不是很顺利。有一个朋友给他介绍了一个人，是一位建筑企业的董事长，叫渡边，朋友说如果成功的话，那个人可是个大客户。于是原一平就去拜访渡边先生。可是渡边并不愿意理会原一平，见面就给他下了逐客令。原一平并没有退缩，而是问渡边先生："渡边先生，咱们的年龄差不多，但您为什么能如此成功呢？您能告诉我吗？"

原一平提这个问题是出自真心的，所以语气非常诚恳，脸上表现出来的跟他心里想的一样，就是希望向渡边先生学习其成功的经验。面对原一平的求知渴望，渡边不好意思回绝他。于是，他就请原一平坐在自己座位的对面，把自己的经历讲述给他。没想到，这一聊就是3个小时，而原一平始终在认真地听着，并在适当时候提了一些问题，以示请教。

最后，原一平也没有提到保险方面的事情，而是对渡边先生说："我很想为您做一点事情，可不可以让我写一份有关贵建筑公司的计划？"渡边已经被这位诚心求教的人打动了，自然点头答应。

原一平为了这份计划花了不少的心思，忙了几天几夜，才把建筑公司的计划书做了出来，这份计划书内容非常丰富，资料翔实，而且建议也非常有价值。

渡边先生见原一平这样真诚，很是感动，依照他的这份计划书，结合实际情况具体操作了起来，结果很令人振奋，公司业绩在3个月后就提高了30％。渡边非常高兴，把原一平当成了最好的朋友。当然，渡边的建筑公司里的所有保险，都在原一平那里下保单了！

交友还旨在相互尊重，相互理解。正所谓：君子和而不同，小人同而不和。真正的朋友相互理解对方的选择，各自保持各自的独立，而伪朋友则是表面上看似一团和气，而暗地里却你争我斗。

面对陌生人，我们不要做自欺欺人的事，你对他有没有拿出真心，对方是很容易体会得到的，千万不要弄巧成拙，把一个潜在的朋友变成敌人。

第12章　听懂暗语，读懂人心

中国有句老话叫作："听话听声，锣鼓听音。"指的就是要注意对方说话时的"弦外之音"。生活中有大量的话不用直接说出来，话里带出来就行了；更有不能直言的意思，得靠暗示来表达。这就要求我们要善于听出话外之意，弦外之音，这样才能更好地跟人沟通，在交流时更好地把握对方的意思。

从对方的谈话识透其真实心理

通过谈话，探索到对方的深层心理，可以根据谈话内容来推测，也可以根据谈话方式来洞察，以了解此人的个性特征。

1. 突然变得"健谈"往往是为了阻止对方讲话

一般来说，初次见面就很健谈的人是比较容易应对的。因为你不需要再煞费苦心地去思考谈话的内容，也不必千方百计去探查对方的心理，对方的谈话，就已经给你判断他的性格提供了证据。然而，也不能把健谈的人都认定为积极自我表现的人。

在一次相亲的场合中，正当大家你一言我一语相谈甚欢时，一直保持沉默的男方突然变得滔滔不绝起来，这是为什么原因呢？原来大家正在谈论彼此的薪水问题，这位男子不愿提起他薪水不多的问题，才故意岔开话题的。而后来大家果然也没再提起薪水的问题。

因此，人们讲话不只是为了表达自己的观点，或纯粹想为交谈而开口，有时是为了阻止话题继续进展或不愿让对方表达才变得健谈起来。尤其是对方突然对别的话题变得话多时，就应该考虑原来的话题中是否有他不愿提及的事。多言并不等于善辩，有时候人们多言是为了掩饰自己的不安而放出的烟幕弹。

2.通过对方的跑题，可了解他的真实心理

与人交谈时，由于常常受到时间的限制，一旦发现谈话跑题，性急的人就心急如焚，担心自己的交谈达不到目的，便想方设法把话题拉回来。其实，要探查对方的内心秘密，这种做法是不高明的。

对方之所以会转换话题，大致有三种情况：第一种是由于粗心大意；第二种是因为脑中有新的思路；第三种则是故意转移话题。

不管是由于哪一种情况，眼前对方的注意力已经完全转向新的话题，所以最好不要打断他，暂时让他尽情说下去。这样一来，如果对方转移话题是由于一时疏忽，不久他一定会有所发觉，而流露出诧异的表情，说："咦！我们谈的主题是什么？"如果是第二种情况，对方并未忘记主题，即使他东拉西扯，最后一定会回到主题上来。如果他根本不想回到主题，你就可以认为他是故意回避主题了。由此可见，"跑题型"的交谈是了解对方真实心理的好机会。

3.说一些泛泛的客套话

在人际交往中，最容易被破译密码的语言就是客套话。客套话的存在，是社会发展的必然结果。但是客套话说得过分牵强而显得不自然的人，说明此人有其他的用意。

在较为亲密的人际关系中，并不需使用客套话。不过，当在此种亲密的人际关系里，突如其来地加入客套话的时候，就必须格外小心。有时候，男女朋友之某一方，使用异乎寻常的客套话时，就很可能是心有缝隙的征兆。

用过分谦虚的言辞谈话时，可能在表示强烈的嫉妒心、敌意、轻蔑、警戒心，等等。语言是测量双方情感交流的心理距离的标准。客套话使用过多，并不见得是完全表示尊敬，往往也可能含有轻蔑与嫉妒的因素。

某些都市的人，对乡下人说话很客气。这从另一个角度看，是一种强烈的排他性表现。因此，客套话会给人以冷淡的印象。以此类推，假使对交情深厚的朋友，仍不免使用客套话时，则很可能是讲客套话的一方内心存有自卑感，或者隐藏着敌意。

从谈论的话题洞悉对方真意

客观地说，谈话的种类千奇百怪，如果要想知道对方的性格和气质，最容易着手的办法，就是观察话题与说话者本身的相关情况。

比如，对方谈话的内容不仅以自己本身的话题为主，也会涉及其家庭、工作以及与家庭有关的事情，常常在话题里出现的人物往往就是自己的身边人。

在交往的谈话中，女人们喜欢谈论别人的风流事以及自己丈夫的一些脾性，这种情况通常表明她们关心对方到了相当强烈的程度，甚至把这个男人当成是自己的化身，她们谈论这个男性的各种情况就像谈论她们自身一样。

1. 关注花边新闻

以这种谈话方式出现的人，其表现是支配者的形象。这种人物的谈话从不涉及自己的事，或有关自己身边的人，他们的话题反而是涉及别人的一些琐事，或对方的隐事秘闻，甚至对对方的一举一动或每条花边新闻都捏着不放手。

像这样的谈话者,非常喜欢把话题的重点放在跟自己完全无关的人身上。名人、歌舞影星的花边新闻方面,这说明此人的内心有一种支配的欲望。

由此可见,此人是个实在太沉迷于闲谈名人或明星风流韵事的人,这说明此人很难结交真正的知心朋友。或许是内心太孤独、太无聊了。只要关于别人的私事,即使对方跟他并不熟悉,而他却非常热衷于去谈论他们,这些都表现出其内心的孤独和空虚。

2. 不满的谈话

凡被压抑在内心深处的意愿,并不限于情感方面的问题,其实对于工作方面的欲求得不到满足,也是非常之多的。关于这一点,一般来说大体上会采用发牢骚或埋怨的方式表示出来。我们从这些埋怨的话题里,就能够探究有关欲求不满的实质。

当有人经常对别人诉说他对工作环境不满的牢骚话,以及对人事方面的埋怨时,那么,为什么他的话题谈来谈去总是离不开抱怨呢?或许他不愿承认自己的无能,而把责任推给单位。

那就是说他通常不会承认失败等不愉快的经历,也极力否认内心的自卑感,反而会设法找出适当的理由替自己辩护。

也许,在他发牢骚和抱怨的话题里,不少是关于上司的问题,从表面上看,他这个埋怨者对自己的顶头上司非常不满。其实,他的内心却有一股极想出人头地的欲望,它就像火焰一样在热烈地燃烧着。

无奈,自己偏偏没有这份才干,得不到上司的提拔。于是,他就找出一套自欺欺人的逻辑,同时,为了使自己的心里能够接受这一套道理,便不得不责备上司的无能和嫉贤妒才,以使自己的观点合理化。

他不知道朋友和同事们很难接受这种抱怨,甚至反感这种怨天尤人的做法。

3. 怀旧的话题

他是不是经常表现出自吹自擂的样子?不管在任何场所,和别人谈话时,他都爱把话题引到自己的身上,吹嘘自己当年如何奋斗的经历?他可能

不知道，当旁人看见他那副兴高采烈的模样，实在是很难做到与他感同身受。脾气好的人不得不听他的自我吹嘘，而厌烦的人会马上离他而去，把他搞得尴尬不堪。

其实，从某方面来分析，当他不想直接表现出怨言和欲求不满的意思时，没有采用愤愤不平的表达方式，相反的，却是以自吹自擂的方式表达出来。当他所倾谈的对象是涉世不深的年轻人时，他很难记住那句格言：好汉不提当年勇。

事实上，他还不知道这种自我吹嘘的行为，是很难适应时代变化的。或许他真的上了年纪，或许他是个不折不扣的失败者，完全靠怀旧来过生活。

不过可以看出他确实陷入某种欲求不满的环境中，可能他的升级途径遭受阻碍，或者无法适应目前所处的环境。所以他希望忘却现实，喜欢追忆往事来弥补现在的境遇。

对他来说这是一种倒退现象，因为眼前的情况是如此的残酷，所以，他仍用变幻般的表情来谈话。当然从他的话题里，别人会发现潜藏在他的内心深处的一股无可救药的欲求和不满的情结。

4. 自我心中的话题

分析一个人的内在表现时，他的潜在欲望不但隐藏在话题里，也存在于话题的展开方式上。在聚会上，大家彼此正在交谈时，突然有人竟然不顾别人的谈话，而插进毫不相干的话题，这是相当令人讨厌的一种转移话题的方式。

他在和别人谈话时，经常把话题扯得很离谱，或者不断变换话题，让别人觉得他很莫名其妙。从其他某方面来讲，他的支配欲和自我表现欲都特别强，他根本不把对方看在眼里，而完全摆出我行我素的样子，觉得大家都得听从他的主张。

或许他是个行政长官或者一个公司的主管，已习惯于滔滔不绝谈个没完。其实，他这样做的目的，不外乎是担心主导权落入别人之手，而他是个自始至终都喜欢占据优势的人。

话题的内容不断变化固然是个好现象，表明交谈双方兴致很浓。但如果话题很离谱，一切都显得毫无头绪，那就会使听众感到索然无味。倘若他总谈些没有头绪的话题，或者不断改变话题，那就表示他的思想不集中，给别人留下不好的印象。这说明他是个缺乏理论性思考的人。

当然，一个优秀的谈话者是很少谈及自己的东西的，而是将对方引出来的话题进行分析、整理，不断地从对方身上吸取许多有用信息。在一些情况下，有的人将全部注意力放在倾听对方的谈话上，从性格上讲，这一类型的人很能理解别人的心思，而且具有宽容的精神，是真正的君子。

5. 爱用"我"的谈话

语言可以表示一个人的教养，同时，语言对于一个人性格的形成也有重大的影响。语言的表达可以代表一个人的社会地位、阶层以及所处的环境，同时也能代表一个人所受的教育程度。当然，语言是自我表现的一种手段，而且在不知不觉中也能反映一个人的各种曲折的深层心理。

人们在谈话中首先就要使用人称用语，这是自我称呼的代名词。这个词不仅可以反映出说话者的意识，而且也能反映出有关性格的各种情况。例如，我们在电视或报纸上常常看见大人物们的谈话，他们在每句话里不断用"我"这个字。我们可以从对这个字的使用发掘出说话者的真实个性。

现代社会里，年青人比较喜欢把自己称呼"我"，当上了一定年龄时，尤其是在公开场合里，就不那么频繁地使用"我"这个词了。如果听见一个人老是用这样的语气："我说……"或者"我教导过你们……"他开口闭口都在强调自己。由此可见，这种人的自信心一定很强，自我欲望也比较重。

6. 爱引用别人的话

喜欢引用名人的用语和典故的人，一般来说大部分都属于权威主义者。

有时候，引用别人的话，不但借用别人的语言来表达自己的意思，而且还透露一种自我表现欲，即为了加强说话的分量，同时表示自己见多识广，来抬高身份和扩大自己的影响。

总的来说，如果一个人喜欢借用名人名言或典故来谈话，往往说明他很憧憬权威，而且也想借机表现自己的权威。

有的女性还会常常借用母亲的话来表达自己的意思。例如，"我妈妈从小就跟我说……""我妈妈说他是个好人。"说这些的含义，无非是借重母亲的威望，来表达自己的观点。

不过如果一个人过分借用母亲的话语，那也表示她跟母亲是同一层次上的人，表明他的依赖心还太重，她在精神上一直是处于母亲的怀抱里。

从话题人物分析人的文化品位

喜欢新生代娱乐明星的人一般都是活泼好动的年轻人，大多数年龄在20岁左右。

常把张爱玲之类的人挂在嘴边的，一般是讲究情调的白领小资。他们比较浪漫、富有梦想。

喜欢猫王、披头士的人一般是喜欢标新立异、追逐潮流的人，但他们往往又把握不准潮流的脉搏，通俗地讲，是不靠谱的人。

喜欢刘德华、张学友的人一般都比较注重实际，对文化生活不是很挑剔。

喜欢欧洲艺术、鄙视美国金属气质的人比较前卫，学历高，品位也高。这样的人比较清高，有时会曲高和寡，和他们在一起，可能冷不丁地会被他们来一句："土气！"他们年龄一般在30岁左右。

喜欢张丰毅、潘虹的人年龄一般都比较大，可能有50岁或在50岁以上。

打招呼方式反映心理动机

见面打招呼、问好是人们在交往中互相表示友好和认定的一种方式。正因为打招呼是人们见面时最简便、最直接的礼节，是人人都需要实施的行为，极具普遍性，所以它在日常生活中出现的频率极高。而打招呼的方式也就透露出了关于这个人性格的信息。

打招呼的方式因人而异，从打招呼和应答的方式中，都可以反映出人的性格特点。

1. 打招呼时双方的物理距离，可显示出双方心理上的距离

我们相互打招呼的时候，若能通过打招呼的方式察觉到对方与自己之间保持的距离，就会洞察对方心理状态的特点。比如对方在打招呼的时候，故意后退两三步，也许他自己认为这是一种礼貌，表示谦虚，然而这种小动作往往让人误解为冷漠的表现，以致话题无法展开，同时也难以畅谈。像这种有意拉开距离的人可视为警戒、谦虚、顾忌等情感的表现。如果下意识地保持距离，说明他对对方的疏远、警戒，试图造成对自己有利的气氛，使对方的心理状态处于劣势。

2. 边注视边点头打招呼的人，怀有戒心

一面注视对方的眼睛，一面点头打招呼的人，除了对对方怀有戒心外，还具有处于优势地位的欲望。

有些人在打招呼时，一直凝视着对方的眼睛来点头，其心理是利用打招呼来推测对方的心理状态，并含有对对方保持戒心，希望比对方优越的表现。

公关专家建议，要想和这种人接近，应特别注意诚意。在这种形态的人前暴露自己的缺点，很容易会被对方瞧不起，所以与他建立关系不能操之过急，应采取长时间接近的方法。

3. 不看对方的眼睛打招呼，大都有自卑感

如果你看着对方的眼睛打招呼，但对方不看你的眼睛而作应答，这种行为并不是看不起人。这时，你需要抑制自己的情感，以平静心态相对。因为，对方可能是因为怕生而胆小或有强烈的自卑感，并非高傲、瞧不起人，他在此时如同"被蛇看上的青蛙"。那么，你切记不要做那条"蛇"，这样双方才能平等，互相了解。

4. 初次见面就很随便打招呼的人，是想形成对自己有利的势态

初次见面就很随和地打招呼的人，往往使人大吃一惊。有人常常认为这样的人很轻浮，其实这种人往往很寂寞，非常希望与别人亲近。去酒吧或俱乐部时，坐在自己旁边的女士，虽然彼此是初次见面，却很亲热地与你交谈，事实上是那位女士为了使当场的状况变得有利于她自己。公关专家提醒，当遇到"见面熟"的男性时，女性要特别小心，切勿使男性有机可乘。这种男性的性格往往浪漫大方，是个滥情的人，迷恋女性，且其中不乏游手好闲的男性。

5. 经常见面而千篇一律地打招呼，大多是自我防卫心理较强的人

有些人曾经和你在一起喝过无数次酒，且经常一起工作，但见面时还是千篇一律地打招呼。这种人具有自我防卫的性格。

有的人接到你的礼物时会说："真是谢谢，不要这么客气。"这样打招呼是人之常情。但有些人收到礼物时，却佯装不知道。当你不知道送给对方的礼物收到没有时，接受礼物的人见到你后还是经然地说："你早。"等旁边没有人时，他会说："前些天，收到了你送的礼物，谢谢你。"这种人多占据重要的位置，所以自己的言谈不能太随便。

招呼用语揭示人的性格

美国路易斯维尔大学心理学家斯坦利·弗士杰博士研究表明，从一个人的打招呼用语，可以了解这个人身上的很多性格特点。能揭示性格的招呼语，是指你刚刚结识某人时或与熟人相遇时最经常使用的那一种。斯坦利·弗士杰博士举出了几种常见的招呼语，每一种均可揭示出说话者的性格特征。

"你好！"这种人头脑冷静得近乎于保守，对待工作勤勤恳恳，一丝不苟，能够控制自己的感情，不喜欢大惊小怪，深得朋友们的信赖。

"喂！"此类人快乐活泼，精力充沛，渴望受人倾慕，直率坦白，思维敏捷，富于创造性，具有良好的幽默感，并善于听取不同的见解。

"嗨！"此类人腼腆害羞，多愁善感，极易陷入为难的境地，经常由于担心出错而不敢作出新的尝试。但有时也很热情，讨人喜爱，当跟家里人或知心朋友在一起时尤其如此。晚上宁肯同心爱的人待在家中，也不愿外出消磨时光。

"过来呀！"此类人大多办事果断，乐于与他人共享自己的感情和思想，喜爱冒险，不过能及时从失败中吸取教训。

"看到你真高兴。"此类人大多性格开朗，待人热情、谦逊，喜欢参与各种各样的事情。这类人是十足的乐观主义者，常常沉溺于幻想，容易感情用事。

"有啥新鲜事？"这种人大多雄心勃勃，凡事都爱刨根问底，弄个究竟，热衷于追求物质享受并为此不遗余力。办事计划周密，有条不紊；遇事时宁愿洗耳恭听，也不轻易表态。

"你怎么样？"这类人大多喜欢抛头露面，利用各种机会出风头，惹人注意；对自己充满了自信，但又时时陷入迷惘。行动之前，喜欢反复考虑，不轻易采取行动；一旦接受了一项任务，就会全力以赴地投身其中，不圆满完成，绝不罢休。

口头禅揭示了人的品性

口头禅，原本是指出家人常说的禅语及佛号。现今用来指人们经常挂在口头上的没有太大实际意义的词句，诸如"随便""所以说""是吧""那个"等。

不论成长环境如何，是贫穷还是富贵，是高学历还是低文凭，白领也好蓝领也罢，口头禅就像一贴粘在嘴边的膏药，甩也甩不掉。这种无意识的语句，既是人内心对外界信息的心理加工，也是一种固定的语言反应模式。当外界出现某种类似的情形时，它就会脱口而出。它反映的是一个人的情绪、心态及性格。所以说，口头禅可以帮助我们去认识一个人。

1. "我妈说"

谈话中喜欢引用母亲说过的话，将"我妈说"挂在嘴边的人，在心理和精神上尚未独立。有些女性借用母亲的话来表现自己的意志，如"我妈妈说你很有风度"等，表明此人可能尚未成熟，没有完全独立的个性。

2. "但是"

当对对方说的话表示不认同，或者持否定的观点时，便会使用"但是"这个转折语；当认为对方所说的是错误的，想要反驳或推翻他们的言论时，也经常使用"但是"这个词语。

然而有一种人，不论什么时候都喜欢使用"但是"来作为开场白。一般在"但是"后面所接的句子应该是否定的，但仔细听他们接下来所发表的意见，其叙述的内容与前面他人所述大同小异。这种时候本来没有使用"但是"的必要，他们之所以如此，其用意只是为了不想一直扮演"听者"的角色，而希望将谈话的焦点转移到自己身上。这种老爱说"但是"的人，心中就常存有否定对方的攻击心理。只要能将对方贬低，通常就觉得自己很伟大。

正因为如此，这一类型的人便常常喜欢滥用"但是"这个词，为反对而反对，为否定而否定。如此一来，原本愉快的谈话也会变得索然无味。即使如此，这种类型的人还是常对于他人的感觉无动于衷。

3．"所以说"

常把"所以说"挂在嘴上的人，是经常会把之前自己说过的话加以强调并爱下结论的人。他们认为自己在一开始的时候就已经了解了所有的事情，颇有先见之明。当别人说出事情的结果时，他们常常会说："我之前不就说过了吗？我早知道结果会是如此。"特别强调自己对事情的发展早已了如指掌。他们绝对不会说："是啊！你说得对，我也是这么想。"而往往说："所以说，这件事情就是这样，我之前不就说过了吗？"态度表现得非常强硬、傲慢，并且喜欢将所有的功劳往自己身上揽。

4．"对啊"

"对啊"这个词语是用来肯定对方说的话，这是毋庸置疑的。

5．"嗯！对啊，就如同你所说的"

"对啊！确实是这样，我也有同感。"

类似这样用来赞同对方、认同对方的话，会让对方听起来格外舒服、顺耳。

他们不是属于自我意识强烈的类型，个性表现上也不强硬，更不会勉强别人照着自己的步调走，他们通常比较能体会别人的心情，不会硬要别人都必须顺着自己的意思来做。

吵架原因大曝光

有些人一吵起架来就精神百倍。因为吵架刺激这种人分泌肾上腺素，使他们觉得兴奋，而这种兴奋是事情顺利时无法感受到的。相反，有些人则害怕自己生气，他们竭尽全力去避免争执，即使不可避免也要尽快结束它。其实，许多人吵到最高点的时候，满脑子只想赢，经常忘了争吵的原因。

1. 言辞攻击

用激烈言辞争吵的人非常容易动手。虽然一开始，他只是针对某一件事而吵，可是很快便扩大到人身攻击。他会数落对手的每一件错事，甚至攻击对方的家庭。他实在是个差劲的"战士"，他如果将想成功的干劲和必胜的决心，用在工作方面会很有帮助，但用在关系比较亲密的人身上，造成的负面效果有时是无法挽回的。这是因为他在争执时所说的那些话，到最后都会变成无理取闹的人身攻击。

2. 身体攻击

用身体代替说话。只要他察觉吵架快输了，或觉得无法再用言语与别人沟通时，他就选择直接的正面攻击。他天生容易冲动，只要事情不如他所愿，他就会有强烈的挫折感。他会踢自己的车，咒骂路上其他的驾驶员。他会将自己的问题转嫁他人，甚至责怪吵架的对手不该逼他攻击他们。

3. 无所谓

他对烦心的事能够视若无睹。他让自己处于高枕无忧、轻松自在的状态，但事实上，他只有能力处理愿意面对和能够控制的事。他相信，时间可以解决一切，船到桥头自然直。他的想法是对的，因为到最后，和他吵架的人会觉得，一个人穷嚷嚷实在是自讨没趣，对方不是鸣金收兵，就是对他进行人身攻击。

4. 无辜

他总是以看似无辜的言辞攻击对方，例如："你实在是反应过度，我想你应该和你的家人讨论讨论这种现象。"他并不想和对方讨论任何事情，只保持沉默做自己想做的事，而且无论对方说什么，都无法让他改变心意，他只希望以一副得意和高人一等的姿态来赢得争吵。

5. 让人同情

他喜欢有人代替他去和对方争吵，而且比较喜欢在众人面前吵架，他善于吵架的时候引起别人的同情和关心，好让众人站在他这边。即使他错了，他也有办法让众人觉得他是受伤的那一方。

6. 不动感情

他最普遍的反应是："别激动！"无论在任何情况下，他都不让自己流于情绪化的表达方式。他是一个理性、讲道理、聪明的人，认为激烈、爆发式的反应不过是制造双方情感分裂的导火索。和他吵架没什么意思，因为他永远是赢家。他的个性强烈，能够通过理性的观点去说服他人。

7. 发泄

这是一种情绪的恣意宣泄。两人对吼，吼到声嘶力竭，然后双方再以理性的讨论将意见表达出来。这种吵架方式需要双方都有相当程度的理解力，同时都有能力收放自如，也就是先放任双方的大吼，然后在两人吵得不可开交之后适时调整自己。

8. 愤怒摔东西

即便他厌恶暴怒和暴力，但暴怒和暴力却令他兴奋。只要摔破几个盘子或者用手在墙上捶几下，他就觉得好过些。他因威胁恐吓而获胜，对手则因害怕而屈服，然后他就得逞了。他努力像英雄一样想在争执中获得自尊和自信，可是，想赢的欲望却使他表现得像个孩子。

9. 最后通牒

只要他输了，被逼急了，便使出最后的武器："我没办法再忍受了，我要离开！"其实，他无法忍受的是事情不如他意，而这个最后通牒使他觉得自己威力大增。不过，如果有一天，对方对他说："好！现在就走，我才不在乎呢！"这时他必须面对现实所带来的恐惧，因为他根本没有勇气离开。

10. 算旧账

他是那种脑容量和大象差不多大小的人，有能力把陈年旧账全部搬出来细数一番。他认为彼此关系中的每一件事都值得提一提。他有惊人的记忆力和分析力，而且认为吵架是一种理智的挑战。他通常占上风，因为大多数人都只拥有普通的记忆能力。

11. 散布谣言

争执中，他会突然插进一句："每个人都这么认为。"他散布谣言或制造谣言，目的在使自己获胜。吵架的时候他没有信心一个人吵赢对方，而以团体的意见站在他这一旁作为吵架的筹码。除非有人和他站在同一个阵线，否则他几乎没有勇气表达自己的观点。

12. 我的律师会和你联系

他觉得自己没有能力单打独斗，必须靠他人的帮助，而那些人也的确能够帮助他。信心和成功都站在他这一旁，他寻求专业帮助，因为他不喜欢输，而法律行动是他可以想到的最有效的办法。

13. 留纸条或写信

他觉得把想说的话写下来，比开口说要自在些，因为他觉得这么做较能控制自己的情绪，也更有把握让别人听进去自己要表达的意思。直接对质他会不自在，因为他需要别人喜欢他。他很清楚自己想说什么，而且可以很完整地把那些话写下来。

14. 电话对阵

电话沟通比起面对面的冲突，不但让他更能够借声音来发泄心中的怒气，还可以将彼此的敌意局限在互相看不到彼此的两个地方。他不怕因此受到身体攻击，也比较能够控制吵架情绪。他可以随时挂断再打，或等对方再打给他。在他的生命中,有许多类似挂断电话的委屈经验,但他还是不愿直接面对对方。

15. 沉默

他对愤怒的反应是:保持沉默。虽然表面上他愉快、开朗,但内心却怒气冲冲。他不惹是生非,不破坏现状,即使船底有个洞,船开始往下沉,他也宁可选择溺死,而不愿和他人针锋相对。基本上,在人际关系方面,他是个悲观主义者,而且他认为诚实只会使事情更糟。

酒后吐真言的林林总总

酒之于人,可谓由来已久。古今中外,不管地理位置相距多么遥远,生活习惯相差多么悬殊,各个民族的人都独立地发明了酒,而且使之与各种文化、习俗、甚至政治、历史深刻地融合在一起,形成了丰富多彩的酒文化。

有的人把饮酒和才情的发挥、文思的涌现、灵感的勃发等联系在一起。李白斗酒诗百篇;张旭喝了酒会以发醮墨,龙飞凤舞地大书特书;武松在景阳冈喝了十八碗酒,打死了那吊睛白额猛虎。诸如此类,不一而足。不可否认的是,除了特殊的人,大多数人喝多了酒,在酒精的影响下会失去常态,所以,醉汉的话是不能全信,不可深信,但又不能不信的。这就要求我们在听的方面,需有更多一些讲究。

人们常说"以酒盖脸,无话不谈""酒后吐真言"。这种情况当然存在,但是在更多情况下,由于酒精的作用,使得不少人酒后出狂言,酒后出胡言。所以,对于酒后之言,不可一概不信,更不可一概全信,而要认真分析,根据不同情况加以取舍,借由自己的判断,去其虚伪,取其精实,这才是正确的办法。

为此,我们必须认真观察,仔细判别酒后说话之人醉到了一种什么程度。事实上，醉酒的速度大体可以分成五个等级，即微醉、初醉、深醉、大醉、沉醉。

对于微醉的人，由于其理智依然十分清晰，所以其言谈并未受到酒精的影响，思路也清楚，所不同者，有酒助兴，神经略显亢奋而已。此时，谈话者一般表现为神采奕奕，谈锋颇健，而且思路清楚，逻辑性缜密，对于一些平时少言寡语、城府较深的人来说，这时可能大异于平时。所以，可以认为这是听话、交谈的大好时机。

但是，也要记住，此时说话人醉酒程度极轻，思想活跃，完全能够控制自己，所以不该把他所说的全都认为是"真言"，要知道，说不定由于他们此时的思想活跃，反而在语言中运用了更多的技巧和隐语。因此，必要的"去粗取精，去伪存真，由表及里"的功夫仍不可少。如果要想开诚布公，那么，对于那些平日讲话较少，城府较深的人，这倒是一个与之促膝谈心，进一步窥视其内心隐秘的大好时机。

初醉者在醉酒程度上已较微醉更进一层，此时，说话人在思路上，交谈的欲望上已出现不受主观意念支配的现象，可以说，这才开始进入"以酒遮脸"的状态。一般情况下，这也是"酒后吐真言"的前期阶段。

正因为如此，初醉者此时谈话的特点是：滔滔不绝，不让别人插言；或者是神情亢奋，表情认真；或者斩钉截铁，一言九鼎；或者态度神秘，令人莫测；或者思路灵活，大异往时；或者语惊四座，非常激动。总之，此时喝酒之人由于酒精作用已进入亢奋时期，在较大程度上，已不受日常习惯和思维的限制。虽然他的话语是清晰的，逻辑是合理的，情绪是兴奋的，态度是诚恳的，却已异于平时，再不受脸面、环境、关系、礼俗等的约束。他已经到了道平时所不想道、说平时所不能言、破除情面关系、扫除世俗障碍、据实陈述的状态。所以，这是听其"真言"的大好时机，切不可轻易放过。正所谓要知心腹事，但听口中言，此其时也！

人过了初醉，到了大醉就已经开始失去理智，此时，人的思维逐渐紊乱，意识渐近模糊，判断能力大都失去。所以说不出什么有逻辑有思想的谈话内容。从这种意识几近模糊的谈话中，已经很难获得说话的真实含义以及真实思想，因此也就谈不上什么真言假言了。

人进入沉醉状态时正常意识已基本消失，大多沉沉入睡。即使未曾入睡，也常伴有失态之举；即使尚能发声，也是语无伦次，彼此全不连贯的咿唔之声。此时既谈不上什么语言，更谈不上传达什么思想和信息了。

综上所述，初醉、微醉乃是谈话和听话的黄金时间，所谓"酒后吐真言"者，当其时也。所以，在这种情况下，听者应当集中精力，努力获取信息，万勿以酒后之言无足轻重而弃之。如果说话人已进入大醉的阶段，则听者最好放松注意力，千万不要轻意地相信"酒后吐真言"的说法。如果人已进入大醉、沉醉，则此时之言，多不足信，听与不听两可。

说错话往往是说真话

奥地利下议院院长在宣告议会开始时，一不留神说成了"议会结束"，因为要让这个议会顺利进展的困难颇高，所以议长在心中便有"希望议会尽早结束"的愿望存在。这个愿望表现在其不经意的话语中，他本人在意识中清楚地知道议会一定要进行，但在潜意识里又有恐惧、不想面对的心理，两者互相矛盾、冲突，因而引发了这种错误的行为。

生活中，你有没有在无意识中说出错话的经历呢？心理学家弗洛伊德认为，说错、听错，或者是写错等错误行为，都是将内心真正的愿望表现出来的行为。

通常说错话的一方都会找出自己是"不小心""不是真心的"等借口，但事实上，那不小心说错的话其实才是真正想说的。这些在我们的日常生活中，可以说是屡见不鲜的。

由此可知，常常会说错话的人往往是习惯性地隐藏真正的自我的人。而且，其心中很强烈地禁止自己把这些真心话表露出来。"这件事绝不能讲出来""这事绝不能弄错，非小心不可"，当你越这么想的时候，便越容易将它说出来。相信很多人在日常生活中也会遇到类似的情形吧。越是被禁止的东西越去压抑它，就越容易表露出来。

总而言之，暗藏在我们内心的许多事情，当你越想要去隐瞒它、掩盖它的时候，就越容易说出来或做出来，结果无意之间让心意表露无遗。

出口成"脏"的粗话心理剖析

男人们聚在一起，比较容易说些"有伤大雅"的粗话，尤其是涉及禁忌的词汇更是有人偏爱，甚至是达到了"朗朗上口"的地步，好像只有这样才能体现出他们的男子汉的气魄。其实不然。

喜欢口出秽言的人，往往是某些方面的欲求不能满足的人物。他们在心理上时常是焦躁不安的，又没有办法去排除，所以长年累月地积累起来，只要碰到偶发的小事件，他们就借题大肆发挥。

积累后的"爆炸"并不一定仅仅针对他不满的对象而发动攻击。一旦被他逮到丝毫机会，无论何时、何地、何人，他一概照说不误。

有时候，即使说话的人不是有意的，但对听话的人来说，却在心里结了个疙瘩。听者首先可能会产生"岂有此理""不像话"的感觉。

还有一种人有故意在异性面前讲粗话的嗜好，其乐趣在于观看对方的反应。他们往往在不适当的时候提及这类话题，也就是在不该讲粗话时脱口而出。例如在上班时间，当女同事送文件来的时候，或借巡视之机对埋头工作的女职员讲这类话，以此来欣赏她们的窘态。这些女子听到粗话后，大都会面红耳赤，或者手足无措，甚至惊慌得啜泣不已，而这正是那些人所乐于见到的。对他们来说，说粗话只是前奏，观看女性的反应才是他们真正乐趣之所在。

这种因欲求不满而产生的粗言秽语，说话的人并未考虑会招致何种后果，只是一味地借机吐出心中不快。至于是否会伤害他人，便不在他的考虑范围之内了。

可见，所谓粗话，只不过是说话者为发泄内心不满并满足自己的某种欲望，一般并不具有特殊意义，同时又不对听话者的人身造成实际上的伤害。所以，除去为了进行致命的打击而事先在内心盘算好的蓄意性攻击的言语外，对于他人的粗言秽语，最好充耳不闻。

近年来，有些女性毫不逊色于那些出口成"脏"的男性，也学会了激烈地口出秽言。一些女性说得出比男人说得更露骨更难听的话。乍见从温文尔雅的女性口中，爆出如此没有修养的语言，实在让人震惊。但是，如果我们站在女性的立场上看待这种现象，和男人们一样地说脏话可以给她们一种与男人们并驾齐驱的感觉，这是妇女解放运动时代典型的女性心理特征。

孩子们特别是男孩子为什么爱说粗话呢？要知道，孩子们如果在父母面前说粗话，毫无疑问会受到严厉的责骂。所以，粗话通常变成了孩子们之间在相互游戏时的通用语。孩子们彼此都知道"那种话"并没有恶意，只是一项"游戏"罢了，而这种"游戏"可以满足他们摆脱父母教训的逆反心理，可以让他们感到自己也能和大人们说一样的话，因此，自己也像个大人了。

辩论能判断出一个人才学高低

通过辩论，能判断出一个人才学的高低和言语的真假。

一种人在辩论时，总是摆事实，讲道理，事实摆得清清楚楚，道理讲得明明白白的，说得人心服口服。这种人稳健大方，思路清晰，反应也快，

第12章 听懂暗语，读懂人心

看问题能抓住本质，而且态度从容，不紧不慢，为人做事有理有据，可托以重任。

另一种人在辩论中依靠犀利的言辞战胜对方。他们常常驳得别人哑口无言，甚至驳得别人拂袖而去，不愿再跟他辩论。从这个意义上说，他们是胜利者。这种人目光尖锐，头脑敏锐，能迅速抓住他人讲话的漏洞而伺机反驳，一张巧嘴能把黑说成白，把错说成对，尽管对方知他无理，却在一时之间找不出确切的话语来驳倒他。他们是从事销售业务、公关和律师的好手，但要注意他言过其实的"职业病"，当心被他的"妙语连珠"给误导。

有的人与人就某一问题展开交谈时，如果大家见解一致，就如涓涓溪流流向大河，彼此和谐融洽。当意见相反，辩论了几句就离开，或者说些模棱两可的话，谈得不冷不热的，结果谈话渐渐地因尴尬而结束。这种人要么是认为争辩没有意义，要么是不善与人交谈的人。

也有的人往往在辩论交谈时显得较为被动，别人问一句答一句。但当说到他感兴趣的话题时，立刻就像换了一个人似的，侃侃而谈，语若滚珠，甚至会激动起来，仿佛于寂寞的深山中遇到知音。这种人平常看似没有激情，其实在自己的兴趣范围内往往表现出超乎常人的激情来。他往往喜欢苦苦钻研自己的兴趣所在，因而会成为某一领域的专家。他们不喜欢凑热闹，而爱清静自处，生活欲望也比较少，适合于搞研究工作。

还有的人比较善于交谈。这种人当发现对方观点与自己不同或听不进自己的意见时，会立刻转换话题，或采用迂回战术，先说些对方爱听的话，找到对方感兴趣的话题，取得对方的赞同后，再逐渐地回到刚才的话题上来。这种人容易博得大家的好感，而且意志坚定，善于思考，敢说敢做，且有毅力坚持到成功。他们用心智做事，会察言观色，适合担任社会职务。

辩论在求理，正确的辩论者往往具备多种技能：他们的耳朵能听懂对方的意思，思想能创造新理论，眼睛能看出未来的机会，言辞能表达自己的思想，行动能纠正自己的过失，防守能抵挡对方的进攻，进攻能打破对方的防守，找出对方的矛盾而攻击，令对方观点自相矛盾，最后投降。

言为心声，从辩论的技巧中，可以看出各种不同性格和才能的人。

找借口隐藏的心理活动

马上就找借口是没有自信心的表现。

人们很多时候下意识地试图忘记不愉快的事，做错了事，就马上找借口替自己开脱，把自己的缺点和失败的原因转嫁给他人，强调别人也会出错，以此来维护自己的自尊心，这种心理机制被称为"防卫机制"或"自我防卫机制"。

不管出了什么差错，马上找借口的人，往往对自己缺乏自信，他们不去考虑通过自己去解决问题，而是考虑怎样才能转嫁责任。这种人胆小而神经质，过于在意他人看法的倾向，比起自己的意愿来更愿意遵从周围人的意见。他们以为即使犯的是小差错，也会被人耻笑，所以最好是随着别人的想法办事，万一失败，也不致一个人受责。

归根结底，找借口的目的就是要把自己不负责任和行动力不足的缺陷正当化。可是，即便一时转嫁了责任，如果不承认自己的过错，也会给人留下坏印象。

另外还有一些有负面效果的讲话方式。说者虽无心，但它隐藏了发言人的性格、真实想法以及企图从心理上操纵对方的愿望，下面举几个例子。

1. 对工作牢骚满腹

一张嘴就是对工作的牢骚，如果老是这样，耐心的人也会听厌了。牢骚和不满多的人，一般比较消极，缺乏行动力。

有些人每天都抱怨要辞职而一直没有辞职，也没有开始寻找工作的迹象。他们不过是靠发牢骚来泄私愤而已。

2. 我早就知道会这样

这是回顾已经发生的事时说的话。"那时我就知道不行""从一开始我就知道会是这种结果"。这类说法多用来表达一种否定的意见和情绪。

如果是为了反省自己失败的原因还情有可原，但如果一贯是这种腔调就难以让人谅解了。如果他再次地表示"我早知道会这样"，你若问他："那你为什么不早告诉我？"他肯定会这样回答："不是某某不同意嘛！"总之，他的意思是：原来我就这么想。我有先见之明，而造成失败的原因是别人无能。他的目的是转嫁责任给别人。爱发表这类言论的人大多是事后诸葛亮，缺乏信用，不能委以重任。

3. 那时要是这么办的话

回顾过去时老是后悔不已："那时我要是这么办就好了！"

"那么好的机会，要是不回绝就好了""那时我要不那么固执，就不会和女朋友分手了"等。他们想说的是：如果当时采取了另外的行动，结果就会不同。老爱这么说的人性格消极，缺乏行动力，结果通常是丧失机会而导致失败。

洞察别人说"不"的窍门

在交际中，有些人并不是直截了当地表明"不"的态度——"不喜欢""不要""不想回答"等。表示"不"的方式还有很多：

沉默。例如，当你问某人是否喜欢这首歌时，他沉默不语；当某人收到你的书面邀请后，他沉默不语。这往往表明他"不喜欢""不愿赴约"的态度。

另有选择。例如，你问某个人："这本书怎么样？"他若回答："很好，不过我更喜欢那本。"那对方的态度也是不言而喻的了。

拖延。例如，你问："今晚能来吗？"回答："今天不行，下次吧。"
推托。如，"这东西还可以，就是太贵了。"
回避。你问："你觉得她长得怎么样？"答："我没注意。"
转移。你问："今天晚上你干啥了？"答："唉，你怎么又抽烟了。"

揭开网络聊天的话外之音

在当今社会，网络聊天已成为大众沟通的一个重要手段。在网上用文字或字符聊天，虽然相互间看不见表情，听不见声音，但是独特的网络语言却依然能将人们种种曲折的深层心理不知不觉地反映出来。在网上，通过文字、标点、特殊符号等传达的语言内容及流露出的语气不仅能反映聊天者在社会阶层或地理区域上的特性，还能反映出他们个人的修养、个性和心理。在网上聊天的人虽然形形色色，但只要我们掌握方法仔细揣摩，就能揭开网络的帘幕，把对方的年龄、性格、气质、想法等弄得清清楚楚。

1. 从常用语气词分析

呀——言语里含有很多"呀"字的人比较幼稚。喜欢用这个语气的人，年龄通常都比较小，一般在20岁左右。

呵呵——这种笑是成熟温和的男人的笑法，当他表示赞许或无法回答你的时候就常用"呵呵"来表示或掩饰。他们是小女孩的克星。那些涉世未深的小女生常常会被这些成熟的男人迷得晕头转向。她们想要制服他们，但又玩不转，到头来被控制的反而是自己。"大智若愚"是这些成熟男人的绝招。

哈——喜欢用"哈"的人比较聪明，但是又很冷漠。这种笑的象声词既不表示赞许也无贬低或批评之意。

哈哈——这样的人比较开朗、豪爽。

哈哈哈哈——这样的人豪爽，乐观，和他在一起你会很开心。但有时

"哈"的连用也表示恶作剧得逞后的开怀大笑。

嘻嘻——喜欢用这种语气词的人活泼调皮，古怪精灵，喜欢捉弄人。通常是一些年轻的女孩常用。

嗯——用这个词的人一般都比较顺从，温柔，能体贴人。

2. 从常用标点符号分析

（1）爱点很多逗号。这种人做事一般都很急躁，性情比较刚烈。如果是女孩子，她就比较率真，有男孩儿的性格。

（2）爱用很多装饰性的符号语。喜欢用一些符号增加气氛，表达自己强烈的心情的人比较浪漫，讲究情调，年纪较轻。这种人一般女孩子多于男孩子。

（3）标点符号很规范。这个严谨、耐心、细致，做事甚至一丝不苟，应该是比较成熟的人。

（4）不点标点符号。这样的人一般都比较有心计，善于耍小聪明。同时他们又很鲁莽，做事不留余地，是一个较难把握的人。

第13章　每天懂点职场潜规则

 不同性格不同对待

一个人的思想指导他的行为，也就是说人的心理活动和言行是紧密相连的，心里想什么往往体现在其言行上。和同事相处的过程中，要善于识别同事的心理特征，从而根据同事的个性习惯增强自己的应变能力。

1. 应对口蜜腹剑的人——微笑着打哈哈

面对这种人，如果他是你的老板，你要装成"傻乎乎笑呵呵"的样子。他让你做任何事情，你都满口答应。他客气，你要比他更客气。他笑着和你谈事情，你要笑着猛点头。万一你感觉到他要你做的事情实在是弊大于利，你也不能当面拒绝，你应该笑着推诿。

如果他是你的同事，最简单的应付方式是敬而远之。见面时，礼貌性地打交道即可。能不和他一起共事，尽量避开不要和他一起共事。万一避不开，就要每天详细地留下工作记录。

如果他是你的部下，只要注意三点：其一，独立的工作或独立工作的位置给他；其二，不能让他有任何机会接近上面的主管；其三，对他表情严肃，保持做领导的威严。

2. 应对吹牛拍马的人——不要与他为敌

如果你碰到这一类的主管，要和他搞好关系。他吹牛拍马对你无害。

当此类人是你的同事时，你就得小心了，不可与他为敌，没有必要得罪他。平时见面还是笑脸相迎，和和气气。如果你有意孤立他或者招惹他，他就可能把你当作往上爬的垫脚石。

如果他是你的部下，要冷静对待他的阿谀逢迎，看看他是何居心。

3. 应对尖酸刻薄的人——保持一定距离

尖酸刻薄型的人，是在公司内较不受人欢迎的。他们的特征是和别人争执时往往挖人隐私不留余地，同时对人冷嘲热讽，让对方自尊心受损，颜面尽失。

这种人平常也以取笑同事、挖苦老板为乐事。你被老板批评了，他们会说："这是老天有眼，罪有应得。"你和同事吵架了，他们会说："狗咬狗一嘴毛，两个都不是好东西。"你去纠正部下，被他们知道了，他们也会说："有人做恶霸，有人天生贱骨头，这是什么世界？"

尖酸刻薄型的人天生伶牙俐齿，得理不饶人。由于他们的行为离谱，因此在公司内也没有什么朋友。他们之所以能够生存，是因为别人不想与他们计较。但如果有一天他们遭到众怒，也会被治得很惨。

如果这类人不幸是你的老板，你唯一可做的事就是换部门或换工作。但在此事还没有眉目或定案前，不要让他知道。否则，他先下手为强，你恐怕会承受不了他对你的打击。

如果他是你的同事，你要和他保持距离，不要惹他。万一吃亏，听到一两句刺激的话或闲言碎语，就装作没听见，千万不能动气，否则，是自讨没趣，惹祸上身。

如果他是你的下属，你要小心他的尖酸刻薄影响你工作的展开。一方面要采取措施对他的这种作风进行纠正，另一方面要做好与其他团队成员的沟通，使大家不为他的尖酸刻薄所误导，使团队效率不为他的尖酸刻薄所伤害。

4.应对挑拨离间的人——最好谨言慎行

同样是一张嘴巴，有人用来讽刺损人，有人用来挑拨是非，离间同仁。尖酸刻薄是损人利己；挑拨离间则会将公司的人际关系弄得乱七八糟，人心惶惶，甚至是人人自危，人人争斗。

这种类型的人给公司带来的杀伤力非常之大且迅速，只要一不注意或处理不当，便可能导致不良后果。应付这类型的人，一方面是防患于未然，不让这类人进来；另一方面是一发现就予以制止或清除，否则，后果不堪设想。

这种人做了你的同事，你除谨言慎行和与他保持距离外，最重要的是你得联络其他同事，建立联防及同盟关系，将他孤立起来。他向任何人挑拨离间，都不要为之所动，不要受影响。

如果他是你的部下，那你就要想办法调走他或孤立他。

5.应对雄才大略的人——虚心地学习

这一类型的人，胸怀大志，眼界开阔，不计较一些小的得失。他们在工作时，不忘掉充实自己及广结善缘。除了完成自己的工作外，他们也会帮助别人和指导同事。

每到一个地方，不论他们是否已待很久，或已成为组织中的正式主管，他们都能在极自然的状况下影响别人，控制群体的行为。

雄才大略的人，见识往往异于常人，思考方式也有其个人特色。他们在时机不成熟时，可以忍耐，不论是卧薪尝胆或是胯下之辱，他们都能接受。一旦时机成熟，他们便展翅高飞，如鹰冲天，没有人能与之争锋。

不是每一个雄才大略的人都是成大功、立大业的。但是，他们做人处世自有风格，不卑不亢、不急不躁是他们的本色。

有雄才大略的老板，你是跟对人了。碰到这种老板，你要虚心地向他学习。因为天下没有不散的筵席，当曲终人散时，别人都受益匪浅，而你也自然不能两手空空。

有雄才大略的同事，如果大家目标一致，大可共创一番轰轰烈烈的事业。如果一山不能容二虎的话，也可各取所需，各享盛名，各得其利。如果以上都行不通的话，你就全心全意地帮他成功，自己也成为有功之臣。

有了这种部下，你应有自知之明，知道他终非池中之物，有朝一日定会超过你。虚心地接纳他，给他实质上的资助及肯定。这在会计学上被称为投资，到时候一定会有利润的。

6. 应对翻脸无情的人——应该留一手

这一类型的人最大的特征就是，翻脸如翻书，说翻就翻，一翻就是好几页。在他们翻脸时，你不要问他们理由。你不必述说从前对他们的恩情和助益，因为他们一个字都听不进去。

翻脸无情的人似乎是得了"忘恩记仇病"。你对他们的百般呵护，只要一桩小事不顺他们的心，就被全盘翻覆。他们就像白眼狼，你养育得越久，对你的危险就越大。

翻脸无情的人发现，他们利用这种方式来处理人际关系，简直是无往不利，处处占便宜。他们每次利用完别人，又找到新的利用对象时，就对原来被他们利用的人翻脸。

如果你的老板是这种翻脸无情的人，你在他手下做事时，千万要记住"留一手"。任务完成了，你就要小心被炒鱿鱼了。怎样化被动为主动呢？当他要翻脸的那一刹那，你就告诉他："我等你好久了，为什么你今天才翻脸！少来这一套，你这种手段我看多了。"

有着这种同事，你倒是大可不必和他一般见识，反正没有利害关系，各干各的活儿，翻不翻随便他！

有这种部下最令人伤脑筋，也没有什么别的好办法。最重要的是不能因为他常翻脸，而特别将就他。别的部下会以为你是欺善怕恶，这就划不来了。

7. 应对敬业乐群的人——工作得卖力气

这一类型的人，由于工作态度和做事方法正确，颇受领导的肯定和同事的爱戴。凡是他们在的团队，都会有着不错的生产力和业绩。这一类型的人会感染其他的工作同仁，让组织朝着正面的方向发展，给大家带来一个合作而和谐的工作环境。

当公司顺利时，大家共同努力，共享成果；当公司不顺时，大家咬紧牙关，奋发图强，再创生机。平时工作中，他们会主动地训练新手，培养团体实力；工作忙碌的时候，他们又能影响同仁，相互支援，共渡难关。

这一类型的人，不论是你的主管、同事或部下，在和他们一起工作时，你都要学着和他们一样地敬业乐群。如果你表现不出这个样子的话，你就会被他们比下去。

8. 应对踌躇满志的人——尽量顺着他

踌躇满志的人，对任何事物都有自己的见解。他们之所以会踌躇满志，往往是因为胸有成竹。

如果他是你的老板，在他的面前不要乱出点子。尽量照他的意思去做，他会把他的意思讲得很清楚。交代工作时，因为他怕你记不住或领悟得不透彻，所以他会多讲一遍。最后，再问你一次"懂了吗"？等你回答懂了，他才放心。有时，他会礼貌性地问一下，对他的做法你有没有意见。此时你应立即肯定他的做法。你若稍有犹豫或再多问两句，往往会被他嗤之以鼻。

对这种部下，交一些难度较高的工作给他做。做成功了，也不赞许；做失败了，再交给别人做。让别人做成功，让他知道人外有人，天外有天的道理。不用训练他和告诉他做事的方法，他听不进去。多花一些精力在别人的身上，对他绝对是有益的。

嘴紧心宽，巧妙处理办公室关系

在职场中，如何处理好和同事之间的关系，创造出一种真正祥和的办公氛围，需要掌握一定的技巧。

首先，在办公室里不要有小集体之分。大家在一起共事久了，同事间关系肯定有疏密之分。但是切不要将亲密关系在办公室里张扬，如交头接耳，突然哈哈大笑，做事你我不分，等等。这些都会惹来别人的反感或不悦。这样的关系可以带到休闲时间去表现。

其次，和同事有矛盾不要公开激化。办公室是办公场所，虽然人和人相处难免会有摩擦，但是切记要理性处理。不要盛气凌人，非得争个你死我活才肯罢休。就算你赢了，大家也会对你另眼相看，觉得你是个不给别人余地，不维护他人面子的同事，以后也会在心底防着你，这样你会失去真正的朋友，而且被你损了尊严的同事，也会对你记恨在心，你就多了一个"敌人"。

再次，在办公室不能做"长舌妇"。对工作上的意见或是私人生活上的事四处散播，或是添油加醋地在别人后面说三道四，影响同事间的友好与团结，影响整个公司的工作情绪和积极性。就算是自己性子直爽，喜欢和同事交心说真话，但是有些很小的事情一传十，十传百，到最后被传出去的根本不是你的初衷，甚至会毁坏你和同事的形象。

最后，因为工作出色被老板奖励时，不要自己在老板没有宣布的情况下就在办公室里四下传播或对关系好的同事讲。否则，传开来后，难免会让别人对你眼红心恨，引来不必要的麻烦。又或者你因为工作失误，被老板批评或处罚，于是到处诉说老板的种种不是，还说："某某也这样做的，怎么不罚他？"这种做法是非常不利于自己在同事中的关系的，不仅会惹老板厌烦，甚至会被老板降职或被找个借口给开除。

大家在同一个小天地里工作，最重要的是和谐融洽、相互尊重。最好不要谈及正常工作以外的各种事情。交流中要注意方式方法，要有分寸地与人沟通。切记：嘴要紧，心要宽，要做一个聪明交际的办公好手。

碰到同事争功怎么办

当你挖空心思想出一个好主意，或者你勤奋工作为公司发展作出了极大贡献时，却有人试图把这份功劳归为己有。面对这种情况，你该怎么办？下面几种方法或许对你有所帮助。

1. 用一封短信澄清事实

当然，首先写的信不能有任何坏影响，短信内容一定不能让对方产生不快。写信的主要目的是要委婉地提醒一下对方，自己当初随便提出的想法，是怎样演变到今天这个令人欣喜的局面的。在信中适当的地方，你可以写上有关的日期、标题，可以引用的现存书面证据。

在短信的最后要建议进行一次面对面的讨论，这是很重要的，这能让你有机会再次含蓄地强调一下你的真正意思：这主意是我想出来的。

如果真的有人把你的功劳忘记了，想把功劳归属于自己，那么这种方法倒能为你争回功劳起一定作用。

2. 夸赞挖你功劳的人，然后重申功劳是自己的

说这番话的时候，要再一次对那位同事的独一无二的才能和见解大加赞赏（这种方法对职业女性来说特别需要。很多研究者发现，女性员工喜欢从"我们"的角度——而不是"我"的角度来做事，所以她们的想法和首创就常常会被男性同事挪用）。如果着眼于事情的积极一面——你的同事也是想方设法要干出最好的工作，而且他对要做的事情也有独到的看法——也许会

有助于你解决这个可能很棘手的问题。

当你觉得这个方法比较适合你应用时,你就应早点儿行动,如果等你的同事把你的想法散布开时再行动,困难就大得多了。

3. 退出争夺战

初看起来,这似乎不是一种方法,或者不能算是一种很好的方法。但对某些人来讲,这或许是最好的。你应该问一问你自己:哪个更重要,是把这个想法付诸实施,还是独自拥有想出这个点子的名誉?这是一个复杂的问题,什么时候应该跟同事理直气壮地理论"挪用他人想法"的问题,什么时候又应该为团队着想自己作出一些牺牲呢?

在作出决定时,应该考虑一下,要打这场"官司"得花费多少精力。在某些情况下,比如你正要接受一次重要的提升,要为此付出大量的时间和精力;或者除了"所有权问题"之外其他并无妨碍,而要证明所有权只能使你疲惫不堪;或许还会让你的上级生气,让他们纳闷你为什么不能用你的时间来做点更有意义的事情。在这些情况下退出争夺战显然是明智之举,是上上之策。

巧招化解同事嫉妒

让别人嫉妒你,是十分尴尬的事,它会使你不知不觉之间成为某些人的"敌人"。

同事之间嫉妒的产生往往是因为以下的情况:"他的条件又不见得比我好,凭什么爬到我上面去了?""他和我是同班同学,在校成绩又不比我好,可是竟然比我发达,比我有钱!"换句话说,如果你升官了、受到上司的肯定或奖赏、获得某种荣誉,那么你就有可能被同事中的某一位或多位嫉妒。

女人的嫉妒会表现在行为上，说些"哼，有什么了不起"或是"还不是靠拍马屁爬上去"之类的话；而男人的嫉妒通常放在心里，有的放在心里也就算了，有的则开始跟你作对，表现出不合作的态度。

如何才能避过这些办公室里的"敌意"呢？

首先，请切记别被晋升加薪之类的喜事冲昏了头脑，要处处表现得虚心、容易满足。总之，就是采取谦让的姿态。即使当你像坐直升机一样，权力一天比一天大时，请仍然保持与旧同事的关系，抽时间与他们在一起聚聚。谈话时更不能自己提起那些成功史，即使别人阿谀一番，也当是耳边风好了。或者索性说："那绝非我的功劳，是大家共同努力的结果。"或"多谢你的夸奖了，其实要更加努力，才能胜任此职。"

处处表现虚心，不要颐指气使。同事一旦对你有了偏见（由嫉妒演变而来），他日你做起事来，障碍肯定更多，对你当然不是好事了。

如果你骄傲起来，对有心者而言，他们就会有"果真如此"的想法；无心者呢，也可能产生"原来如此"的看法。总之，让人看穿了心事，百害而无一利。所以，凡事应该有所保留，婉转地多谢对方的褒奖："谢谢你的欣赏和鼓励，我可受之有愧！"但千万切勿自满！

最佳的办法是全数承受了对方的夸奖，却将功劳归于整个部门："多谢了！你过奖了！这个计划得以顺利完成，也正是我们部门各位同事通力合作的成果，值得庆祝！"

其次，还要注意到另外一种情况也往往会招人嫉妒：对某些人热情过度。对某个下属过度热情，会招致其他下属的不满，影响团队的凝聚力，那些遭受你冷落的下属往往会对工作抱着"你不看好我，我何必这么费力给你做事"的态度。而对平级的某些同事热情过度，其他平级同事倒也不会有太大的嫉妒，但会让你的上司觉得你比他还有"人缘"，比他还有"群众基础"，他怕你深得人心，将他比了下去，对他造成威胁。这样，上司难免会对你"另眼相看"。

遭人嫉妒会给自己的工作和人际关系带来方方面面的影响，因此必须以聪明的办法来化解。而话又说回来，嫉妒别人也不是好事，如果你有了嫉妒之心，又无法加以消除，那么千万不要让它转变成破坏的力量，因为这种力量会伤人也会伤己，而且嫉妒也会阻碍你的进步，因此，与其嫉妒，不如想办法追上甚至超越对方。

心无芥蒂，与大家打成一片

热心帮助同事，可以赢得同事的感激。你的热心会使同事也乐于帮助你，更能为你营造一个融洽的办公氛围。

刘芳是一个单身女子，住在上海的一个闹市中。有一次，刘芳搬了一个大箱子回家。电梯坏了，刘芳只好自己扛着箱子上八层楼。晁刚是刘芳的同事，但刘芳平时对晁刚没有好印象，有时还冷嘲热讽的，说晁刚工作很差。此时，恰巧碰上晁刚，刘芳很想请晁刚帮忙，但是平时关系不是很好，刘芳觉得很难为情，而晁刚却主动上前，将箱子搬上楼去。事后刘芳对晁刚表示感谢，并开始重新认识他。经过交往，刘芳发现了晁刚的优点，并帮助晁刚提高了工作能力。

在同事有困难的时候伸出援助之手，很能加深同事之间的感情；但是切不可以此作为人情记在心头，也不要沾沾自喜，自鸣得意，时常将对别人的帮助挂在嘴边。也不要期望对方给你回报，否则不但加深不了感情，反而会让人反感，觉得你过于精明。

晓庄在设计单位计算机房工作，对计算机比较精通。其他科室的同事家计算机出了毛病后都喜欢找他帮忙。晓庄经常对那些曾经帮助过的人说："某某，你还不请我吃一顿，你少花了好几十块钱呢。"有时没有饭局就直找到他人家里，弄得他人特别反感。从此之后，很少有人再请他帮忙了。

可见，热心帮助同事也要有个"度"，不要像晓庄那样把对同事的帮助当成某种"交易"。这样才会使同事之间真正地相处融洽。

在职场中，还有一些方法可以助你与同事打成一片。

1. 学会安慰和鼓励你的同事

俗话说："患难见真情。"如果同事自己或者家中遇到什么不幸或不顺的事，工作情绪非常低落时，往往最需要有人对其进行安慰和鼓励，而此时的安慰和鼓励也最能让同事对帮助他的人感激不尽。这时，您可以对同事进行安慰和鼓励，让他把心中的烦恼和痛苦诉说出来，帮助他解决困难，分减痛苦。

2. 勤于向同事求援

很多职场中人觉得大家都是同事，都在工作，向别人请教恐怕不妥。还有些人是碍于面子，遇到自己不能解决的困难时，总是难以向别人启齿。这样的心态是不对的。

因为一方面你不向别人求援，别人就不知道你的困难，那么你就失去了一个解决困难的机会；另外一方面你不向别人求援，别人就会误认为你是一个怕麻烦的人，以后别人一旦有事自然就不会向你求援了。因此，若你遇到困难时，应该勤于向同事求援，这样反而能表明你对同事的信赖，从而能进一步融洽与同事的关系，加深与同事之间的感情。

良好的人际关系是以互相帮助为前提的。因此，求助他人在一般情况下是可以的。当然，要讲究分寸，尽量不要使人家为难。

3. 千万不要得理不饶人

和同事交谈时要懂得克制自己，不能总想在嘴巴上占尽同事的便宜，否则时间长了，同事就会逐渐疏远你。比如有些人喜欢说别人的笑话，占别人的便宜，虽是玩笑，也绝不肯以自己吃亏而告终；有些人喜欢争辩，有理要争理，没理也要争三分；有些人不论谈国家大事，还是谈生活琐事，一见对方观点与自己不同，就死死抓住不放，非要让对方败下阵来不可；有些人对本来就争不清的问题,也想要争个水落石出。这样的行为都是非常影响同事之间的关系的。

4. 和同事交流一些私事

有很多职场中人不喜欢和同事交流一些自己的私事,觉得那样对自己没有什么好处。但是事实上,和同事交流自己的事是很容易拉近彼此的友谊的。只是要注意场合,千万不要工作时间进行交流。

如果在你的心里,这些内容都是应该保密的,而你也从来不和别人说,那么就请找一些可以说的话题来讲。总不能没话说吧?无话不说,通常表明感情之深;有话不说,自然表明人际距离的疏远。你主动跟别人说些私事,别人也会向你说,有时还可以互相帮帮忙。你什么也不说,什么也不让人知道,人家怎么信任你?信任是建立在相互了解的基础之上的。

识别同事心理特征,增强应变能力

在职场中一定要融入集体,不要"鹤立鸡群",否则只能使你"鹤离鸡群"——职场中没有同事愿意和你合作,没有人愿意理你。

让别人最忌讳的就是私心太重,一个人如果时时刻刻只关心自己,对他人的事情不闻不问,那么这个人肯定是不会受大家欢迎的。和同事相处尤其如此,例如公司里发物品、领奖金等,你先知道了,或者已经领了,一声不响地坐在那里,像没事似的,从不向大家通报一下;有些东西可以代领的,也从不帮人领一下。这样几次下来,别人自然会有想法,觉得你太不合群,缺乏共同意识和合作精神。以后他们有事先知道了或有东西先领了,也就有可能不告诉你。如此下去,彼此的关系就不会和谐了。因此,你一定记住要把自己融入团队中,把团队的事情当作自己的事情。

如果你新进入一个公司,对周围的同事都不熟悉,那就需要你主动寻找机会融入进去。拣一个特别日子，例如顺利完成一个计划后做东请同事吃一顿。这一顿意义重大，别忘记以下任务：趁机多了解每一位同事的背景，包括公与私，这对你有莫大好处，会方便日后的工作。加入同事们的"午饭圈"。当然不必天天如此，这样既太突兀，对你也未必太适合，安排一个星期两天就够了，目的是保持一定的联系，同时可获取公司里一定的信息。除了午饭，下班后去娱乐一番也是好主意，远离了办公室，所有人都会放轻松，谈起话来也随便得多，更易使彼此熟悉。

但是，合群也是有度的，搞自己的小团体也是不好的。不要对其中某一个同事特别亲近或特别疏远。不要老是和同一个人说悄悄话，进进出出也不要总是和一个人。否则，你们两个人也许亲近了，但是你们疏远了别人。

职场中如果对同事很冷漠，即使同事对你热情，你依然很冷漠，这也是需要注意的。比如同事带点水果、瓜子、糖之类的零食到办公室，休息时大家分了吃。你觉得这样做不好，为了突出自己的"鹤立鸡群"，你一律推掉了。这样的做法往往会让同事很尴尬，而且对你自己也不好。休息时间毕竟不是上班时间，不要那么较真。有时，同事中有人获了奖，大家高兴，要他买点东西请客，这也是很正常的。对此，你可以积极参与，不要冷冷地坐在旁边一声不吭，更不要一口回绝，表现出一副不屑为伍或不稀罕的神态，时间一长，大家都会觉得你难以相处。

在复杂的职场中，善于分析判断，增强应变能力是一项出色的能力。在处理形形色色的同事关系的过程中，如果能恰当运用，就能够及时地了解同事的心理，从而采取相应的措施，避免同事之间不必要的摩擦或伤害。

远离办公室是非

"前台跟财务的小张关系暧昧。有人看到他俩相拥着散步呢！"

第13章 每天懂点职场潜规则

"听说啊，市场部的主管是总经理的小舅子呢。"

"嘿，听说了没有啊？陈经理好像跟小莉关系很暧昧。"

"听说老李家最近请了一位年轻的保姆。没想到，老李竟然对她有意思呢。听说，甚至……"

"为什么总是和我作对？这家伙真让人烦！"

"某某总是和我抬杠，不知道我哪里得罪他了！"

闲聊时有些人往往喜欢记人是非。但对于这样的流言蜚语、是是非非，你是应该装作没听见，还是积极参与，还是添油加醋呢？

在办公室这样复杂的地方，这时候应该怎么办，你可真得掂量掂量了。

高迪进一家大公司的设计部后没多久，同部门的一个同事小刘就升到工程部去做了部门主管。平日不分高下，暗中竞争的同事成了自己的上司，部门里的人有那么一点儿酸酸的感觉。几个同事背后嘀咕开了："哼！他有什么本事，凭什么升他的职位？"不服气与嫉妒就都脱口而出了，于是你一句我一句，把小刘数落得一无是处。

高迪见大家说得激动，也毫无顾忌地说了些小刘的坏话，如只会拍马屁、妒忌心重等。有一个阳奉阴违的同事，在背后说小刘的坏话说得比谁都厉害，可一转身就把大家说的坏话全告诉了小刘。

小刘听到后非常恼火，心里想：别人对我不满说我的坏话我可以理解，你高迪乳臭未干有什么资格说我？从此他对高迪很冷淡。没多久，小刘升任公司副总，高迪却空有一身本事得不到重用，还经常受到小刘的指责和刁难。高迪后来只好辞职走人。

同一战壕的"战友"，往往容易"同仇敌忾"，一个人开口骂领导，抱怨工作太多，待遇又差，同事大多随声附和。对公司有消极影响的谈话，最好要"三思而后谈"，要有自己的主见，除非你不想在这家公司再干。

有的人喜欢搬弄是非，坐山观虎斗。你可要注意了，在你面前痛斥别人的不是，猛夸你的长处的人，千万别信他！从你眼前一转身，她就会把同样的话重讲一遍,当然浑身"不是"的就换上你了!这种人是天生的"长舌妇",好像不讲别人坏话日子就过得不舒坦。只要你顺着他的意思说上几句别人的不是,或是对他的话随声附和,那就等着吧,你的话有一天就会传到当事人耳朵里,讲人是非的当然会变成你。这样子是非就算惹上身了。人家若是找上门来论个究竟,你不见得能解释清楚。而如果别人并不找你理论,却在心里默默地记下你时,你就等着背后"挨刀子"吧!

所以,在流言蜚语、同事是非面前,你最好是保持沉默。不支持他的观点,也不反对他的观点,任他自己说个唾沫横飞,天花乱坠,你只管咬紧牙关不出声,渐渐地他就会感到无趣,再不到你面前说东道西,你也落个清静。还有一个办法是顾左右而言他。可以谈谈美容、谈谈健身、说天气真好、心情不错,就是不说是非,把话题绕开,专挑无关痛痒的话来敷衍,他就会觉得自讨没趣了。记住一点:在是非的漩涡里只会越陷越深,趁早远离它!

害人之心不可有,但防人不心不可无,除了谨言慎行,免被出卖之外,还需要多个心眼,防备别人背后使阴招。

小辛是小李的同事,平时接触不多,因为是同一个部门,关系也还可以,但私下里没什么联系。可因为一次生病后发生的事情,让小李对小辛"不敬"而远之了。

那次小李胃病犯了,在医生再三坚持下小李住院治疗。可小李一直惦记着有一个客户还没谈下来。于是他打电话给小辛让她帮自己查一下客户陈总的电话。很快,小辛用短信发来电话号码,小李随之与陈总联系,对正谈着的一笔业务再次进行了沟通。双方谈得很愉快,陈总还让小李好好养病,等出院后再接着谈后续的工作。谢过了陈总,小李也安心地住上了医院。

半个月后小李出院了,兴冲冲地赶到公司想把积压的工作清理一下然后与陈总联系签合同的事。可当小李踏进办公室门时,看到小辛跟陈总有说有笑地往财务室走。陈总看到小李后愣了一下,惊奇地问:"你不是还要一段时间才能出院吗?怎么今天来了?"小李笑着说:"没有啊,我好了,老毛病了，已经出院了。"这时，小李看到小辛极不自然地冲自己笑笑然后对陈总说："快走吧，陈总，财务在等着我们呢！"陈总拍拍小李的肩膀，说："好好休息一下，等我签完合同再找你！"说着，随着小辛去了财务室，丢下了一头雾水的小李。

小李没等到陈总他们出来，处理完积压的工作，径自回家了。

晚上，小李还是忍不住给陈总打了电话。陈总听了小李的质疑后反问我："怎么？不是你让小辛代你来找我谈的吗？""没有啊，咱们不是说好了等我出院后再谈吗？""可小辛说你还要一段时间后才出院，是你让她代你来找我谈的。"此话一出，证实了小李的猜测。小李最不愿意相信也不想相信的事就这样发生了且存在着。

小李没跟陈总多说什么，又简单地聊了几句后说以后再找机会合作吧，就挂断了电话。

放下电话，别样的感觉涌上小李的心头。知人知面不知心，看着平时老实巴交的人，却作出了令人想不到的事情，这也是做业务最忌讳的事情。只差一步就谈成功的客户到头来却被同事撬走了，而且还是在小李生病的时候。

本想小李找小辛理论，可事已至此，合同也签了，提成也是小辛的了，再去找她理论又有何用？再说都是一个公司的同事，如果真说穿了闹开了，她还怎么在公司生存？

冷静下来后，小李挺庆幸。庆幸的是通过一笔业务让自己看清了小辛的为人，更让自己吸取了一个教训：害人之心不可有，防人之心不可无。

职场中你小辛使出的这种"暗招"常常让人防不胜防，有时我们不得不提高警惕。

在与同事、朋友的关系中，千万别把他们都当知己，无话不谈，懂得自我保护，才能少受伤害。下面这些话题就是谈话的禁忌：家庭财产、薪水问题、私人生活、个人目标等。

只有做足自我保护，才能远离侵害，免于被公司中所谓的朋友"出卖"。

守住你的秘密

现代社会，竞争越来越激烈。也许今天你跟同事分享你的秘密，明天就成了他攻击你的利剑。因此，我们要学会守住自己的秘密，不要对同事讲真话。

10年间，苏菲换过许多家单位，除了两次是被开除外，其余都是主动跳出的，而且在走时还都得到了老板的惋惜和同事的留恋。所以那两次，对苏菲来说，是永远难以磨灭的伤痛。

第一次"滑铁卢"发生在苏菲工作的第二家单位，靠着对老板的撒谎和自己的运气，她进入了那家知名公司，并很快融入其中，因工作做得日益出色，一年后被老板任命为部门经理，位于一人之下几十人之上。

不久，公司公关部招聘了一位男孩，那男孩帅气的外貌和开朗的性格打动了苏菲，苏菲和他开始了频繁交往。随着交往的增多，为了表示对他的信任，苏菲将自己当年靠欺骗老总才混到这家公司的内幕告诉了他。但是，谁知，第二天他就把这件事情告诉了老总。结果不言而喻，苏菲被愤怒的老总"请"出了公司。

第二次"滑铁卢"则发生在苏菲毕业后的第七年。那年由于设计经验丰富，苏菲被聘请到一家设计公司上班，除支付给苏菲高薪外，公司还专门给苏菲租了一套住房——当然这一切是绝对保密的，老总怕其他同事知道了影响他们的工作情绪。被特聘的那段时光，待遇高不用再说，苏菲还常与老总一起平起平坐，指点江山。看着其他同事羡慕的眼光，苏菲心理上有种极其优越的感觉。"如果能让他们知道我的待遇也不错，他们不是会更羡慕我吗？"苏菲的脑子里产生了这种虚荣想法后，苏菲开始控制不住自己。她先是试探性地向关系最要好的同事讲了这些。看着同事那大张成O形的嘴巴，

第13章 每天懂点职场潜规则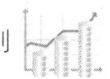

苏菲感到了一种极大的满足。这种满足又促使她将这一秘密告诉了公司内几乎所有同事。后果你可能已猜出，老总是不会因苏菲一个人而得罪公司其他所有人的，只好请苏菲离开。

从上面的故事可以看出：只有对同事守住你的秘密，你才能在职场中占据主动、赢得生存。

因此，当你向同事倾诉衷肠时，需要先考虑一下倾诉可能带来的后果。"嘴"毕竟长在别人身上，以后的事情谁也无法预料。

俗话说："逢人只说三分话，未必全抛一片心。"就是提醒你，在为人处世中，千万不要动不动就把自己的老底交给对方。不论在任何情况下，都要留下七分话不必对人说出。你也许以为大丈夫光明磊落，事无不可对人言，何必只说三分话呢？老于世故的人，的确只说三分话，你一定认为他们是狡猾，很不诚实，其实说话须看对方是什么人，对方不是可以尽言的人，你即使说三分真话，已嫌多了。

李斯和陈苗苗在同一家公司工作，是工作上的搭档，两人关系很好，李斯结婚之后，确知自己怀孕时，最先就与陈苗苗分享了这个喜讯。可没想到，就在李斯怀孕刚刚两个月的时候，她们所在的公司因管理不善倒闭了，两人就一起重新找工作。

李斯从报上得知一家公司正在招聘，她便约了陈苗苗同去面试。当时负责招聘的部门主管听说她们是旧同事时，还用奇怪的眼光看了她们一眼。第二天，李斯就接到了那个主管的电话，要她去上班，她高兴地打电话告诉了陈苗苗。

可是，等李斯去报到时，主管却问她："你是不是已经怀孕了？"李斯一愣，心想：主管是怎么知道的？主管接着说："我们只需要一个人，本来决定让你来的，可是昨天你那个同事打电话告诉我你怀孕的事情。现在，我只能向你说声抱歉，我不想我的人进来半年就要休产假。"李斯这才知道原来陈苗苗在背后搞了小动作，心里涌起一股情绪，但说不清是愤怒还是悲哀。

那位主管接着说:"我当时就奇怪你们俩怎么同时来应聘,要知道这是竞争啊!"临走时,她送给李斯一句话:"不要把同事当朋友。"

竞争是残酷的,与人分享自己的"隐私"就相当于授人以柄,说不定在某个时候你的"隐私"就会变成别人攻击你的武器。

因此,我们懂得守住自己的秘密,尤其是自己的情感隐私。因为其他的秘密泄露后,最多使你失去一两个朋友,终究不会太深切的伤害到别人。可是情感上的隐私如果随意说出去了,带来的却是无法磨灭的心灵上的歉疚。

在办公室战场中化敌为友

同事间朝夕相处,彼此之间免不了会有各种各样鸡毛蒜皮的事情发生,各人的性格、脾气禀性、优点和缺点也暴露得比较明显,尤其每个人行为上的缺点和性格上的弱点暴露得多了,往往会引出各种矛盾,关键是看自己怎么去解决。

同事之间,免不了发生矛盾,在办公室里,这种嫌隙一般不至于达到不共戴天的地步。毕竟是同事,矛盾总是可以化解的。记住:敌意是一点一点增加的,也可以一点一点削弱。中国有句老话:冤仇宜解不宜结。同在一家公司,低头不见抬头见,还是少结冤家比较有利于自己。不过,化解敌意也需要技巧。

"如何化敌为友"在办公室的战场上是一门高深学问。他曾经与你为一个职位而竞争,不过,今天你俩已分别为不同部门的领导,虽然没有直接接触,但将来的情况又有谁晓得?所以你应该为将来铺好路。

如果你可以从人事部探知他的出生日期,主动送礼物给他,相信没有人能抗拒好意。

或者趁对方晋升新职,写一张贺卡,衷心送出你的祝福。如果其他同事替他搞庆祝会，你无论多忙碌，也要抽空参加，否则就私下请对方吃一顿午餐，恭贺他之余，不妨多谈大家在工作方面的喜与乐，对过往的不愉快事件绝口不提，拉近双方距离。

如果你做错了事，且影响到别人，赶快道歉！这样做会给他人留下很好的印象。处处设身处地去感受他人的心态，再给予支持，没有人会不喜欢你的。

要化解同事之间的矛盾，应该采取主动态度，你不妨尝试着抛开过去的成见，友好地对待他们，至少要像对待其他同事一样地对待他们。一开始，他们会心存戒意，会认为这是个圈套而不予理会。你要坚持善待他们，一点点地改进，过一段时间后，表面上的问题就如同阳光下的水一样，渐渐蒸发并消失了。

他们可能会说，你并没有得罪他们，而且会反问你为什么这样问。你可以心平气和地解释一下你的想法，比如你很看重和他们建立良好的工作关系，也许双方存在误会等。

或许他们会告诉你一些问题，而这些问题或许并不是你心目中想的那个问题，然而，不论他们讲什么，一定要听他们讲完。同时，为了能表示你听了而且理解了他们讲述的话，你可以用你自己的话来重述一遍那些关键内容。你了解了症结的所在，就可以此作为重新建立良好关系的切入点。

如果同事的资格比你老，你不要在事情正发生的时候与他对质，除非你肯定你的理由十分充分。最好的办法是在你们双方都冷静下来后解决，即使在这种情况下，直接地挑明问题和解决问题都不太可能奏效。你可以谈一些相关的问题，当然，你可以用你的方式提出问题。如果你确实做了一些错事并遭到指责，那么要重新审视那个问题并要真诚地道歉。

你作出以上努力以后，基本可以化解同事之间的矛盾。如果遇上一些顽固不化的人，在你作出努力后，他仍然不愿意与你和解，这你也不要难过，遇上这样的人，谁也没办法。问题并不在你，你只管放心地去工作，别太在意这类人就是了。

同事间的关系往往是很微妙的。为了获得提升互相提防,互相拆台,互相排挤,争功推过,是经常发生的事情。但有时候即使煞费苦心,上司也未必欣赏你,反而会留下不好的印象。这时,你不妨敬同事一尺,让同事感觉到你的诚心,他也会还你一丈。

用尊重的口吻与"老资格"交谈

新人一进入职场,最怕遇到喜欢倚老卖老的同事,处处干涉、事事指导,无法好好施展自己的能力,总是被老同事牵制。喜欢倚老卖老的同事,在组织里通常是年资够久、经验丰富,却升不上去的人。这样的人通常手中都握有筹码,才敢如此倚老卖老。他们确确实实有过人的技术和技能,但可能因为缺乏领导的特质,而未获得升迁。他们虽然不是领袖人物,但在实务操作中都称得上师父甚至师爷级别,更可以称得上是部门的意见领袖,因而在团队里仍有很深的影响力。我们对这种"老资格"要倍加尊重,才能减少自己的麻烦。

小王来到这家公司已经有几个月了。根据她的观察,她所在部门的同事老张年过四十,是个一丝不苟的人。早上谁迟到了5分钟,谁的办公桌没有打扫干净,他都一清二楚。这天,他慢条斯理地走到小王身边开口了:"小王,你写的这份宣传资料我看了,你看看,标点符号用错了多少?这样的东西如果拿给总经理看,他对我们会是什么印象?标点符号跟汉字一样,是我们从小到大都在学的东西,这都用不好?……"老张滔滔不绝地批评着小王的用"标"不当,小王只有听着的份。

从那以后,小王做事分外小心。早上第一个到,下班最后一个走,写每一份资料都仔细斟酌,打每一个电话都用心揣摩,力求做到最好。久而久之,这样做的结果是,在几个一同进公司的年轻人当中,老张对小王特别欣

第13章 每天懂点职场潜规则

赏，经常在业务上对她进行指点，小至一份合同的撰写，大至跟客户打交道的技巧。除此之外，老张对公司的一些人际关系也向她说明，避免小王无意中卷入"派系"斗争中去。

小王感叹：姜还是老的辣！如果自己自恃能力，大而化之，不愿意认真对待每一件小事，不把老员工放在眼里，那么倒霉的很可能是自己！

在每个公司里，都有老张这样的老员工存在，他们年纪相对较大，对公司忠诚，做事认真，严于律人律己，力求做到完美。这样的人对刚进公司的新员工抱有很高的期望，希望新员工能够给公司带来新气象和活力，当新员工不能达到自己的要求时，他们往往"恨铁不成钢"。要想获得这种老员工的好感，不用奉承，不用套近乎，只要兢兢业业地做好自己的本职工作就行了！

如果换个角度看，公司的老资格也是你学习的对象和榜样。爱默生说过一句话，大致意思是：在我生命中，我认识的每一个人，或多或少都是我的老师，因为我从他们身上学到了东西。其实这也就是孔子所说的"三人行，必有我师"。每个人身上都有值得你学习的地方。尤其是他们与你生活在同一个环境中，大家从事着类似的工作，你就更容易发现自己需要向他们请教的地方。在公司时间稍稍一长，你就能感悟到学习的重要。并且，辅导你的人就在你身边，细细想来，公司每一位同事都极具特点，他们身上都有那么点值得学习的地方，而且每一天都在言传身教。不要自以为是地把同事分为好同事坏同事，或许他们任何人身上都有你所缺乏的特质。

公司里往往还有一些"老资格"是只出工不出力的老油子，他们虽然德不高望不重，但在新人面前却异常地喜欢倚老卖老，他们很需要得到新人的尊重。如果在这一点上得不到满足，他们就会鄙夷新人，贬低新人的资质，恶意扭曲新人的成绩，破坏新人的名誉，成为新人在晋升路上的"拦路虎"。

不管是哪种类型的老资格，对于一个刚刚出道的新人来说，对他们倍加尊重总是没错的,这样可以让那些有实力的老资格欣赏你,从而愿意指点你,甚至成为你今后发展铺路的老前辈;尊重老资格,还可以让那些没什么本事但是在单位里有话语权的老资格不会看你不顺眼,不会排挤你,这样你往后的路也就顺多了。

为什么你在办公室被孤立了

上班之后,每天和我们相处时间最长的人是谁?不是爱人,不是父母,而是同事。早上一睁开眼,便急急忙忙赶去与他们见面;直到夜幕低垂,才满脸倦意地互道"再见"。出来做事的头一天,父母都要千叮咛万嘱咐:在外面,讲究的是一团和气,和同事抬头不见低头见的,千万别生嫌隙。但人算不如天算,尽管你小心翼翼地维护着和同事的关系,但有一天却仍可能惊奇地发现,自己怎么被同事孤立起来了?

被同事孤立的滋味不好受,被孤立的原因也是五花八门。但每个感到被孤立的人都可以想一想,为什么被孤立的是自己,而不是别人呢?除了遇上一些天生善妒的小人,大部分时候,自身的一些缺点都是导致被孤立的主要因素。在单位里,飞扬跋扈的人、搬弄是非的人、爱打小报告的人、爱出风头的人,往往都是被孤立的对象。假如你被孤立了,赶快检查一下,自己是不是这类人中的一个?

归纳起来,被同事孤立的原因主要有如下三种。

1. 薪水过高

黄晓燕自从进了现在这家公司后,就一直被同部门的两个女同事孤立。每天上下班,黄晓燕都会向她们微笑、打招呼,但她们总是面无表情,装作没看见。每每这个时候,黄晓燕的微笑就一下子僵在了脸上,别提多尴尬了。平时,她们也不和黄晓燕讲话,有时黄晓燕凑过去想和她们一起聊天,结果她们像商量好的一样，马上闭上嘴巴，各做各的事情去了，丢下黄晓燕讪讪地站在一边。

在这种环境下工作，黄晓燕的郁闷可想而知。后来，她才迂回曲折地从其他同事那里听到一点风声：黄晓燕虽然初来公司，但工资却比这两个女同事高出一大截，于是引来了她们的忌恨。

黄晓燕对现在的工作非常满意，不仅轻松，工资待遇也很称心。她不想因为同事关系不和就牺牲了工作，可心头的烦恼却一天甚似一天。

解决之道：堡垒都是从内部攻破的，想不被人孤立，关键在于打破敌方的统一战线。黄晓燕可以找机会多接近两人中比较好说话的那个，经常赞美她的服饰、气色，聊聊家常；另一个就只打招呼，少说话。时间长了，她们的阵营自然就被分化了。不过，使用这一计，必须有十足的耐心。

2. 弄错角色

赵蕾在一家国有企业从事财务工作，财务部只有主任、出纳和她3个人。主任不管业务，出纳去年才凭关系进来，于是全部门所有的工作几乎都压在了赵蕾身上。出纳只做现金一块的活计，连最基本的报销都不做，但主任从来不说半个"不"字，因为她有靠山。在领导的纵容下，出纳工作极其马虎。相反，赵蕾做事努力尽心，可到最后总是吃力不讨好。主任有时还会暗示赵蕾，她对工作太认真，把事情都默默地做完了，不等于把他架空了吗？

赵蕾心底里直呼冤枉。主任连电脑都不懂，动不动就甩手把所有的工作都推到她一个人身上，把她累得几乎趴下。到头来，却埋怨她太过能干，赵蕾感到自己简直里外不是人。

现在，主任和出纳都明显地表现出不喜欢赵蕾，平时两人总是有说有笑、有商有量，单单把赵蕾排除在外，赵蕾为此郁闷不已。

解决之道：被同事孤立时，我们也应从自身找找原因。如果一个人不喜欢你，可能是他不对；如果所有人都不喜欢你，也许问题就出在你身上。赵蕾对工作兢兢业业，为什么不被主任肯定？很可能是她平时有些越级的举动,令主任不满。她说,自己很想把财务部工作搞好,可是,3个人中,就只有她有这个意识。由此可以看出,她把自己的角色弄错了。把部门搞好是主任的事情,作为下属,应当配合上级完成这一目标,而不是干脆代替上级去思考。她在言谈中,对主任颇为鄙视,主任对此怎么会没有察觉呢?看来,赵蕾还是应该先摆正自己的位置。

3. 太出风头

许明明是个精明能干的女子,年纪轻轻便受到老板的重用,每次开会,老板都会问她对某个问题怎么看。她的风头如此之足,公司里资格比她老、职级比她高的员工多多少少有些看不下去。

许明明观念前卫,虽然结婚几年了,但打定主意不要孩子。这本来只是件私事,但却有好事者到老板那里吹风,说她官欲太强,为了往上爬,连孩子都不生了。这个说法一时间传遍了整个公司,许明明在一夜之间变成了"当官狂"。此后,许明明发觉,同事看她的眼神都怪怪的,和她说话也尽量"短平快",一道无形的屏障隔在了她和同事之间。许明明很委屈,她并不是大家所想的那么功利呀,为什么大家看她都那么不顺眼?

解决之道:在职场中锋芒太露,又不注意平衡周围人的心态,有这样的结果并不奇怪。徐明明并非是目中无人,只是做人做事一味高调,不善于适时隐藏自己的锋芒。只要她能真诚地对待同事,日子久了,同事们自然会明白,这就是她的真性情。

如何获得"队友"的合作

同事关系就工作而言是一种协作关系,就个人利益而言是一种竞争关系。竞争与合作的关系像手心手背一样,是同一体中的两个方面。同事坐在一起时可以谈天说地、欢声笑语,可往往就在这亲密、融洽的关系中藏着密布的阴霾。尤其是站在一条起跑线上的同事，当个人利益受到伤害时，就会变成笑里藏刀的对手。"同行是冤家，同事是对手。"这被奉为同事关系的真经，让同事们成了"熟悉的陌生人"。"一个和尚挑水吃，两个和尚抬水吃，三个和尚没水吃"的故事，虽然传了一代又一代，但我们仍没有从可怕的内耗中走出来。

而在现代社会里，协作关系越来越密切，失去同事们的合作，一叶孤舟是难以远航的。因此，赢得同事的合作是非常重要的。

有很多人得不到同事的支持和合作，是因为他们不能与同事友好相处，实际上这并非他们有意而为之。这是因为他们较少考虑自己的行为对其他同事是否有影响，很少考虑自己为人处世的方式方法有什么不妥。不论在家庭还是在单位他们往往以自我为中心，不能与同事和平共处，有意无意中常常对同事使性子、拉脸子，甚至出言不逊，不懂得人与人之间是一种平等的、相互依存的关系。一个人再有才能，也不可能离开他人而独立生存，结果把人际关系搞得十分紧张，时间长了，同事们对他避而远之，他也就成了不受欢迎的孤家寡人。不愿意也不能与同事建立良好的人际关系的人，是极其利己的占便宜者，他不能为别人提供任何帮助，自然会遭排挤；而乐于助人者会很快被大家接纳。与同事交往不是变戏法或耍心眼，只要你无私地善待别人，大多时候别人也会以同样的方式回报你。尤其是现代的交际网络，那是平等主义的天下。

如果每个人都能把建立良好同事关系当成生活中的一种追求，把维护良好同事关系当成一种责任，把平等作为一种义务，在与同事交往时自觉注意自己的言行，求大同存小异，充分尊重别人的兴趣和爱好，容得下别人的一些不足，不求全责备，我们就能与不同性格的同事平等相待。

有位哲人说，世上有三种人：一种人离生活太近，不免陷入利害冲突；一种人离生活太远，往往又成了不食人间烟火的隐士；还有一种人与生活保持一种恰当的距离，这种人就是豁达的人。追求生活而不苛求，宽容大度而不自私狭隘，只有这样，才能够与同事保持融洽的关系。

同事间的交往，仅次于家庭成员间的交往和接触。可以说除家庭之外，我们在社会中最重要的关系就是同事关系了。我们每个人都希望自己能在单位这个大集体中创造出和谐友好的同事关系，因为同事间的关系是一种互相依存、通力合作的工作关系。

和同事沟通的3种语言

同事间交流、沟通、协力合作离不开语言媒介，而这种语言又不同于家庭所使用的语言，后者带有更大的随意性和偶然性，而前者大体来看却总能归于这样三类：

和势语言：用于同事间不存在利益冲突的谈话情况下；

攻势语言：用于想通过谈话达到一定目的的谈话情况下；

守势语言：用于对方想通过谈话取利于己方的谈话情况下。

1. 和势语言

中国人自古便十分强调"人和"的因素，诸如"和气生财""和为贵""家和万事兴"之类的古训，至今仍被人们所津津乐道。无论你处在公司、单位还是任何一个利益共同体中怎样的位置，都应该与你的同事团结一致。"内讧"只能使每个人的利益都受到损失。在这样的情况下，善于说一些和势语言便愈发显得重要。

无论同任何一位同事谈话时，都该记住这样一句话"人人都非同寻常"，即使再烦、再累、再情绪不佳，也要把对方作为一个重要人物来看待。凡有可能要对对方讲几句恭维话时，哪怕仅仅是一句简短的评价，比如"你看上去特别有精神""这个发型最适合你""你的孩子可真争气，将来肯定有出息"之类的话时，一定要双眼正视对方、全神贯注，切不可因任何别的事情而走神，否则很容易让对方认为你是在小瞧他。如果有一天，一位平时与你来往并不是很密切的同事对你说："我最近日子不好过，妻子下岗了，还有两个正在上学的小孩"，并提出请你帮忙，这个忙又是你认为不便帮或者帮不了的，千万不可立即生硬地推托或拒绝，而应首先富有同情心地悉心倾听对方的想法，然后和对方一起共同分析问题，让他知道，你的确明白了他的处境，然后再明白地作出适当的解释，让他知道你为什么不能满足他要求的原因。接下来，就该直截了当地说"不"字了，绝不要含糊其辞或拐弯抹角。

这一点对于你建立人与人之间的相互信任与尊重的关系极为重要。因为让同事去揣度猜测你心中的真实用意，对他来说是件倍感不快的事情。最后，也许你该这样说："老王，我真的为你妻子的遭遇感到难过，可是你也应该换个角度想，这样不是正好可以逼她趁这个机会开始干一份全新的事业，你也可以趁此机会帮助她发现她自己真正的特长，人有时候只有被逼无奈才能成大器的。你不如今天晚上就坐下来与你妻子好好聊聊，看她下一步最喜欢干点什么。不知我能否帮上忙。"这样，通过一番巧妙的言谈，不仅使同事心头一松，豁然开朗，冲淡了被你拒绝的尴尬和不快，同时也为自己以最好的方式解了围，从此这位同事不仅不会怪怨你，相反还会更信任、赞美你。

但要提醒你注意的是，使用和势语言的时候，最忌过多地使用"我"字。古希腊著名哲学家苏格拉底从来不说"我想"，而说"你看呢？"要知道一个独霸谈话，张口闭口都是"我"的人是多么令人讨厌！

2. 攻势语言

在日常工作中，虽然同事们总的愿望和动机都是一致的，都是为了把工作搞得尽善尽美，但大至思想、观念、为人行事之道，小至对某人某事的看法与评判，有时往往会有所不同，而这些程度不同的差异都会发展成为同事间的争执与论辩。而极有可能引起不愉快的争执，转变成一种愉快、平和的思想交换，也就是积极的争辩，显然是离不开巧妙的攻势语言。

万一你不得不与同事进行言辞交锋，那么就要运用一些攻势语言的方法和技巧。

第一，感情攻势在同事间的交流中是决定性的，所以讲话时要晓之以理、动之以情。居高临下的不屑眼神，尖刻申斥的口气，嘲讽甚至侮辱的词句，其实正反映了说话人的毫无修养。这时即便你非常占理，也争不回哪怕一点点心悦诚服，相反还会引起在场的其他同事的反感，往往会出现"胜者犹败，败者犹胜"的局面。所以，在与同事交流的过程中，要克制自己的不文明表现；在出现分歧时，要以情理战胜对方。

第二，既然是同事间平和的思想沟通和交流，那么就要抑扬有节，不要急于求成。对方滔滔不绝或多有冲撞冒犯之时，尽管任其发泄，自己在旁心平气和，处之泰然，尽量以柔和礼貌的语言来表达自己的意见。所谓"不打不相识"，同事之间往往正是在这种貌似攻势的激烈争执中达到了心灵的沟通和思想观念的交流，反倒越吵越了解，越争越痛快，比起以前的"和平共处"阶段更加互相尊重和信任。因此从某种程度上讲，机智灵活地运用攻势语言与同事在争执中进行交流，在辩论中得以沟通实在不失为一种树立威信、结交知己的好办法。

3. 守势语言

每个人工作谋生的集体都是一个大家庭，作为家庭成员的同事之间难免产生磕磕碰碰、误会、牢骚，也自然免不了时常遭到一些同事的挑剔与非议。而当你听到同事的那些令你委屈不已、愤愤不平，甚至怒从心来的言论时，最明智的回敬他们的办法就是用好守势语言。因为在这个时候谁是谁非不是三言两语就可以说清楚的，要有耐心，不要逞一时口舌之快，伤了同事之间的和气。大家同在一个屋檐下共事，低头不见抬头见，一旦撕破脸皮，以后要再进行交谈、沟通，虽非不可能，但也要颇费周折，好事多磨了！

此外，会说话的人都少不了这样一种既简单又困难的风度——幽默。任

何一个成功运用守势语言达到与同事和解、回敬同事指责、批评的成功范例或多或少都少不了幽默的功劳。

一位厂长在年初的职工代表大会上遭到了一位女工的不断质问，因为她认为自己在上年所报销的医药费实在太少了。

她厉声问道："去年一年中，厂里在这方面到底为职工花了多少钱？"

这位厂长说出了一个几十万元的数字。

"我想我快要晕倒了。"女工说。

这位厂长面不改色心不跳地解下了自己的手表和领带，放在桌上说："在你晕倒之前，请接受这笔投资。"

于是在场的大多数职工都会心地笑起来。

这位厂长的幽默表达了一个重要信息，即工厂很重视职工的需要，他本人也确实关心。如果有必要的话，他可以牺牲自己，但厂里资金有限也是事实。

那位女工当然并不会晕倒，她只是做作。厂长的这个小小的幽默不仅没有让她感到更加气愤和不平，相反倒使其顿然沉思，进而猛醒，把对厂里和领导的抱怨和不满都化作了理解和同情，她后来成了厂里的骨干。一句幽默的戏剧性语言和一个幽默的戏剧性行为，其效果远超过了长篇大论的反驳和纠正。幽默可以说是生活中最自然的品位，它不仅产生笑料，更是一种修养、一门知识、一门功力很深的素养。

难以想象一个不懂幽默的人会是一个会说话的人。

因此从某种程度上讲，机智灵活地运用攻势语言与同事在争执中进行交流，在辩论中得以沟通实在不失为一种在办公室中树立威信、结交"知己"的好办法。

第14章 生意场先交际后签单

首先把客户变成自己的朋友

博恩·崔西是世界一流的潜能大师,一流的效率提升大师,一流的销售教练。他的书籍被翻译成多种文字,他的训练帮助了千千万万的生意人。他的秘诀就在于:让客户成为自己的朋友。他相信,只有客户成为自己真正的朋友,他们才会真正地为你的生意着想,才有可能成为持续推动你生意前进的重要力量。

那么,他是如何做到让客户成为自己的朋友呢?

——在客户身上投资更多的耐心,花更多的时间与顾客待在一起,为顾客着想,与顾客建立商业上的友谊。

博恩·崔西在和客户相处的时候,他绝对不会急着赶时间。他要向人表明,他愿意花足够的时间去帮助顾客作出正确的购买决定,他绝对不会对顾客没耐心。

——真诚地关怀客户。

你越关怀客户,他们就越有兴趣和你做生意。关怀的感情因素是那么的

第14章 生意场先交际后签单

强烈，往往使得价格、相对品质、交货效率、公司在市场上的规模，都敌不过它的威力。一旦客户认定你是真正关怀他和他的处境，不管销售的细节或竞争者怎么样，他都会向你购买。

——尊敬所遇到的每一个顾客。

常言道，一个人有所为有所不为，都是为了博得你所重视的人对你的尊敬。一个人的骄傲、尊严、自我肯定，大部分都来自于受到别人的尊敬程度。你越在意别人的意见，别人对你的尊敬程度就越会影响你的行为。

每当我们感受到别人的尊重，我们就会对那个人特别重视。假如有人尊敬我们，我们就会认为那个人比较优秀，比较有判断力，比较有内涵，而且个性也比较好。

——绝不批评、抱怨或指责顾客。

绝对不要站在你的立场上批评任何人或任何事，不要恶言相向或批评你的竞争者。每当你听到别人提起竞争者的名字时，只要微笑地说："那是一个很不错的公司。"然后就继续做你的产品介绍。假如有人告诉博恩·崔西，他的竞争者是如何地批评他，他只会一笑置之。

让我们彼此尊重吧！

——毫无条件地接受。

希望能够被他人毫无条件地接受，是所有人最重要的需求之一。你只需要用微笑，并且表现出温和友善，就可以表达你接受他人的态度。一般人都喜欢和那些能够接受他们本性的人在一起，而不想受到任何评判和批评。

你越能够接受别人，他们就越愿意接纳你。

——赞同顾客。

每当你称赞并同意他人所做的任何事，他就会感到快乐会变得更有精神。他的心跳会加快，会觉得自己很棒。当你在每个场合都竭力找机会对他人表示赞扬及同意的时候，你就会成为受人欢迎的人物。

——感谢每一个帮助过你的顾客。

不管你感谢任何人所做的任何事,都会让彼此的自我肯定上升。你会让他觉得自己更有价值、也更重要。

你一定要养成随时感谢他人所作所为的习惯,尤其要向那些会让你期望的好事连连不断发生的人,表达感谢之意。

——羡慕。

每当你羡慕一个人的成就、特质、财产时,就会提高他的自我肯定,让他更得意。只要你的羡慕、赞同、感谢都是发自内心,别人就会因此而得到正面的肯定的影响。他们对你产生好感的程度,相当于你让他们对自己及生活的满意度。

——绝不与顾客争辩。

你只要别跟客户争辩就好了。不管客户说什么,你只要点头、微笑,并且欣然同意。顾客喜欢和与自己英雄所见略同的人打交道,他们不喜欢和爱抬杠的人相处。甚至当客户明显犯错时,他们讨厌你把他的问题说出来。把眼光放在建立关系上面,以建立关系的利益来考量。

——集中注意力,倾听顾客在说什么。

当客户在说话时,你把注意力集中在他的身上,就是对他最大的恭维。你让他觉得自己很有价值,而且很重要。

你的任务就是成为一个人际关系高手,成为一个人际关系专家。你的任务就是去成为一个在行业中最好、最有人缘的人。

人情做足才有"杀伤力"

对朋友要真诚相待,但毕竟达到莫逆之交或可以深交的朋友还是少数。大部分的朋友不可能深交,与他们之间的情谊是要用人情来维系的。如果同他们之间没有人情往来,友谊就会淡漠,甚至消失。和顾客朋友之间关系的维持更是如此。

人情是中国人维系群体的最佳手段和人际交往的主要工具。但你要是以为好心都有好报，做完了人情必能换来交情，就未免太过迂腐了。有人为朋友两肋插刀，最后却落得骂名或倾家荡产、反目成仇的事并不少见。

当然，做人情做出祸事来的，只是极少数，但人情白做了，弄得双方都不愉快的事，随时可能发生。所以，人情要做，但事前要权衡利弊，有害自己的尽可能不要做，有弊的少做。朋友的人情，不但要做，而且一定要做足。

在这里做足，包含两个含义：一是人情要做完；二是人情要做充分。

如果顾客朋友求你办什么事，你满口答应："没问题。"但隔了几天，你给他一个半零不落的结果，对方虽然口头上不说什么，但心里肯定会说："这哥儿们，真不够意思，做就做完，做一半还不如不做，帮倒忙。"

做人情只做一半，叫帮倒忙，越帮越忙，非但如此，还会影响别人对你的信任度，因为说话不算数的朋友谁都不愿意结交。人情做一半，叫出力不讨好。

人情做充分，就是不仅要做完，还要做好，做得漂亮。如果你答应帮顾客朋友办某件事，就要尽心去做，不能做得勉勉强强。如果做得太勉强了，即使事情成了，你勉强的态度也会让他在感情上受到伤害。

比如你买了一本好书，朋友来借，你可以说："我刚买的，还没看完呢，你想看就先拿去吧。"

其实前面的废话又何必说呢？最后的结果是借给人家了，你不说也是借，说了还是借，与其说些废话还不如痛痛快快借给他。书总是你的嘛，还回来你尽可以看一辈子，何不把人情做得圆满呢？

应牢记：人情做足了才有"杀伤力"。人情做足了自然会赢得朋友的万分感激，让对方记挂你一辈子。

像朋友一样与客户谈生意

销售人员与客户之间的关系不是对立的，也不是此消彼长的，而应该是互利的。所以在谈生意的时候，销售人员要学会像对待朋友那样来对待客户。要亲切友好，不要斤斤计较，为长远的发展着想，使彼此之间的交往更加融洽。

在一些销售人员的观念里，与客户谈生意就是为了赚钱，双方可以为一点点利益而争得面红耳赤。实际上，相互争斗不仅会伤了和气，还会导致两败俱伤。而友好的谈判则会让双方在和谐的气氛中构建良好的合作关系。生意需要双方坐下来真诚地谈判，只有在和谐的氛围中，才会取得好的结果。在谈判中，销售人员要对客户表示出足够的理解和尊重，消除客户的抵触情绪，使彼此的情感升华，从陌生人变成朋友，这样才会顺利地进行交易。

华尔菲电器公司是一家生产自动化养鸡设备的厂家，设备生产出来以后，开始在全国各地进行销售。公司派出很多销售人员到农村去推销，但是效果都不是很好。甚至还有些销售人员抱怨客户过于固执和吝啬，根本不愿意购买自己的设备。

于是公司的理威伯先生决定亲自到农村去看看。他被下属带到一家比较难对付的客户家门口。威伯先生开始敲那家农舍的门。不一会，一位老太太从门缝探出头来。当他看见站在威伯先生身后的销售人员时，"砰"的一声，就把大门关上了。

威伯先生继续敲门，那位老太太又打开门，很生气地说："我不买你们的电器，不要再来烦我了！"

而威伯先生并没有感到意外，而是笑着说："对不起，打扰您了。我不是来推销电器的，我只是想买一篓鸡蛋。"

第14章 生意场先交际后签单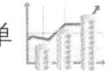

听说要买鸡蛋，老太太把门打开了一点，但还是很怀疑他。威伯先生又说："我知道您养了很多良种鸡，我想买一篓新鲜的鸡蛋。"

这让老太太有些放心了，便和他聊了起来，威伯先生在谈话中流露出对老太太的称赞，说自己养的鸡没有老太太的好，说老太太养的鸡下的蛋营养价值高。渐渐地老太太完全消除了自己的疑虑，并和威伯先生谈起了家常。老太太告诉他自己养鸡比老伴养牛还赚钱，威伯先生适时地点头称是，这使得老太太非常开心。不一会，威伯先生就成了老太太的朋友，她还邀请威伯先生参观她的养鸡舍。

在参观中，威伯先生注意到，老太太在鸡舍里安装了各式各样的小型机械，起到了省时省力的作用。威伯先生又给予了赞扬，让老太太更加自豪了。

一边参观，一边谈天，威伯先生漫不经心地介绍了几种新饲料，某种关于养鸡的新方法，又郑重地向老太太请教了几个问题。"内行话"缩短了他们之间的距离，顷刻间，老太太就高高兴兴地和威伯先生交流起养鸡的经验来了。

没过多久，老太太主动提起她的一些邻居在鸡舍里面安装了自动化电器，据说效果很好，她诚恳地征求威伯先生的意见。结果不用威伯先生推销，老太太就主动购买了自动化养鸡设备。

威伯先生没有进行推销就卖出了自己的产品。其妙招在于与老太太交往中猜透了她的心思，并顺着她来，成了老太太的知心人，由陌生人变成了朋友，从而顺利实现交易。其实和客户谈生意也应该这样，彼此像朋友一样交往，支持对方、理解对方，生意就容易做成。

销售人员在面对客户的时候常会遇到一些让自己很为难的事，可能客户根本就不打算与你达成交易，可能客户还会对你有很大的意见，并会对你产生或多或少的抵制情绪，你当然会因此承受心理压力。所以，学一些巧妙的交际方法非常必要。

乍看起来,向一个对自己有严重抵触情绪的客户推销自己的产品似乎是无法做到的事,但威伯先生在很短的时间内就做到了。这是因为威伯先生掌握了"处理人际关系"这把金钥匙,他可以非常巧妙地去处理同客户之间的关系。销售活动其实就是在建立人与人之间很好的关系。在客户还不承认你是个"诚实的、可信赖的人"之前,许多生意是无法做成的,因此销售人员要学会像朋友一样同客户谈生意,只要能成为客户的朋友,想要实现交易就会顺利很多。

威伯就是通过和老太太聊天,才找到共同话题,让简单的客户关系升华为好朋友,从而更快、更简单地达到自己的目的。作为销售人员,在与客户进行谈判时,可以尝试让双方成为朋友。但是事实上,很多销售人员在处理同客户的关系时,并不能把对方当作朋友,而是像敌人一样针锋相对,大有处处压倒对方的气势。这样只能给客户施加更大压力,而客户也会毫不客气地为你增加压力。于是,"你一脚,我一脚",最终导致了两败俱伤,致使谈判失败。

要想在同客户相处的过程中将简单的客户关系发展成为朋友关系,需要有诚恳的态度,更需要有相互的信任。心理学专家指出,如果能够取得彼此之间的信任,设身处地地为对方考虑,不断地去理解对方,就完全有可能使两个本为对手的人成为好朋友。这样不仅有利于谈判的成功,更重要的是这样能够帮助你化解来自客户的压力。试想,敌人给予你的只能是高压,而朋友给你的却是关爱。所以,无论在什么情况下,都能与别人结成朋友的人,总会从朋友那里获得生存的帮助,更关键的是将客户的压力转化为动力,让自己身心轻松地面对工作。

有人脉才有钱赚

每个人所从事的行业归根结底都是人的事业，人脉就是钱脉，有良好的人脉关系，你的"道路"就会多。成功也要靠别人，而不是单凭自己。一个人有多成功，关键要看他服务了多少人，多少人在为他服务。

所有成功人士都有一个共同点，就是拥有大量的人脉资源，并保持着良好的关系。比尔·克林顿是罗斯福以来当选的第一位民主党总统。他在接受采访时告诉《纽约时报》，每天晚上就寝前，他都会回忆当天联系过的每一个人，并记录在小卡片上，内容包括重要的个人资料、会面的时间与地点，以及所有其他应该注意的相关信息。

没有关系就没有销售。维持良好的人际关系，建立新的人际关系，就要不断地、主动地和客户联系。客户往往是被动的，每个人都期望别人主动跟他联系。客户花钱购买你的产品或服务，他没有义务主动找你联络。所以，你要不断以打电话、寄信、拜访、网上交流等方式与你的客户联系，表示你对客户的关心，表示你在乎他们的存在。即使是那些不再购买你产品的客户也要跟他们联络，感谢过去他们对你的支持，并请教他们现在不再购买的原因，他们会觉得你非常重视服务，跟你做生意非常愉快，从而可能会重新向你购买物品。

当客户需要你的时候，就是你与客户建立感情、塑造口碑与表现诚意的最佳时刻。遇到偶然的机会或场合，必须要做好应有的礼节。例如，客户的公司开业或举行庆祝酒会，邀请你参加时，你必须准时出席。同时，又要考虑是否要送贺礼，如花篮、贺卡之类。送礼一方面可以讨人喜欢，另一方面又可以为自己免费宣传，实在是一项划算的投资。每逢过年过节，如圣诞节、新年等，最好能寄上贺卡；在客户有特别纪念意义的日子中，如生日、结婚纪念日等，也应有所表示，最低限度也要在电话里或网上恭贺。

通过电子邮件、电话、信件、贺卡、企业资讯、午宴及会议等方式始终与客户保持联系。记住：客户会轻易离开一个不太熟悉的销售人员，却不会轻易抛弃一位亲密的合作伙伴。

这样你就为客户建立了一个情感储蓄账户，你通过尽责、真诚、注重服务而建立起客户信任的情感储备。存入的越多，得到的信任越多，积累的关系也就越多。并且要时常以富有创造性的方式感谢他们，以使他们了解你是很关注和在意他们的。

如果你不主动跟客户联系，那么你的客户就会以每年10%的速度流失。

为了和客户建立稳固的关系，汽车销售大王乔·吉诃德每个月都会给客户寄一张贺卡，而且贺卡的设计每次都不一样，每次都是不同的设计和颜色，并在每个月施以不同的问候。一月是"乔·吉诃德祝你新年愉快"，二月是"情人节快乐"，三月是"妇女节快乐"等，一直到感恩节和圣诞节为止。1年中每个月都有乔·吉诃德的问候和祝福。他一个月寄出1万多张卡片，1年超过16万张。虽然在这些卡片上会花费不少的钱，但也给乔·吉诃德建立了大量的人脉关系，他的真心诚意使每位想要买车的朋友都和他做生意。正是由于乔·吉诃德用心地工作，用心地对待客户，所以他的收获也是最大的。他的零售业绩打破吉尼斯世界纪录，至今无人突破。

如果你现在也在从事销售，你有他这样用心吗？如果你想要提高你的销售业绩，请你想一想如何更好地服务你的客户，让客户感到你是一个非常坦诚而且与众不同的人；如何在最短的时间内影响更多的准客户，并建立稳固的关系，使他们每当有需求的时候就会想起你，并迫切地想要向你购买。如果你现在开始这样想并立刻去这样做，你的人生已变得与众不同。

成功等于客户满意度，在销售中，大部分的人都在研究如何增加业绩，如何提高收入。事实上他们都没有找到成功的真正原因，这个原因就是客户满意度。一个人之所以会成功，是因为他做了非常好的服务。你赚

第14章 生意场先交际后签单

多少钱和你给别人提供了什么样的价值成正比。你服务的品质就是客户满意度。

如果你研究世界成功的公司，你会发现他们有一样共同的特质——杰出的公司都会提供最优质的服务。同样，每一位表现优秀的销售人员，也都是全心全意地服务于他们的客户，他们想方设法来取悦客户。不管销售什么产品，他们始终夜以继日地为客户服务，每一行的佼佼者都是如此。

不断做好客户的后续服务，竞争者就无可乘之机。一两次的行动无法赢得终身客户，只有永不懈怠地服务客户，才能建立长久关系。如果你这么做，就会被客户视为可信赖的人，因为你永远随传随到。这听起来很简单，也没有什么困难和复杂的地方，但如果一如既往地这样去做确实需要毅力和耐性，当然也会收到意想不到的结果。

一位将要走进婚姻殿堂的新娘定制了一套白色的婚纱，但由于天气的问题，在结婚当天，快递公司没有及时送到。新娘非常伤心，当这家快递公司知道情况后，由公司专程派一架直升机把这套婚纱送到结婚现场。新娘万分感动。当然，以如此的方式送一套婚纱对这家公司的业务是得不偿失的，但此举却赢得了参加婚礼的所有宾客对这家快递公司为客户着想的服务态度的由衷赞叹。当然，他们以后需要快递业务，首先会选择这家公司。

金碑银碑，不如客户的口碑；千好万好，不如客户说好。一定要尽最大努力对客户关心的事情和遇到的难题作出快速反应。记住，燕子去了，有再来的时候；桃花谢了，有再开的时候；失去的客户，却一去不回头。根据一项消费调查研究表明：抱怨之后得到满意响应的客户，有70%成为该公司最忠实的客户。假如你听到了一个抱怨的声音，你在解决问题的过程中，一定要做得比客户想象的还要好。物超所值的服务，就是最佳的卖点。杰出的服务赢得回头客，带来财富。差劲的服务会使客户流失到你的竞争对手手中。

来买东西的人在支持我；夸奖我的人在取悦我；投诉我的人在教导我，他们教会我如何取悦别人以便有更多的人光顾；心里不快而又不投诉的人在伤害我，他们连让我纠正错误、改进服务的机会都不给我！如果对客户能保持这样积极的认知，相信你会赢得更多客户的信赖。

老客户是一座金矿

对于已3/4成交的客户，有些销售人员认为也就没有必要再与他们联系了。他们认为这类客户已1/4向自己购买了产品，销售的任务也就完成了。其实，这只是销售的开始。因为老客户其实是一笔宝贵的资源，是一座价值连城的金矿。

老客户购买过销售人员的产品，他们对产品的需求不是一次性的，除了大型的耐用消费品更新周期长之外，他们很有可能进行多次重复购买。因此，第一次销售的成功仅仅是销售的开始，更多的订单还在后面。国外的一则调查数据也表明：维护一个老客户的成本仅仅是开发一个新客户成本的1/6。

更重要的是，这类客户对产品有亲身的体验，他们认识销售人员，并且彼此之间建立了信任和友好的关系，所以，如果销售人员跟一个客户建立了良好的人际关系，那么就可以通过他再去影响别的客户。他们对产品的推荐和宣传更具有影响力，事实也证明老客户推荐的成功率高达85%以上。成功的销售人员，常常拥有庞大的客户关系网。

你知道每个人平均认识多少人吗？250个人！也许你不相信，那就让我们来看看它的由来吧！

乔·吉诃德从事推销不久，有一天他去殡仪馆，哀悼他的一位朋友谢世的母亲。他拿着殡仪馆分发的弥撒卡，突然想到了一个问题：他们怎么知道要印多少张卡片，于是，乔·吉诃德便向做弥撒的主持人打听。主持人告诉他，他们根据每次签名簿上签字的人数得知，平均来这里祭奠一位死者的人数大约是250人。

不久以后,有一位殡仪业主向乔·吉诃德购买了一辆汽车。成交后,乔·吉诃德问他一般参加葬礼的平均人数是多少,业主回答说:"差不多是250人。"又有一天,乔·吉诃德和太太去参加一位朋友家人的婚礼,婚礼是在一个礼堂举行的。当碰到礼堂的主人时,乔·吉诃德又向他打听每次婚礼有多少客人,那人告诉他:"新娘方面大概有250人,新郎方面大概也有250人。"这一连串的250人,使乔·吉诃德悟出了这样一个道理:每一个人都有许许多多的熟人、朋友、同事,甚至远远超过了250人这一数字。事实上,250只不过是一个平均数。

因此,对于销售人员来说,如果你得罪了一位顾客,也就得罪了另外250位顾客;如果你赶走一位买主,就会失去另外250位买主;只要你让一位消费者难堪,就会有250位消费者在背后使你为难;只要你不喜欢一个人,就会有250人讨厌你。

由此,乔·吉诃德得出结论:在任何情况下,都不要得罪哪怕是一个顾客。而与一位顾客搞好了关系,你就拥有了一大批潜在的顾客。

在乔·吉诃德的推销生涯中,他每天都将250定律牢记在心,抱定客户至上的态度,时刻控制着自己的情绪,不因顾客的刁难,或是不喜欢对方或是自己情绪不佳等原因而怠慢顾客。乔·吉诃德说得好:"如果赶走一位顾客,就等于赶走了潜在的250位顾客。"

这就是说,人与人之间的联络是以一种几何级数来扩张的。无论是善于交际的人,还是内向木讷之人,其周围都会有一群人,这群人大约是250人。而对于销售人员来说,这250人正是你的客户网的基础,是优秀的销售人员的财富。

建立良好的客户关系网络,与客户交往过程中以诚相待,同客户交朋友,分担他们的忧愁,分享他们的喜悦。他们可能会向你介绍他的朋友、他的客户，这样，你的客户队伍将不断扩大。同时，当你在和他们谈你工作上的困难时，他们很可能会主动地帮助你，介绍新的客户给你认识或者帮你直接把生意做成。

销售人员应当尽量选择那些具有影响力的人物去"攻坚"，这样效果更好。比如医疗器械销售人员可以取得医生的信任和合作，他们是病人的中心人物；司机、教师分别是乘客、学生的中心人物；社会名流是崇拜者的中心人物等。中心人物在一定的范围内有较大的影响力和带动性，有着广泛的联系和较强的交际能力，信息灵通。因此，销售人员应多交些朋友，这些朋友在很多时候会给你带来意想不到的帮助。

及时回访、跟踪客户

客户回访和跟踪是客户服务的重要内容，做好客户的回访与跟踪是提升客户满意度的重要方法。客户回访和跟踪对于重复消费的产品企业来讲，不仅通过客户回访和跟踪可以得到客户的认同，还可以创造价值。充分利用回访和跟踪技巧，会得到意想不到的效果。

通过对各类客户群的跟踪随访，全面系统掌握产品在客户群中的使用动态，能及时准确地反映出产品的质量，还有客户在使用中遇到的一些问题。同时对客户进行回访与跟踪有利于第二次销售。要想保住老客户，做好回访和跟踪是关键。除了销售出的产品或服务质量过硬以及有良好的售后服务外，销售人员还应该定期与自己的客户保持联系，不断地沟通感情。为什么要强调回访客户呢？

1. 80%的销售业绩来自20%的客户

这20%的客户是销售人员长期合作的关系户。如果丧失了这20%的关系户，那么销售人员将会丧失80%的市场。当产品普及率达到50%以上的时候,更新购买和重复购买则大大超过第一次购买的数字。这些都表明,销售人员若能吸引住老客户,让老客户常光顾,其加大销售额的机会就更大。

2. 确保老客户可节省成本和时间

因为,维持关系比建立关系更容易。据美国管理学会估计,开发一个新客户的费用是保持现有客户的6倍。因为进行一次个人销售访问的费用,远远高于一般性客户服务的相对低廉的费用。维护老客户,是降低销售成本的最好方法之一。

3. 避免失去任何一个客户是销售成功的秘诀

开发新的客户群本无可厚非,但是值得注意的是,销售人员不应当把开发新的客源建立在抛弃或忘掉老客源的基础之上。对于新客户的销售只是锦上添花,如果没有老客户做稳固的基础,对新客户的销售也只能是对所失去的老客户的抵补,总的销售量不会增加。有人打了个形象的比喻:老客户可以说是销售人员今天的饭,而新客户则是销售人员明天的饭,没有今天就肯定不会有明天。

俗话说得好,"打江山难,保江山更难",用这句话来概括销售人员开拓销售业务的过程,再恰当不过了。开发新客源难,留住老客源其实更难。如果销售人员将已是老客户的客源丢掉了,那么他曾付出的时间、精力都会付诸东流了,其损失很难估计。如果一个销售人员不能常关心、联系自己的老客户,那么无疑是给竞争对手留下了一个乘虚而入的机会。因此,不让竞争对手进来的最好办法,就是要不断地关心自己的客户,使之只认准一个人。

一般来说,售后的回访和跟踪可分定期拜访和不定期拜访两种。定期拜访多半适用于技术方面的维护服务,如家电业及信息产业等,公司通常会定期派专员做维修保养方面的服务。

不定期拜访也称为问候访问,指不定期的访问,这是销售人员必做的工作。这种售后访问,通常是销售人员一面问候客户,一面询问客户产品的使用情况。

销售人员最好在事前拟定好访问计划,定期而有计划地做好回访与跟踪。销售成交后,真正的回访与跟踪也就开始了。在回访的最初阶段,聪明的销售人员一般都会采用"二四八"法则。

这里的"二"是指在产品售出后的第二天,销售人员就应同客户及时联系并询问客户是否使用了该产品。如已使用,则应以关怀的口吻询问,他是如何使用的,有无错误使用,这时"适当的称赞和鼓励"有助于提高客户的自尊心和成就感。如没有使用,则应弄清楚原因,并有针对性地消除他的疑虑,助其坚定信心。

这里的"四"是指产品售出后的第四天。一般来说,使用产品后的四天左右,有些人已对这一产品产生了某种感觉和体验,销售称为"适应期"。这时如果销售员能打个电话给他,帮他体验和分析适应期所出现的问题并找出原因,对客户无疑是一种安慰。

这里的"八"是指产品售出后的第八天。一般来说,使用产品后的八天左右,销售人员应该对客户进行当面拜访,并尽可能带上另一套产品。当销售人员与客户见面时,销售人员应以兴奋、肯定的口吻称赞客户,诚恳而热情地表达客户使用该产品后的变化或感受。在这个过程中,无中生有、露骨的奉承是不可取的,而适当的、恰到好处的称赞,消费者一般都能愉快地接受。若状况较佳,销售人员则可以顺利推出带来的另一套产品。

对老客户的回访与跟踪服务,固然不会在短期内实现利润,表面看起来似乎是亏本的买卖,可是若是从长远的角度来看,销售人员在老客户身上所花费的时间和精力都不是白费的,都一定会有所回报。售后回访与跟踪服务的完美周到,能使客户产生强大的信任感,并愿意保持长期稳定和谐的关系。

当然,客户回访与跟踪过程中遇到客户抱怨是正常的,正确对待客户的抱怨,不仅要平息客户的抱怨,更要了解抱怨的原因,把被动转化为主动。建议单位在服务部门设立意见收集中心,收集更多的客户抱怨,并对抱怨进行分类。例如，抱怨来自产品质量的不满意（由于功能欠缺、功能过于复杂、包装不美观、使用不方便等）和来自服务人员的不满意（不守时、服务态度差、服务能力不够等）。通过解决客户抱怨，不仅可以总结服务过程，提升服务能力，还可以了解并解决产品相关的问题，提高产品质量、扩大产品使用范围，更好地满足客户需求。

客户回访与跟踪是客户服务的重要一环，重视客户回访与跟踪，充分利用各种回访技巧，在满足客户的同时创造了价值。

扩大自己的熟人圈子

为了拓宽你的业务，你必须不断扩大你的熟人圈。可以通过加入各种社会团体、群众组织、体育活动组织，诸如专业团体、行业会、街区组织等，多参加一些社会活动来扩大你的接触圈。多一个信息资源多一种可能，多一个朋友多一条路，每一个朋友身后又有许多看不见的、你未知的关系网，这些关系网上的各类人就是你的潜在客户。

广泛接触人的目的是为了生意，但不能把生意写在脸上，挂在嘴上，让人明显感到你功利主义的商人气息而引起反感。接触人，首先是销售你个人，让客户接受并喜欢你。让客户觉得你诚实可信、有能力、吃苦耐劳、有事业心、乐于助人、为人随和、能愉快与人相处，就很不错了。这些给人的印象和感觉不是逢场作戏，而是努力使自己真正成为一个让客户接受并喜欢的人，一个值得信赖，人品不错的人。

做事之前先做人，善解人意、会站在别人的角度考虑问题，你就会站在客户的角度考虑你的生意，就会知道从哪方面抓住客户的心理，就可以把你所接触的人、你的朋友，都变成你的客户。

通过接触、熟悉以后，无论什么时间，有机会你都要巧妙地告诉人们你在做什么，向人们介绍你所做的事情的意义和前景。如果你的自我感觉良好的话，你可以告诉人们你是如何认真、如何辛苦、如何有成绩的。要做到这一点，你可以把前后的故事联系起来，谈谈你的工作经验，谈谈有关你的能力，你生意的前景，你的生意能为大家带来哪些益处，提供哪些服务，能满足你潜在客户的哪些需求等。这些用嘴说的广告，面对面的交谈，比通过电话和信函联系更容易使你接近客户，更容易使人相信、接受。

宣传自己并没有什么不道德，关键是要恰到好处，这也是商业广告的一部分。重要的广告宣传是让人了解你的生意，并对你的生意感兴趣。要做到这点并不难，只要你让人们感到并实际能做到：你的生意比同类型其他人的生意价格低、服务好、有特色，你的朋友在你这里能够得到较优惠的价格和优质的服务。比如你开饭店，你的熟人、朋友在你的饭店消费，能比在其他饭店吃得舒服、可口、便宜，那么，下次他还会来，而且会介绍新的朋友、新的客户来。

生意刚开始，最难的是寻找最初上门的客户，你可以通过在你的熟人朋友中发展"消费会员贵宾卡"，持卡消费享受打折及其他优惠，这是招揽最初客户的一种办法。对主动上门的最初客户，更应热情相待，视为贵宾，使其成为你的长期客户。

总之，开发新客户难，维护老客户更难。要重视最初上门的客户，使其成为回头客；要重视你的熟人朋友，使他们得到实惠，成为你的长期客户。只要你做得认真，以诚相待，客户的朋友、朋友的朋友，这些潜在的客户都会成为你的客户。但千万不可"做熟杀熟"，这无疑是销售行业中的"自杀行为"。